婚姻輔導解構

黃麗彰
資深婚姻及家庭治療師

U0931596

幸福的實踐——婚姻輔導解構
作者／黃麗彰
策劃編輯／伍詠慈
協力編輯／史曉晴
美術設計／鄺穎殷
出版發行／突破出版社
香港沙田亞公角山路33號突破青年村
電話：2632 0000　傳真：2632 0388
電郵：breakthrough@breakthrough.org.hk
網址：http://www.breakthrough.org.hk
http://www.btproduct.com
承印／海洋印務
2004年10月初版1刷
2012年3月初版4刷
2015年3月2版1刷
2018年1月2版2刷
版權所有 © 2015 突破有限公司

Rethinking Martial Counselling: from individual to marriage
by Wong Lai Cheung
First Printing, First Edition, October 2004
Fourth Printing, First Edition, March 2012
First Printing, Second Edition, March 2015
Second Printing, Second Edition, January 2018
Copyright © 2015 by Breakthrough Ltd.
All Rights Reserved
Printed in Hong Kong
ISBN 978-988-8246-48-9

誠邀閣下就突破出版社的書籍發表意見
歡迎加入突破書籍 Facebook page — http://www.facebook.com/btbooks.page
本書採用環保油墨印刷

生　活　與　輔　導

關懷、連繫、復和、

溝通、對話……

凝視心之脈動，

直到重新尋獲自己的心。

目錄

序一 / 劉玉琼 008

序二 / 趙崔婉芬 010

引言 012

- 社會對個人的衝擊 014
- 社會對婚姻的衝擊 017
- 政策、政治與家庭問題 024
- 因應社會情況對輔導的反思 025
- 結語 032

第一部 總論

第一章 西方輔導理論的興起

- 1.1 不同輔導模式的理論簡介 040
- 1.2 對輔導理論的反省 047
- 1.3 西方治療模式在本地的應用 051
- 1.4 結語 057

第二章 經驗為本的輔導取向

- 2.1 建立「經驗為本輔導取向」的方法 062
- 2.2 採用輔導模式的核心思想 064
- 2.3 何謂經驗？ 069
- 2.4 輔導的價值與道德 075
- 2.5 輔導目標 076
- 2.6 結語 077

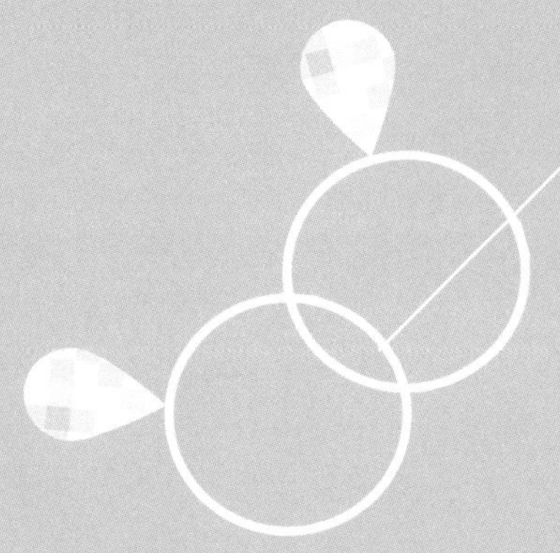

第二部 個人輔導

第三章 受創經驗遺下的問題

3.1 心理結構 082
3.2 心理的基本需要 086
3.3 受傷的後遺症 087
3.4 問題呈現的模式 094
3.5 常見的徵狀 098
3.6 結語 100

第四章 個人輔導的歷程

4.1 解讀表象問題 104
4.2 第一階段：建立治療關係及評估 106
4.3 第二階段：個人輔導介入的重點 112
4.4 第三階段：整合 115
4.5 針對常見問題的介入 116
4.6 技巧 119
4.7 結語 122

第三部 婚姻輔導

第五章 婚姻輔導常遇見的問題

5.1 決定婚姻關係的五項元素 128
5.2 婚姻關係的鐳區 130
5.3 結語 153

第六章　婚姻的舞步

6.1　婚姻舞步的藍圖　159
6.2　婚姻的舞步　160
6.3　結語　184

第七章　促進親密關係的輔導方法

7.1　經驗為本婚姻輔導的特色　189
7.2　介入方法　193
7.3　技巧　201
7.4　結語　205

第八章　處理婚外情的個案

8.1　婚外情顯示的關係問題　208
8.2　婚外情揭示的個人成長問題　210
8.3　處境變遷下發生的婚外情　213
8.4　婚外情輔導要點　214
8.5　輔導第三者　221
8.6　復和輔導　224
8.7　結語　232

第九章　寬恕與修和

9.1　情感創傷的由來　236
9.2　情感傷害的層次　237
9.3　饒恕的本質　239
9.4　饒恕的層次　242
9.5　饒恕的準備　242
9.6　饒恕的歷程和輔導員的介入　243
9.7　結語　256

第十章　離異輔導

10.1　兩類離異歷程的輔導　260
10.2　夫婦分離過程的互動　269
10.3　合作做父母　276

10.4 如何面對分離後的痛楚 281
10.5 結語 287

第十一章 離異後的輔導

上 單親家庭

11.1 單親家庭輔導 290
11.2 單親家庭的發展歷程 296
11.3 介入單親家庭適應要點 298
11.4 小結 302

下 再婚家庭

11.5 再婚家庭輔導 303
11.6 結語 313

第十二章 婚前輔導

12.1 婚前輔導的重要 318
12.2 婚前輔導的內容 319
12.3 婚前輔導的技巧 332
12.4 結語 334

第四部 總結

第十三章 輔導方法的反省與道德

13.1 輔導技巧的反省 340
13.2 輔導員的心態 344
13.3 輔導的發展方向 348
13.4 結語 350

第十四章 成為一個輔導者

14.1 輔導員的素質 354
14.2 輔導員的訓練 359
14.3 結語 367

* 每章結尾附參考書目

序一

我和麗彰是大學的同班同學，這增訂本出版時，剛巧是我們畢業 30 周年，這本書正好見證了麗彰這 30 年來的專業成長，還有婚姻輔導方面累積而來的經驗智慧。書中，她提出了「經驗為本輔導取向」，這取向的理念和原則與這本書的精神是一致的。麗彰以實踐經驗整合不同的學術理念和輔導模式，既評鑑西方的輔導概念和價值觀，跟中國傳統文化信念的衝突與融和；也透過具體實踐經驗的分享，幫助讀者明白概念與實務如何互相結合。因此，這是一本學術與實務並重的著作，書中的內容有許多令我感動的地方。

首先，不論是個人輔導、婚前、婚後、以至離婚後的輔導，當事人的個人成長都是輔導的重心。麗彰親身體會，輔導員本身個人成長的重要性。個人成長雖然重要，卻不能一蹴即就，因此她沒有表達半點的催促，反而是溫柔地、體諒地指出我們對當事人、對自己都需要給予成長的空間和耐性，這正是抗衡現今社會效率至上的意識形態。事實上，能夠洞察主流意識形態、社會政策、政治因素對個人、婚姻和家庭的影響，從而以更全面的情境性角度來了解當事人的困境，使麗彰的輔導模式有別於傳統聚焦於個人缺失的輔導取向，又反映出麗彰對公義的追求。

各章之中有關個人的成長掙扎、婚姻關係的困難和種種惡性循環的互動模式的個案描述，都讓人像置身其中；聯想起從前遇過的當事人、身邊相熟的朋友、以至自己的一些經歷，從中可見這些分享是多麼的具體真實。有關這些人際互動模式背後的個人內在價值，和依附模式的討論也非常有參考價值，它能幫助我們了解行為背後的情感需要，和對人際親密的焦慮與渴求；這樣輔導者能跨越解決表徵問題的介入層次，整個人臨在陪伴着當事人，按着他們的步伐，一起踏上成長路。麗彰細緻的描繪，讓人看見在婚姻歷程中不同階段的輔導工作，都是人與人相遇的過程，當中不論是當事人，或是輔導員，必然會經歷着與自己，與對方的成長經驗、價值觀之間的相遇相交。有人說：輔導員的成長跟當事人的成長是平行過程（Parallel process），在當中彼此都為對方的生命互添色彩，是一個平等而互相尊重的關係，麗彰所描繪的正是這種過程。

最後，要誠意謝謝麗彰用心反思和整理其輔導經驗和成長經歷，讓我們因此書的出版而得益，願此書成為神的流通管子，願神繼續賜福麗彰的工作。

劉玉琼
香港中文大學社會工作學系專業顧問

序二

從事婚姻輔導，有時候彷彿一個小孩，要把海灘上成千上萬快要乾死的海星，一隻一隻地放回海裏。能夠把海星送回海洋，固然欣喜；但環顧周圍掙扎求生的海星那麼多，不禁感到吃力和無奈。面對愈來愈多在婚姻困局掙扎的人，輔導員同樣手足無措。

喜見麗彰把《婚姻輔導解構》重寫，帶來啟示、提醒和鼓勵。

賣座的電影會有「前傳」交代前因，也會有「續集」交代故事的發展和結果。對我而言，此書具有「前傳」和「續集」的意義。作者詳細闡述了她的人觀和對婚姻輔導的期盼，使讀者明白在獨到的技巧背後，來自她對人的尊重、了解和體諒。同時，麗彰糅合中西方理論，結合實務經驗，勾畫了以「經驗為本」的輔導方法，為個人輔導和婚姻輔導提供更具體的內容和發展路徑。她亦為婚姻輔導員需具備的素質、訓練和生命成長鋪設了藍圖。

多年前，麗彰和我在同一機構共事。還記得，在輔導培訓時，麗彰和其他資深輔導員分析個案和技巧，尤如武林高手討論武功招式，刀來劍往，反應快而準；在旁初入行的同事，人人看得目瞪口呆。我一知半解，偶然學了一招半式，便沾沾自喜。怎料，回到輔導室，卻又做不到預期的效果。麗彰離開機構之前兩年，成為我的督導。我已忘記我們討論過什麼理論和技巧，但令我印象深刻的，卻是她對個案當事人的同情、體恤和尊重。她曾和我分享：在了解當事人主觀經驗時，要倒空自己，當作一無所知；但同時又要多想像，走進他人處境之後，給予明白和盛載。我當時覺得這番話十分玄妙，慢慢才領略輔導員的開放、倒空和謙虛是開啟封鎖心靈必須的門匙。

輔導的過程，是輔導員和受輔導者生命和生命相遇，空有技巧但沒有真誠的接納，不能建立信任，心靈不會開啟，生命也不能被建立起來。

最後，愛的源頭從何而來？這令我想起耶穌。祂行的第一件神蹟，是在一個婚宴。耶穌的母親對祂說：「他們沒有酒了！」

這豈不也是現代人婚姻的寫照嗎？不少婚姻，沒有那經年累月醞釀而成的醇酒，只剩下淡如開水的關係。那時，耶穌行了一件神蹟，把水變酒。今天，我們仍然需要上主行的奇蹟，使我們改變，接受成長必經的痛苦，接納自己、接納別人。

謝謝麗彰的分享，真希望更多珍愛婚姻的婚姻輔導員入伍，使救亡海星的海灘熱鬧起來。

趙崔婉芬
香港公教婚姻輔導會總幹事

引言

2014年年中，我收到突破編輯詠慈的通知，謂拙作《婚姻輔導解構》一書還有不少讀者，出版社計劃再版，問我該書有沒有想修改的地方。歲月飛逝，想不到這本書已是十年前的著作，當我翻開再讀時，發覺有很多地方需要修改；與此同時，這些年來也累積了一些有關個人輔導的心得，想加入其中。時機剛好，我以《婚姻輔導解構》一書為藍圖，修改部分內容，再加入個人輔導的部分，變成目前這本書。

重新整理文稿，把書的結構分成四部分，第一部是總論。過去多年，我有幸涉獵不同的輔導理論；雖然近年來東方的思想對輔導影響甚大，但多數的輔導理論還是源於西方。面對西方的輔導理論，我們一方面需要吸收他們的知識，另一方面也要發展一套由本土衍生的輔導理論。因此這部分主要反省西方理論的問題及貢獻，以及思想華人文化的優良智慧，可以怎樣與輔導結合。

第二部分關於個人輔導。關係離不開個人，健康的個體生命更有機會發展健康的關係。近年不少人因患上抑鬱症、恐慌症尋求輔導，亦有不少身心俱疲的求助者。他們雖然表面上沒有什麼病徵，但脾氣異常暴躁，小小事情也暴跳如雷，不但令家人朋友覺得難於相處，甚至連自己都不喜歡自己。這些當事人很想透過個別輔導進行自我探索，了解自己發生了什麼事，個人輔導確是一個好好探索自己的平台。當事人受困於不能自拔的情緒，需要一個有耐性的陪伴者，一個掌握個人輔導技巧的輔導員很重要，與此同時，個人輔導的技巧也是邁進婚姻輔導的基本功。親密關係由兩個個體組成，有了好的個別輔導技巧作為基礎，輔導員會更容易掌握關係輔導的竅門。

第三部主要是取材自《婚姻輔導解構》一書，除了加入更詳細的理論框架，我亦修訂了當中的內容。

第四部分是總結及反省。輔導不單是一種技巧，也反映了輔導員的生命取向，輔導員的價值觀對輔導過程起了關鍵作用，所以在最後的部分，我想談談輔導的道德；要成為一個輔導員，任重而道遠，究竟須具備什麼素質？如何成長？當中帶給訓練的啟示是什麼？

如上文說，好的輔導不單流於技巧，還涉及輔導員如何理解當事人的問題。我本是社工出身，社工的訓練讓我看當事人的問題不只停在心理角度，也以社會的向度了解他們的困擾，從事輔導愈久，愈發現社會向度的重要性。沒有這個角度，我們很容易把問題個人化，甚至怪罪受害者，對受害者造成不公義[1]。

多年前，當我還是社工的時候，曾負責一宗單親家庭的個案，一位基層母親，獨力照顧三名幼兒，其中一個還有特殊需要。這位媽媽壓力很大，患上抑鬱症，需定時服藥；面對三個子女，她束手無策，所以求助社工及心理學家。有一次，我登門造訪，了解到他們一家四口竟然屈居在一個不多於 50 平方尺的斗室，也缺乏社區設施，孩子沒有活動空間，難怪他們衍生這麼多行為問題。從我的角度分析，孩子們只不過需要走動，但因空間太少，走動就被看為過度活躍。於是，我着手為他們申請恩恤安置，理由是孩子得不到恰當的成長環境，引致行為問題；也向精神科醫生、心理學家要求一封推薦信，醫生很快答應，但心理學家卻不贊同，她認為孩子的問題，是母親管教無方。年少氣盛的我聽了忍不住質問那位心理學家，若她生活在這種惡劣環境，會否也是「管教無方」？最後，我們鬧得不歡而散。

這件事對我日後從事輔導有很大影響，我了解問題時，必須帶有社會向度，究竟當事人怎樣在大社會中受到衝擊？否則，我們非但不能協助他們面對，還以判斷的眼光怪罪了他們。

既然大社會存在衝擊，究竟我們身處在一個怎樣的歷史時空，而這又會對個人以及對婚姻造成什麼衝擊？

社會對個人的衝擊

1. 沒有耐性成長

經濟愈發達，社會對個人表現的要求就愈高，大夥兒活在其中，不住回應別人的期望，沒有空間誠實認識自己，也怕別人不喜歡、不接受真正的自己，連成長跌碰的空間也欠缺。在這種氛圍下，我看見有很多人自我意識膨脹，卻缺乏自我了解。自我意識膨脹的人，不但不了解自己，也十分敏感於別人對自己的評價和看法，別人的眼光決定他們是否被接納，所以他們不住索求別人的認同。然而，究竟他們真正想做個怎樣的人，恐怕連自己都不清楚。若然沒有扎實的自我根基，很容易在人際關係裏受傷，因為別人的一言一語，都影響他們的自尊感。在受傷的時候，有時表達一種充滿憤慨的不滿，有時又落入自憐自憫的消極裏。缺乏合適的成長空間，令現代人變成容易受傷的一族。

2. 人際關係疏離

扎實的自我根基，使人看自己合乎中道，然而打穩自我根基的過程需要一個正常的社教化環境。我們與不同的人交往，從交往的互動中，漸漸發現真我、卸下假我的面具。但這過程必須有一個真誠的社交羣體，彼此用愛心説誠實話，而非唯唯諾諾的表面交往。

這類羣體在急促的城市愈來愈罕見，持久的友情難以維繫，年紀愈長，想找個坦白傾訴心事的人也愈難。人性多變，昔日的好友很可能已變得陌生，縱使幸運地還有幾個推心置腹的知己，他們也可能忙於自己的生活，未必有時間騰出來相聚。很多城市人都積壓大量不能疏解的情緒，然後情緒影響思維，自己在不知不覺中迷失。

3. 割裂的人生

我們生活在一個割裂的年代，與人割裂、與歷史割裂、與自然割裂。生命好像一個零碎的組合，沒有一個連結的視野，不知今天所經歷的事情，對明天的生命有什麼意義。更甚者，人生難免傷痛，沒有意義的傷害比有意義的傷害更難承受[2]，生命好像是荒謬的；零碎的生命經驗，使我們傾向以眼前的感官為衡量價值的準繩。活在自我的世界中，沒有什麼靠得住，最後只剩下個人的感官作為價值標準，這種人生態度既可憎，因為它顯得自私；又可憐，因為它令人與外在的世界割裂，剩下孤獨的人生。

傅士德（Richard J. Foster）在《屬靈操練禮讚》（*Celebration of Discipline*）中說：「今天人類社會最大的束縛之一是一種慾望，就是要求一切都要按照我們自己的意見而行」[3]，當人只活在自己的世界裏，覺得只有自己才靠得住，就會傾向操控周圍環境，要它依自己的意思而行。若有不順，便失去耐性；對人生的成長也抱一樣態度，若遇困難，只求簡單快捷的辦法，沒有耐性忍受成長的起跌，以及認識深邃的內心世界。

4. 對親密關係要求甚殷，但脆弱的自我難以承托

現代人的心靈，有如漂浮在水面上的浮萍，沒有根、沒有方向，但人始終想心有所屬、情有所歸。很多人對親密關係渴求甚殷，希望在茫茫人海裏，至少有一個可以信任的人，會愛護自己、珍惜自己，無論自己的本相如何，也會接納自己，但不健康的個體生命又怎能發展健康的親密關

係？雙方都渴望被愛，但可以付出的卻有限，有如兩片乾涸的海綿，都想吸收水分，結果彼此拉扯。

從前婚姻的基礎，是以經濟和政治為重心；在婚姻中渴望心靈親密是人類歷史上相當近期的現象[4]。換言之，從歷史的角度看，把婚姻與心靈親密結連，目前還是摸索階段，我們沒有十分的把握，加上婚姻還要面對外在環境的挑戰，問題就更複雜了。

社會對婚姻的衝擊

1. 離婚是選擇，而非不幸[5]

上一代的婚姻的確存在很多不幸，夫妻間貌合神離、互不理睬、彼此埋怨，已是司空見慣。我曾任教神學院的「自我成長」課程數年，學期終結時會請學生寫一篇成長的歷史，增進自我認識。結果發現，十居其九的同學都是在父母不和的家庭中成長，每一篇文章都滿載成長的淚水。我們成長的時候親身目睹婚姻的不幸，長大後，千個萬個不願意重蹈父母的覆轍。婚姻一旦出現困難，都不會忍受下去，沒有其他辦法時，離婚較容易成為一種選擇。所謂選擇，是主動尋求的意思，而不幸是被動承受的結果。離婚成為選擇，原因是人們相信它是解決婚姻難題的出路，比留在不如意的婚姻好。

2. 何必為不幸福的婚姻付出代價？

本港一項調查發現，超過 90% 的婚前男女希望在婚姻中能互相幫助、支持以及鼓勵[6]，滿足情感和性的需要，他們相信這樣的人生會幸福快樂。

相對地，少於 36% 的年輕人視婚姻為人生必經階段，甚至少於 11% 的年輕人是為了生兒育女而結婚[7]。這些數據顯示，年輕一代不再視婚姻為人生必然的選擇，更遑論為了傳宗接代而結婚，結婚只是其中一個通往幸福的選擇。既然如此，尋求幸福可以選擇單身，也可以選擇發展事業，這種取向的影響深遠，人們不再説服自己為不幸福的婚姻付上代價。同時，愈來愈少人願意為締造幸福婚姻付上數以十年的心血，也不願意在踏入幸福階段之前忍受不幸。

目下的現象是，大多數人為了尋求幸福而進入婚姻，但在得到期望中的幸福前，卻不願意花心血、花時間學習成長，也不願意學習付出與犧牲。我有一位朋友，寫作技巧卓越，無論想到什麼都可以寫出動人的文章，令人羨慕不已。有一次她分享説，在學習寫作期間，不知下過多少苦功，成功背後的辛酸卻鮮有人知曉。由此我領悟到，要寫好文章尚且花上無數心力，何況經營幸福的婚姻呢？

結婚的一刻並不表示幸福必然降臨，只是學習達成幸福的開始，但有多少人願意為此付上代價？現代人視離婚為解決困難的途徑，西方國家的離婚率告訴我們，有一半人會中途離場，另一半留在婚姻的也未必代表幸福，有的抱着放棄態度，有的與配偶貌合神離。能夠跑完整段婚姻旅程而得到幸福者，比當初一起開步的少了一大部分。現代人對婚姻的期望常常與行動不一致，對婚姻期望很高，又不願意付出。

3. 男女角色轉變

傳統社會的男女角色慢慢轉變，女性經濟地位提高，男性專權的局面漸漸消失，男女平等是一種進步，然而權力的再分配亦令夫婦出現爭權的情況：誰作主，誰跟從誰？大家各有主見，但又未能建立解決分歧的有效模式，結果，夫婦的爭執無日無之。

有些夫婦，雖然保留傳統的運作模式，妻子犧牲自己的事業發展機會，不怕付出，然而若丈夫不懂珍惜，妻子的付出和犧牲未必獲得肯定；更糟的是，長久無私地付出，漸漸失去了自我，連謀生的技能也失去。若遭丈夫拋棄，下場便十分慘淡。既然付出的一方不一定有回報，難怪出現斤斤計較的現象。

4. 效率至上，個人品格修養次之

從事婚姻輔導多年，我愈來愈覺得能否愛人，與個人品格和修養關係密切。上文提及幸福背後要學習愛與付出，這與個人修為極有關係，個人的修為，是人格的操練。試想，一個人心胸狹窄、斤斤計較，縱然有良好的溝通技巧，也很難包容與自己不同的配偶。

經濟發達的現代社會，處處講求成就、表現和效率，很容易忽略了漫長的人格培育。有一年，我為教會舉辦一個一年制的訓練課程，畢業禮上，牧師的開場白便說：「在這個事事講求快速的社會裏，能夠有一個整年的成長課程實在難能可貴。」牧師一語中的，香港社會視效率為真理，為了效率，可以犧牲人的種種需要，最明顯的例子是犧牲成長所需要的時間。十年樹木，百年樹人。這一代的父母沒有耐性等待，他們期望小學三年級的孩子懂得四年級的課程。商人看準這種心態，電視廣告不住標榜孩子吃了某牌子的奶粉會快人一步；四歲的孩子懂得計算小學二年級的數學題。我們對效率的要求似乎已經到了非人性的地步。

推而廣之，夫妻期望有一些簡單而奏效的溝通技巧，幫助他們儘快解決問題，但很多時候，關鍵不單是什麼溝通技巧，而是個人品格的修為；在追求速度之餘，有多少人願意為修養人格花上時間心力？

5. 否定痛苦的意義

短視的眼光，令我們着眼於眼前的成敗得失。每一年，小六派位結果的悲劇場面，令人目不忍睹。電視新聞所見，年紀小小的學生因為未能派往如意的中學而哭得死去活來，像是世界末日一般，身旁的家長同樣懷着悲憤的心情，對孩子的前途感到絕望。有時候，真的難以想像年僅十二歲的小孩，所經歷的成敗會就此決定一生的命運，一次考試的結果估算了他的人生價值。無怪乎每年有眾多因為考試壓力而跳樓身亡的年輕學子。每當看到這些新聞，都難免有錐心之痛。所謂冰封三尺，非一日之寒，年輕學子着眼目下的成敗得失，豈非反映了整個社會心態？

很多人是這樣着眼於即時的幸福快樂、成敗得失，而漠視人生痛苦背後的意義。「成長是由痛苦而來的」，雖然我們不是自虐狂，喜歡自尋痛苦，但這句話背後的重要意義是，有些痛苦是無可避免的，能夠承受痛苦的人才能經歷成長的喜悦。

婚姻關係需要經過六個階段，分別是蜜月期、期待期、權力掙扎期、七年之癢期、復和期，以及接納期[8]，最後才能達至水乳交融的境界。在這漫長的婚姻旅程中，每一個階段都有其獨特的掙扎，痛苦和淚水自不能免，能夠勇敢地面對這些痛苦的夫婦，才能獲得成長的智慧和喜悦。

6. 否定傳統婚姻的意義

傳統婚姻的意義逐漸褪色，年輕一代不再認為男大當婚，女大當嫁，一些過往只能在夫婦關係中專享的事情，也起着根本的變化。其中兩項影響十分深遠，一是夫婦作為父母的天職，二是性愛不再是婚姻關係中所專享。

從前的夫妻為了下一代，甘願忍受痛苦的婚姻，但這一代的父母，已漸漸認為夫妻關係與父母關係能夠分割。家庭調解服務在本港興起，正是反映了這種現象。家庭調解服務特別為離異夫婦而設，幫助他們暫且放下夫妻間激烈的爭拗，為孩子的福祉着想，共同履行父母的天職，這正是把夫妻關係與父母關係分別考慮。從實際的需要着眼，為了下一代的福祉，似乎無可厚非，換句話説，就是不用為了下一代而維持婚姻。在我所輔導的婚姻個案中，不時聽見打算離婚的人士説：「即使離婚，我仍然會做個盡責的父母」，似乎孩子的福祉漸漸不再是考慮離婚的障礙。

另外，傳統上婚姻是滿足性愛歡愉的主要途徑，但這個婚姻專利亦逐步瓦解。年輕一輩不大抗拒婚前性行為[9]，婚外性行為亦日漸增多，尤其是由丈夫引發的婚外情。據一項本港的調查指出，縱然一些自稱對婚姻態度保守的人，亦難以維持對婚姻關係的忠誠[10]。這除了涉及個人的道德取向外，也反映社會的大氣候。在一次談論性愛與婚姻的座談會上，明光社總幹事蔡志森先生道出一個現象，就是大部分電視電影鏡頭下的性愛都發生在婚姻之外，這些婚外性愛鏡頭浪漫而充滿美感，婚姻之內的夫妻關係則是南轅北轍，牀上呈現「北」字的姿態。婚姻以外的性關係是浪漫的、激情的；婚姻之內的性關係是沉悶的、乏味的，這種氣氛或多或少助長了婚外性關係。

7. 外在環境為關係帶來張力

美國婚姻專家高特曼（Gottman）發現，夫婦的溝通模式在在影響婚姻的持久與穩定。若果夫婦溝通出現：1. 批評（Criticism）、2. 蔑視（Contempt）、3. 不肯承認責任而諸多辯解（Defensiveness）、4. 築起圍牆、拒絕溝通（Stonewalling）[11]，婚姻關係便亮起紅燈。太多負面説話，令人難以消化，夫妻關係很容易會陷入惡性循環的困局。

很多婚姻講座都教導夫婦說話要正面，要多肯定，但為何無數夫婦還是不能自制地批評和蔑視對方？除了個人修養外，我相信還有社會壓力。一般來說，孩子放假不用交功課的時候，夫婦關係會比較和諧，開學後又是另一番景象。有時丈夫妻子任何一方休假，關係也相對融洽。生活壓力迫人，令我們過着非人生活，長久缺乏休息靜思的空間，令人煩躁，難聽的說話難免衝口而出。因此，夫婦關係的互動模式，也反映了背後的生活壓力。

近來有一個有趣的觀察，就是那些參加夫婦營的夫婦，姑勿論他們在進營前的關係如何，一般經過兩三日與外界隔離後，離營時關係都會有所改善。平心而論，營會的節目並非一定高質素，但為何產生如此理想的效果？我認為這與夫婦有機會暫時拋開壓力有關，當身心舒暢，關係自然和諧起來；但離營後，重回生活，再次面對壓力，關係又緊張起來。我不是說這類夫婦營沒有幫助，剛好相反，我十分鼓勵夫婦抽空參加這類活動，讓彼此有喘息的空間。不過，這觀察再次證明生活壓力對關係造成的惡果，問題不單純在於二人互動的層次。

另外，我們在親密關係中表達的模式，或多或少受到別人互動模式所影響。若我們在工作環境中尊嚴遭嚴重踐踏，回家後亦會下意識把遭遇投射在家人身上，這類似一種平行過程（Parallel process）[12]。在香港這樣崇尚經濟效益的商業社會裏，人的尊嚴經常遭踐踏，長久活在這種氛圍下，也會不知不覺受到負面影響。

政策、政治與家庭問題

根據香港社會服務聯會於 2002 年發表的一項調查顯示，香港僱員的超時工作十分嚴重，不單影響家庭生活，更隱藏了危機。明愛機構發表的婚外情調查報告顯示，近 70% 涉及婚外情的人士工作時間都屬於不穩定[13]。在我的輔導經驗看來，涉及婚外情人士大多是在工作相關的環境中發展出戀情，例如經常往返內地公幹，結果在國內「包二奶」；又或者與公司同事傾談多了，不自覺地戀上對方，最後不能自拔。這些現象反映了什麼問題？過長的工作時間減少家人共聚的機會，再加上資源增值的要求，使很多人都感到吃不消，需要慰藉、分擔與陪伴，在工作環境裏的同僚和所遇見的人很自然成為發展婚外情的對象。經濟型的社會工作至上，衍生出一個個家庭悲劇。

此外，因政制失誤所造成的官商勾結，令貧富懸殊問題嚴重，在經濟壓力下，無數婚姻與家庭瓦解。夫妻二人即使辛苦工作，也賺不夠生活開支，最後彼此埋怨，嚴重者以離婚終局；又或者丈夫失業多時，妻子不斷嘮嘮叨叨，家無寧日，有些更做出自毀的行為。我每天在輔導室不斷聆聽這些悲劇，不是一個、兩個，而是十個、百個的家庭悲劇，又怎會是個別家庭的問題？我聽見的是社會與政治問題所帶來的惡果。

因應社會情況對輔導的反思

1. 給予成長的空間、耐性

大社會給予人的成長空間和耐性愈來愈少，輔導員對當事人面對的掙扎也欠耐性，有時只是希望以一些簡單的方法解決當事人的問題，提供一些膚淺的意見，效果適得其反。當事人未必聽從之餘，輔導員也對當事人產生偏見，認為他們頑固，自討苦吃。我們要明白表面看似簡單的人生問題，內裏可以是千絲萬縷，欲理還亂，並非三言兩語可以道盡。耐心的聆聽，接納當事人在痛苦中不能自拔的無奈，以及跌跌碰碰的成長經歷，是輔導員最基本的專業態度。

2. 以情景角度理解當事人的問題

日本作家川端康成在他的小説《舞姬》中談及，栽培一個出色的舞蹈家，要用上三代的時間。文化是薪火相傳的，上一代把數十載人生智慧傳給下一代，再由下一代發揚光大，擦出文化火花。但在香港土生土長的年輕夫婦，成長過程中吸收了多少代代相傳的文化遺產？老一代的父母多是由中國逃來的難民，連餬口都有困難，根本顧不到如何培育下一代，而新生代在 1970 年代開始探索自我身分的問題，但文化仍是虛弱的。在教育方面，學校以科技知識為本，我們不知從何學習做人、學習與人相處、忍耐和付出。有時輔導室所遇見的人，沒有什麼心理問題，只是在人生的十字路口徘徊，不知怎辦才好，對眼前的人生問題無所適從。他們所需要的不單是輔導員，而是生命的師傅，可以引導他們作出人生重大的決定。

生命師傅看問題需要通透，不是頭痛醫頭，腳痛醫腳；需要發展一個連結的視野，以情景的角度理解當事人的問題，以一個個案為例，當事人投訴丈夫放工回家後不理家事，沉默不語，十問九不答，她感到無奈及憤怒。當事人很想向輔導員請教如何與丈夫溝通，好讓她得到丈夫的關注，究竟輔導員是着力改善當事人的溝通技巧，還是引導當事人了解丈夫沉默不語的原因？一個已工作了十多小時的基層工人，他是無氣力溝通還是不願意溝通？當事人需要的是溝通的技巧，抑或是體諒的情懷？在當事人不知抉擇時，則有賴輔導員的智慧。

另外，在適當的時候，應該引入社會分析的角度。例如，一個年輕人經常被家人指摘，覺得他沒出色，收入微薄。然而，他已很努力做事，無奈的是他的才華沒有市場價值，那麼究竟是他沒有出息、缺乏鬥志，還是社會的選擇不多？甚至社會上出現官商勾結，令社會的財富分配嚴重不均，這個年輕人所遇見的問題，為政者是否需要負上更大責任？

3. 引導當事人看見自己與他人的結連

很多年前，一位爸爸找我，希望我能為他年幼的兒子申請孤兒院。他說，兒子的母親已離開了，他又想再找一個伴侶，覺得幼兒是他的包袱，既然他的母親不管，他又何須負上責任，決定把兒子送往孤兒院。我很明白孩子為這位父親帶來的麻煩，也認同孩子有可能阻礙他尋找新伴侶。然而，我覺得他向社工求助，而不是隨隨便便掉下幼兒，他畢竟是有情的人，於是引導他進入孩子的世界，讓他體會孩子是何等的無助。最終，他泛起對孩子憐憫之心，改變主意，把孩子留在身旁。

又有一次，當事人對妻子有婚外情極為憤怒，打算向孩子們訴説她的不是。當事人想尋求我的認同，支持他揭露真相的做法，我明白他的動機，受傷太深，希望尋回公道，透過孩子發洩他的憤怒。事實是，雖然妻子不忠，但她仍是一位好母親，是孩子們情感上的依附，若父親向他們數落母親的不是，將對孩子構成傷害。於是，我嘗試引導他從孩子的角度了解事情，他依然堅持，最後我説：「真相有多面，你太太不忠是事實，她是一位好母親也是事實，向孩子説哪方面的真相在乎你對他們的愛。」當事人聽罷，沉默不語，反省他的做法。

輔導員需要理解當事人的主觀經驗、明白他們的感受，但不可以停留在這個層次，否則當事人只活在自己的世界，與他人割裂。輔導員深度諒解當事人的內心世界後，也應該嘗試引領他們進入別人的世界，因為人不能孤獨地存在，必然與人產生關係；輔導員引導當事人看見別人的世界，促進他與其他人的結連。

4. 引導當事人反省個人的價值系統

輔導專業十分尊重當事人的自決（Self-determination），因為當事人比任何人更了解自己的需要，他們才是自己的專家。我十分欣賞這個原則背後的精神，這樣對當事人是一份由衷的信任。然而，自決走向極端時，輔導員就可能坐視不理，態度冷漠。所以我們既要尊重當事人的自決，也不至袖手旁觀，兩者之間十分難取得平衡。

我們若反省社會文化、政策等對個人及婚姻的影響，或許可以多做一些，就是當事人未經周詳思考而妄下決定的時候，可以幫助他們深入反省自己的價值觀，以及形成的原因；當事人的價值觀究竟是不假思索地受大社會氛圍影響，還是經過深思熟慮？我聽過一些輔導同工因為堅守自決的原則，在求助者決定離婚時，協助當事人「順利」離婚，包括説服不願離婚的一方接受現實，鼓勵他們在減少傷害的大原則下辦妥離婚手續等。後來，離婚的手續辦妥，千絲萬縷的情結卻仍然未解，即使是提出離婚的一方，事後也十分後悔。

當然，若求助者一意孤行要作某個決定時，輔導員也無計可施，但就我的經驗，很多求助者都是在掙扎徘徊時尋求協助，他們不知道自己的決定是否正確，輔導員應該幫助他認識和反省自己的價值觀，過程或許會反反覆覆，但總比匆匆順應當事人的意向——美其名為「自決」——但事後後悔沒有考慮清楚更合適。雖然我們最終仍要尊重當事人的決定，但在他們思考決定的過程中，輔導員可以加入一些反思的元素，讓他們三思而行，免得將來後悔。

5. 不怕面對當事人必經的痛苦

面對痛苦是困難的，有時輔導員因為太怕面對痛苦，會在有意無意間助長了當事人迴避痛苦，如説一些不負責任的安慰説話、延遲當事人面對痛苦……。輔導員要建立面對痛苦的勇氣，才能夠陪伴當事人經歷痛苦，輔導員相信有些痛苦是成長必須經過的，才可以承托當事人走過去。否則，當事人繼續用其他事情麻醉自己，永遠都過不了卡住他們的成長關口。

6. 人格修養的重要性

不如意的事情，有時是環境影響的結果，人在其中，反抗的能力有限，但另一些時候，不能抹殺個人的責任，當事人需要面對自己的性格陰暗面。如當夫妻爭論，妻子直言「老闆誰都不開除，就開除你，你真的沒出息」，又或是説「陳先生比你有用，你與人家同時出道，他已升為經理，而你竟加入失業大軍。」從表面看來，他們像是出現溝通問題，但是否同時映照出妻子內心瞧不起丈夫的幽暗面？這裏涉及的是當事人的人格修養，但在目前的氛圍下，談人格修養相當困難。自香港回歸以來，是非顛倒，高官講求「語言偽術」多於尋找事實的真相、透過玩弄手段，避免承擔個人的責任，這種風氣竟然也蔓延至輔導室中。

當然這不是説輔導員須以專家身分，高高在上道出當事人的問題；相反，要帶着接納、體恤與虛己的胸懷，把自己所觀察的、內心所領受的溫和地表達出來，才可以幫助當事人更加認識自己、面對自己，尤其是幽暗的一面。當事人在安全的氣氛下真實地認識自己，才知道成長的方向。

7. 輔導的公義

輔導員需要諒解，但不是縱容。要是當事人還未能為他們的幽暗面負上責任，我們也要引導其他受影響的人保護自己，例如不可借錢給賭徒、不可以任由施暴者使用暴力等等。雖然輔導員在不判斷的原則下進行輔導，但不作任何判斷也可能造成不公義。

曾有妻子投訴丈夫不參與教導孩子，換來的是輔導員的冷言：「既然你的丈夫對孩子不加理會，你就要更加努力。」妻子答道：「這對我不公道，為何他可以坐視不理，而我要身兼父職？」輔導員反駁説：「難道為了公平，你們兩人也不理會孩子嗎？」妻子含淚無言以對，但內心忿忿不平。孩子需要父母照顧，當父親無法參與，便自然向母親施加一點兒壓力，讓她為孩子負上更多責任。那位母親覺得不公平，卻不能反駁輔導員的大道理。在顧及公義的原則下，若輔導員問那位母親：「與丈夫相比，你為照顧孩子付出更多，為什麼願意這樣做？」她可能回應：「因為我愛孩子。」縱使未能解決不公道的現況，但輔導員的提問肯定了這位母親為愛而甘願付出，至少，輔導員的評價是肯定而非譴責。

有時候，輔導員不知就裏地會對弱小一方加以譴責。當丈夫脾氣暴躁，毆打妻子，若輔導員問妻子：「當時你説了什麼刺激他的情緒？」似乎是把虐打的責任推給妻子。然而，若輔導員問「他動手前，發生了什麼事，你們的對話是怎樣的？」這能幫輔導員了解當時的情況，而不含譴責。面對丈夫時，可以問「什麼令你選擇動手來宣洩你的情緒？」而非「什麼令你激動至動手？」這道問題要求丈夫為他的行為負上責任，而不是把責任推給別人。

處理當事人的人際關係時，輔導強調價值中立，擔心出現偏幫的情況。但有時沒有立場也是一種立場，在大是大非的情況下，不得不表達立場。這並非把輔導員的價值觀強加在當事人身上，而是反映輔導員重視的核心價值，如尊重每個人的價值、公義等等。

8. 以社會向度看問題，避免把問題個人化、病態化

要實踐公義的輔導，輔導員需要掌握宏觀或社會的向度，以下是一些例子：

有一回，節目主持訪問一位心理專家，談到她如何輔導受非典型肺炎影響的人，她說：「我會對他們說，開心又要做人，不開心又要做人，何不選擇開心地做人？」驟耳聽來，這是一句普通的勸勉，但細心咀嚼後，卻發覺這話值得輔導員好好反省。

整句話的底層含義，似乎是指當事人可以選擇開心與不開心，既然可以選擇開心，那麼是否暗示當事人目前的不開心也是選擇而來？把開心與不開心還原至個人選擇的層面，那麼，面對無常厄運而力不從心的人，就會承受雙重痛苦。第一重痛苦是面對厄運的煎熬，第二重痛苦是被指摘選擇不當的態度——不開心——來面對厄運。究竟當事人的不開心是個人選擇，還是厄運的必然後果？若是他們的選擇，當然要為所選擇的承受結果，但若這是厄運的自然結果，他們所需要的是輔導員的同情和體諒。

另一次經歷也令我反思對受害者應有的態度。那一次，我在巴士站候車，目睹一位母親帶着兩個孩子，一個是十三、四歲的少年，另一個是坐在嬰兒車裏、約一歲半的孩子。那嬰孩本來安靜地坐着，好奇地周圍張望，但那十來歲的少年不斷騷擾他，直至嬰孩按耐不住，嚎哭起來。站在旁邊的媽媽被孩子的哭聲弄得不耐煩，便蹲下來着孩子閉嘴，並罵他聲音擾人，那位頑皮的少年竟得意洋洋地笑起來。這幅圖畫令我反省到無辜受

害的人得不到公平對待，還要因為受苦所發出的呼聲而遭懲罰。我反問自己，我對那些受苦者發出的聲音是同情，還是只想急急解決他們的問題，然後要他們閉嘴，簡單地把問題的核心還原至當事人選擇開心或不開心的態度？

其實，請當事人選擇開心或不開心並無不妥，重要的是我們有否聽清楚受苦者的心聲，安撫他們的怨氣，恰當地把問題定位——是個人的責任，還是環境對他們不公道？縱然在輔導的領域所能發揮的很有限，但至少可給他們一句公道的話，不致把一切問題還原至個人選擇的層次上。

結語

輔導員如何理解當事人的問題，在乎他對人性的認識，以及他怎樣理解大社會的氛圍如何影響人的經驗。從表面上看，人的問題可以很簡單，只要懂得選擇應該的態度，問題便可迎刃而解；然而問題底層，是千絲萬縷的情感與思想的糾結。輔導員需進入當事人的內在世界，諒解他們的體會，給予接納與尊重；同時也要有公義的角度，了解社會的事情怎樣影響人的經驗，才不致把問題簡化，甚至怪罪了受害者。

參考書目

1. Finn, J. & Jacobson, M.（2003）. "Just get started: Engagement". In *Just Practice: A Social Justice Approach to Social Work*. Peosta, Iowa: Eddie Bowers Publishing, pp. 185-208.
2. 喬安波利森科（Jonan Borysenko）著，陳蒼多譯（1995），《受苦的正面意義：新樂觀心理學》。台北：生命潛能文化事業。
3. 傅士德（Richard J. Foster）著，周天和譯（2001），《屬靈操練禮讚 —— 靈性增長之道》。香港：香港基督徒學生福音團契出版社，頁 136。
4. Welwood, J.（2000）. *Toward a Psychology of Awakening: Buddhism, Psychotherapy, and the Path of Personal and Spiritual Transformation*. Boston: Shambhala.
5. Lewis, J.（2001）. *The End of Marriage? Individualism and Intimate Relations*. Cheltenham, UK: Edward Elgar.
6. Yeung Chan, S. T. & Kwong, W. M.（1997）. *A Survey Study of the Attitudes of Pre-marital Couples Toward Marriage in Hong Kong*. HK: City University of HK.
7. Yeung Chan, S. T. & Kwong, W. M.（1996）. *A Survey Study of the Attitudes of Working Youth toward Marriage in Hong Kong*. HK: City University of HK.
8. 原文出自 *Psychology Today*，由霍玉蓮譯載於其著作（1996），《怎可以一生一世》。香港：突破出版社。
9. Yeung Chan, S. T. & Kwong, W. M.（1997）. *A Survey Study of the Attitudes of Pre-marital Couples Toward Marriage in Hong Kong*. HK: City University of HK.
10. Young, K. P. H., Chau, B. C. H., Li, C. K., Tai, L. Y. Y., Yim, V. P. L. & Cheung, W. Y.（1995）. *Study on Marriages Affected by Extramarital Affairs*. HK: Caritas Family Service and The Department of Social Work & Social Administration, University of HK.

11. Gottman, J.(1995). *Why Marriages Succeed or Fail: And How You Can Make Yours Last*. NY: Simon & Schuster.
12. Holloway, E. L.(1995). *Clinical Supervision: A Systems Approach*. California: SAGE.
13. Young, K. P. H., Chau, B. C. H., Li, C. K., Tai, L. Y. Y., Yim, V. P. L. & Cheung, W. Y. (1995). *Study on Marriages Affected by Extramarital Affairs*. HK: Caritas Family Service and The Department of Social Work & Social Administration, University of HK.

第一部
總論

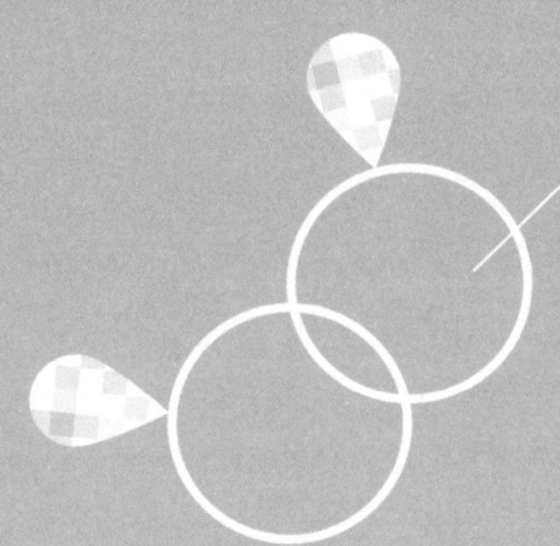

第一章

西方輔導理論的興起

1.1 不同輔導模式的理論簡介

1.1.1 心理分析的興起

1.1.2 行為學派的影響：認知行為的治療模式

1.1.3 人文精神的貢獻：人本治療法

1.1.4 家庭治療

1.1.5 後現代思想的突破：敍事治療

1.1.6 整合治療的模式：情緒取向治療

1.2 對輔導理論的反省

1.2.1 理論各有貢獻與局限

1.2.2 各理論的理想人生及關係模式

1.3 西方治療模式在本地的應用

1.3.1 中國人以為是美德，西方治療系統可能認為是問題

1.3.2 中國人重視恩情，被誤認為「強加於人」或「情感過分依賴」

1.3.3 本地家庭的溝通較含蓄

1.3.4 解讀當事人弦外之音，顧及他們表達的困難

1.3.5 尊重每一個人、每一段關係的特質

1.4 結語

參考書目

本章簡介各項重要的心理治療模式，所選取的治療模式，都可應用在個人與婚姻關係中。順便一提，近代有一些嶄新的療法，例如體感治療（Somatic Experiencing）、身體動力治療法（Bioenergetics）等，對治療個人受創很有幫助，對身體與心理的關係也有很詳盡的研究。雖然這些療法在個人輔導領域裏貢獻良多，可惜筆者尚未領悟如何應用到夫婦關係上，所以暫不在此贅述。

1.1 不同輔導模式的理論簡介

以下主要是概覽式的介紹，從當中的脈絡可見，知識是累積下來的，筆者提倡的輔導模式，深受前人影響。

1.1.1 心理分析的興起

主要是根據奧地利心理學家佛洛依德（Sigmund Freud）的心理分析（Psychoanalytic Approach）理論發展而成。在個人方面，理論認為個人意識與潛意識的思想與情感不斷掙扎[1]，而這些掙扎俱大大受制於童年的成長經驗。若然童年曾發生一些創傷事情，會令當事人的成長停滯在那個階段，窒礙他往後的成長。這理念與跨代遺傳的理論近似，因此在某些文獻中的分類，也把跨代遺傳的治療模式（Multigenerational Model）納入其中[2]。

婚姻是兩個個體的交往、互動。治療師不單觀察夫婦在意識層面的交往，亦關注他們潛意識中的彼此投射，透過聆聽，探索夫婦的成長歷史。

治療師會幫助夫婦意識自己不自知的動機與投射，如何影響他們的互動循環和交往模式，促使他們避免投射，更直接溝通。

1.1.2 行為學派的影響：認知行為的治療模式

深受行為學派及理性情緒治療法的影響（Rational Emotive Therapy），認知行為的治療模式（Cognitive-behavioral Approach）認為，個人的認知影響他的情緒和行為，透過記憶、期待及語言，把外在的世界內化在自己的觀念裏，所作的反應也受自己內在的思維影響[3]。然而，人有很多不合乎現實的非理性思維，因此他們表達的行為也不合乎現實；只要改變這些思維，隨之情緒、行為也可以改變。

應用在婚姻輔導方面，這套理論特別強調夫婦在認知層面上如何給某些事情賦予意義[4]。例如，丈夫遲到，妻子覺得丈夫不重視她，於是在行為上拒絕丈夫，在情緒上感到憤怒。然而，若妻子改變對丈夫行為的認知，認為丈夫在百忙之中仍願意抽空赴她的約，遲到表示他盡了最大努力表達對她的愛；那麼妻子在行為上會對丈夫表達多些善意，在情緒上覺得與丈夫更親密等，夫妻關係就會因認知的改變而大大改善。

不過，有時候，治療不一定先從認知方面着手，治療師也可以先為夫婦設計一些作業，如夫婦共同參與一些輕鬆愉快的事情，從而改變他們的交往行為以及情緒經驗，再協助他們改變不合乎現實的思想框框。

1.1.3 人文精神的貢獻：人本治療法

美國心理學家羅哲斯（Carl Rogers）以人文精神為核心，發展了人本治療法（Person-centered Therapy）。這方法不像過往的治療手法般以專家自居，把當事人看待為有病或有問題的人，治療師十分尊重當事人所看見的現實，相信他們有成長和自我實現的潛能，包括愛的潛能。透過治療師的同理心、無條件的接納，進入當事人的內在世界，幫助當事人表裏一致地活出自己[5]。

應用在婚姻輔導中，理念也是一樣。夫妻二人由於焦慮及害怕呈現脆弱，不能真誠地表達自己，治療師尊重他們的內在經驗，予以同理心，無條件的接納，讓夫妻毋須口不對心（Incongruence），而是真誠地彼此接觸。

1.1.4 家庭治療

傳統以來，心理治療都是着眼個人問題，他們有什麼思想、情緒，甚或情結（Complex）影響他們？無論是改變思維、轉化情緒經驗，都是以個體為出發點。家庭治療的興起，是把個人問題放在家庭成員互動的脈絡中，為什麼孩子有行為問題？從家庭治療的角度看，孩子是活在父母的糾結中，他的問題很可能是挽救父母婚姻的訊號；治療師的焦點是用家庭互動的向度了解個體成員的問題。以下提出四個重要的家庭治療模式：

1. 策略模式的婚姻治療（Strategic Model）

這模式特別着重溝通及語言的運用，代表派系包括美國加州的 The Palo Alto Group、傑海利（Jay Haley）以及意大利 Milan Team 的策略治療模式。有問題的家庭起初只想解決某個問題，卻往往掉進更難解決的惡性循環，所以治療的目標是打破這惡性循環，讓雙方的關係出現更多可能。例如，夫婦為了解決孩子學業成績的問題，不能自已的爭執，後果往往更嚴重，治療師便要幫助他們拆解這個循環，讓夫婦以另類方法交往。

由這套模式引伸出來的，還有尋解治療方式（Solution-oriented Approach），希望以最快、最有效的方式解決問題[6]。治療師重視當事人目前的問題，尋求出路，又特別強調當事人的成功經驗，讓他們知道自己有能力解決問題，而不大着重成長歷史、童年創傷等。若夫婦常被問題所困擾，忽略偶然合拍的事實，導致關係不和，治療師便會引導他們回想，二人也有合得來的時候，並且強調這方面的能力，讓他們以現有的能力幫助自己。

2. 結構模式的婚姻治療（Structural Model）[7]

結構治療由原籍阿根廷、後來到美國發展的家庭治療師米紐慶（Salvador Minuchin）及其同僚創立。顧名思義，這治療特別注重家庭的結構。在健康的情況下，家庭結構會隨着時間而不斷重整；在重整的過程中，家庭要維持發展的連貫性，也要支持家庭成員的成長。

治療師以積極、主動的介入，解決因為結構而產生的婚姻問題。例如，孩子過分介入父母的關係中，讓夫婦不能直接溝通，就要重整結構，使孩子不能過分逾越家長的界線，讓夫婦重新直接溝通，重拾家長的權威，合力管教孩子，由此改善夫婦的關係。

如上文所說，家庭治療模式着重家庭成員的互動，然而有些家庭治療，部分焦點是放在個體上，薩提爾（Virginia Satir）及寶雲（Murray Bowen）所倡議的模式便是，前者提及個體冰山，後者談及個體的獨立過程。

3. 薩提爾的成長模式（Satir Growth Model）[8]

美國社會工作者薩提爾提出的成長模式。個體存在內在冰山，在外顯行為下，是當事人理解外在世界的想法、感受、期望與渴求；最底層是一個人的自尊感，其高與低影響他與周遭人的溝通方法與關係。

應用在婚姻輔導中，透過治療師引導，協助當事人在治療過程中，與配偶體驗新的溝通模式，夫婦從而以更真誠和表裏一致的方式交往。一般來說，這學派認為內心的創傷和表達的問題，讓夫婦無法顯現真誠和脆弱的真我。治療是建立安全的環境，令受助夫婦能開放地接觸內在脆弱的自我，並以誠實、人性以及直接的方法向配偶表達。如是者，夫婦有了新體驗，就有能力把這新體驗帶回現實的生活處境。

4. 寶雲的家庭系統治療

這理論根據美國家庭治療師寶雲的家庭系統理論（Bowen Theory）[9]發展出來，最初應用於一些有精神分裂患者的家庭，後來慢慢應用於治療婚姻問題的個案。理論特別強調人類的情感系統（Human Emotional System），由此而發展出八個主要概念：

1. 個人獨立自主的程度（Differentiation of Self）
2. 家庭成員的三角關係（Triangles）
3. 核心家庭的情感交往過程（Nuclear Family Emotional Process）
4. 家庭的投射過程（Family Projection Process）
5. 兄弟姐妹的位置（Sibling Position）
6. 跨代傳達過程（Multigenerational Transmission Process）
7. 情感決絕（Emotional Cut-off）
8. 大社會的情感過程（Emotional Process in Society）

當中個人獨立自主的程度是核心概念，寶雲關注個體如何受制於家庭互動的過程，以致無法邁向獨立自主，透過治療師的引導，當事人更有能力脫離家庭的情緒糾結，重新做回自己。

應用在婚姻治療上，治療師主要增進夫婦了解原生家庭對自己的影響，提升二人獨立自主的程度，愈獨立自主，愈能夠避免因焦慮衍生的自動反應。夫妻間的問題，是由於兩者太多不能自已的自動反應，當夫婦更獨立自主，便能以更成熟的方式交往。

1.1.5 後現代思想的突破：敍事治療

建基於後現代哲學思想，澳洲治療師米高懷特（Michael White）[10] 以及他的同僚發展了一套以敍事為主的治療模式（Narrative Therapy）。精髓是幫助受助者脱離飽受問題論述的牢籠，把「人」和「問題」分開。人往往受制於大社會文化的論述，若能從中釋放出來，便會有能力自主。如果當事人說自己是抑鬱病者，輔導員便引導她認識這抑鬱的稱號怎樣改變她和丈夫的關係。換言之，當事人把抑鬱症視作自己的一部分，輔導員卻把抑鬱症作為一個稱號，而不是屬於當事人，同時讓她認識這個稱號怎樣影響她的生活，一起為她的生命重新編寫故事。

應用在婚姻治療上，這模式認為夫婦在發生衝突的過程中，彼此都用了問題的論述定義對方。當事人不甘於被誤解，要保護自己的身分和尊嚴；同時，用了問題的論述譴責伴侶，結果造成互相攻擊。治療師的介入，是引導夫婦重新看見那個未被問題論述遮蓋的伴侶。[11]

1.1.6 整合治療的模式：情緒取向治療

情緒取向治療（Emotionally Focused Therapy）[12] 由學者格林伯格（Leslie Greenberg）及蘇珊強森（Susan Johnson）倡議，以情緒運作為其核心概念，情緒影響人的思維及行動取向；情緒取向治療最大的貢獻是，確立體驗情緒的重要性，加入了詹德琳（Eugene Gendlin）關於察覺身體的研究結果，以及原型治療法（Gestalt）的技術，治療師不單讓當事人用語言表達情緒，更透過與空椅對談的治療手法，讓當事人透過身體體會他們的情緒經驗，化解、整合、轉化未能消化的情緒。

情緒取向的婚姻治療加入了系統的角度，治療師帶領夫妻看見他們的惡性互動循環，知道他們如何受困其中；繼而引導他們體驗各自內心的深層情緒，彼此看見對方的脆弱無助，互相接納，最後達致互動的良性循環。

1.2 對輔導理論的反省

1.2.1 理論各有貢獻與局限

無論多偉大的理論家、治療師，他們都活在特定的時空、歷史中，背負獨特的社會文化包袱，面對一些特殊的問題。由此可見，我們必須了解每一套理論出現時的特殊背景、要解決的特殊問題，而不應以為每套理論放諸四海皆準。

心理分析最偉大的貢獻是把精神病人當作病人，而不把他們視作魔鬼附身，重新肯定他們的人性尊嚴。但在這理論下，求助者的身分是病者，治療師成為權威人物。那麼，求助者面對治療師時，便容易產生依賴，對自己的能力缺乏信心。

例如，米紐慶以黑人家庭缺乏結構的角度出發，希望幫助他們重新建立靈活而有界線的家庭結構模式，但面對單親家庭，這理論容易以欠缺的角度來理解失去父 / 母親的家庭，也會把在中國家庭較容易出現的父 / 母子情感依靠的關係，視為過分依靠和不尋常。

活在美國文化的薩提爾特別強調人的改變，必須先由自我開始，只要當事人願意，便可以選擇改變。這理論相信當事人能掌握自己的命運，這是積極和正面的；但對於香港社會中經歷人生種種限制的草根家庭來説，這信念有時顯得太樂觀，甚或格格不入。

1.2.2 各理論的理想人生及關係模式

什麼是理想的人生及關係模式？這是值得深思的問題。有一次，筆者參加一個尋解治療（Solution-focused Therapy）的工作坊，要扮演一個婚姻出現矛盾、不知應否離婚的婦人。治療師把問題定位在矛盾上，引導扮演當事人的我，想出一個清晰的解決方法。為了解決矛盾，我便回答「儘早離婚，不再受矛盾困擾」。這次經歷令我深刻體會，很多治療師關注的只是解決當事人的表象問題，以最快捷的方式尋求解決。而我所扮演的當事人因受着矛盾困擾，自然希望儘快下決定，離開一段不愉快的婚姻，免得心裏繼續矛盾。然而，事後我反問自己，若角色中的我掙扎是否離婚，豈非表達了我在婚姻中的困擾嗎？為何不詳加探討，卻只定位在解決矛盾上？

況且，當事人表達矛盾，代表了她對婚姻仍有所留戀。若治療師引導當事人更深體會「留戀」的部分，對「想離開」的部分會有什麼影響？會否照樣決定離婚，還是想出種種方案面對婚姻中的困難？可惜，當時治療師以解決當事人的矛盾為目標，結果得出儘早離婚的結論。可見，每一套理論怎樣把問題定位，都會影響當事人怎樣思考解決方法。

策略模式的家庭治療注重解開家庭的惡性循環。有一次，我觀察一位治療師如何幫助患上抑鬱症的少女。治療師認為這位少女患上抑鬱症，是因為父母借助女兒以維持夫妻關係。為了共同照顧患病的女兒，父母攜手合作，暫且不理會二人的分歧，而女兒下意識知道父母關係不和，不自覺地患上情緒病。最後，他幫助少女脱離父母的箝制，抑鬱症也得以痊癒。然而，少女康復後，她的父母卻陷入無盡的爭執，似乎把痛苦從一方轉移到另一方。然而，治療師認為這是成功的個案，因為家庭的表象問題解決。至於父母的痛苦，已經是另一個問題。看畢這治療個案，不禁反問，治療最終目的是否如此簡單？問題是解決了，還是轉移了？

另一個結構家庭的治療個案中，治療師認為孩子跨越了家長的界線，父母失去管教的權威，要求父母共同重掌管教的權柄，不再被孩子操控。

在治療師的要求和父母千方百計下，終於把孩子「趕出」治療室。治療師認為父母成功了，但被「趕出」的孩子卻在外邊嚎哭。我們所關心的，是孩子此後會學到怎樣的人生功課，是否只有強權而沒有道理？

以上三個個案從該系統的治療師角度來說，都是成功的，但想深一層，什麼是成功？我們希望當事人從治療的經驗中體會什麼？筆者不斷反問自己，最後明白，不論採用什麼治療模式，都是希望當事人從治療過程中有以下的得益或體會：

- 包容異己的能力，在個人層面上，能寬心待人，尊重別人；在夫婦關係中，能夠包容異己，是愛的表達。
- 當事人因為治療，能更真誠面對自己、面對別人，更能接納自己與別人的軟弱，多一份虛懷，少一份自義。
- 肯定每段人生經歷的正面意義，而不單以解決問題為取向，甚至否定在問題出現期間的人生片段。
- 經一事，長一智，當事人經歷目下的困難後，日後更有能力解決問題。
- 不論何種理論，最終都離不開人與人間彼此相愛，追求愛遠遠勝過控制與權力;愛是利他的，控制是把別人當成一件物件來滿足自己。
- 一個成長的人，不但關注自身的需要，也要懂得憐憫與關懷別人的遭遇。
- 縱使追求獨立，也要顧及別人，尤其是知恩感恩。

- 在家庭中，每一個成員的價值都一樣重要，不會因為救了孩子而令父母痛苦，不會因重建父母的權威而犧牲了孩子等等。家庭成員應在顧及彼此利益的情況下尋求出路。

1.3 西方治療模式在本地的應用

1.3.1 中國人以為是美德，西方治療系統可能認為是問題

有一回與朋友聊天，她苦惱地說，她在就讀的學院做了一項性格測驗，顯示她的性格大有問題，而令她困惑的是，她一向認為是美德的，竟然是問題所在。朋友所做的當然是西方進口貨，她是深受中國傳統文化薰陶的女孩，生命散發着傳統美德，例如為他人設想、溫柔、謙讓等。在那個測驗中，卻變成不夠堅定（Unassertive）、不敢表達自己（Inhibited）及退縮（Submissive）。

筆者把從西方擬定的心理測驗給受助者測試時，經常出現類似問題，如結果顯示他們傾向抑鬱，其實是他們容易受別人的情緒影響。若測驗顯示他們不敢表達自己，細聽之下是因為他們怕說話傷害別人。甚至測驗認為他們太退縮，沒有主見，原來是他們認為禮讓更重要。朋友接受測驗的經驗與筆者所接觸的求助者一樣，就是他們一向以為是美德的個性都成為問題。通常我解釋這些測驗結果時，一定會強調文化因素，若不考慮文化因素，豈非大部分人都有心理毛病？

同樣地，把西方治療應用到華人家庭裏也要顧及文化因素，如很多婚姻輔導的個案裏，丈夫們對自己的情緒多是報以「不知道」、「幾好」等回覆，究竟是他們真的不知道、真的感覺良好，還是在妻子面前，擔心影響她們的情緒，而刻意收藏部分經驗？輔導員究竟看丈夫是個不懂表達情緒的人，還是諒解他們想保護關係的心情？沒有文化的角度，很容易以有問題的眼鏡理解當事人的行為；若然加入文化的角度，輔導員或許更深諒解丈夫們想保護妻兒的情愫。

1.3.2 中國人重視恩情，被誤認為「強加於人」或「情感過分依賴」

筆者的父親是傳統的中國農民，目不識丁，但他做人的哲學和態度卻令我十分敬佩。父親是典型的低下階層，沒有受西方文化洗禮，待人接物的方式也是東方式的。他疼愛你，甘願為你做很多事情而不望回報，為了孩子有健康的身體，常常要你吃這吃那，花上無數心血在補身藥材，縱然你不喜歡吃，也要領情。從現代的人際關係學問來說，這豈不是強加於人嗎？若家庭治療師介入，可能會指出他這種溝通模式的問題，但從另一角度看，有多少治療師會鼓勵孩子用感激父母恩情的角度，體會他們的劬勞？理解他們付出的無盡愛心，從而改變我們對那些補品的反應？當然筆者不是說治療師一定要令孩子妥協，只想說我們活在東西文化的交匯中，不一定要以西方社會對人際關係的理解為標準，而忽略了本地家庭的相處模式。

另外，西方的治療觀，傾向認為獨立、有主見、不被別人情緒牽引才是健康。結果，一些接受西方訓練的治療師會忽略一些家庭成員的感情需要，如寡婦獨力撫育獨生子，治療師會容易覺得母親對孩子產生過分依戀的情感。介入時，會鼓勵孩子更加獨立，但想深一層，年邁的母親除了在情感上依靠孩子外，還有什麼情感的對象？在鼓勵孩子獨立之餘，可否多考慮怎樣回應年邁母親的情感需要？

1.3.3 本地家庭的溝通較含蓄

很多輔導模式都特別關注當事人與家人的溝通模式，會否因太間接而產生誤會。無疑，真誠、直接是好，但很多中國傳統的家庭不太習慣以言語表達，相反更傾向以行動表達心意。本地輔導員應解讀行動背後的心意，特別是一些草根階層以及新移民的夫婦，或會發現夫婦間多以行動來表達，如妻子晚上為丈夫修補褲子，而丈夫在領取工資當天買了妻子愛吃的食物回家。

或許，我們受電視廣告、電影影響，認為表達愛與關懷一定要清晰、直接，在夫妻關係中，愛更要有浪漫的元素。然而，在尋常生活中，充滿大大小小的瑣事，我們要從瑣事裏協助當事人尋找家人、伴侶的愛意。

1.3.4 解讀當事人弦外之音，顧及他們表達的困難

當年，筆者在美國接受婚姻及家庭治療訓練，一次在圖書館的電腦部尋找資料時，身邊出現一位黑人。筆者抬頭望他，他主動解釋他的用意、來圖書館的目的，以及當時不想騷擾筆者的動機……聽過他的表白後，筆者突然有所領悟。若筆者在香港的圖書館遇上同樣情景，那位過路人又會怎樣反應？或許他會向筆者微笑，說聲「不好意思」，然後走開，又或會查詢筆者所翻閱的資料，但不會表達他既好奇又不想騷擾筆者的矛盾。這讓筆者體會，或是文化差異，或是習慣不同，在輔導室，很多當事人都不能表達自己的苦衷，不習慣表白內心的掙扎，家人又不懂解讀，結果造成誤會，內心覺得委屈。除了引導當事人以語言表達外，輔導員或許需要多加明白他們的困難，甚至借用輔導員的語言，幫助他們表達心聲。

這次經歷令筆者明白為何在美國接受訓練時，他們會十分注重提問的技巧，一道好的問題，會引起當事人自我反省，因為他們已有能力表達內心的掙扎、矛盾和困擾。然而，若這種提問技巧不加以改良，直接運用在本地當事人身上，容易出現下列問題：

- 當事人不懂得表達自己，未能準確回應問題。有時，不論輔導員問什麼，他們都回答同樣的答案，甚至輔導員要理解他們陳述的故事，並替他們道出重點。
- 當事人對某些感受給予應然答案，而不是實然答案。例如，妻子因着丈夫每天都很晚回家而感到憤怒。若輔導員問妻子是否感到憤怒，她可能會說「丈夫是為了家計，我又怎可生他的氣？」然而，

她的表達充滿怒火，只是自知在這種情況下，憤怒是不合理的，便給予一個她認為合理的回應。這時候，輔導員應該解讀弦外之音，這是了解當事人一種十分重要的技巧，比如可對當事人說：「我明白你想體諒丈夫的困難，但內心又盼望他早點回家，雖然感到不滿，但又覺得不應該有這種感受，是嗎？」

在本地輔導的個案中，當事人的往往不善於表達，需要輔導員較為主動協助，甚至要從當事人的回應解讀他們內心的掙扎、矛盾。

1.3.5 尊重每一個人、每一段關係的特質

我們不斷接受訓練，認識更多輔導理論時，會漸漸建立一套理想的健康生活、夫妻相處的模式，而忽略每個個體、每段關係的獨特性，都需要理解和尊重。

曾有一對夫婦，妻子是典型的急性子，丈夫則是溫和、做事慢條斯理的男人；一個快，一個慢，往往在節拍上出現亂子。面談時，筆者問妻子，「你想完成一件事情而丈夫未有反應時，你會怎辦？」妻子直率地說：「我會按捺不住，在旁邊催迫他，直至他有反應。」丈夫打趣說：「她焦急時很駭人，樣子兇惡。」當時，筆者心想妻子要稍為控制她的焦慮，給丈夫較多空間，誰料丈夫接着說：「不過我有辦法，只要我快點做她想做的事情，一切問題便解決了。」這是他們相處的獨特方式，丈夫沒有半點抗拒，還得意洋洋地說出如何應付太太，筆者所思想的空間問題，似乎沒對丈夫造

成什麼困擾。這對夫婦十分恩愛，但因着某些外在原因，要坐下來共同商討解決辦法。丈夫回應時，筆者問妻子：「你覺得丈夫疼你嗎？」妻子甜絲絲地笑着點頭，筆者又問丈夫：「什麼令你想出這與妻子相處的辦法？」他答道：「我了解她。」筆者再補充一句：「是否因為你對她的愛讓你好好了解她？」他毫不猶豫回答：「當然。」

從這對夫婦身上，筆者發現每個人、每對夫婦都有其獨特的性格和相處模式。除了大是大非的事情，例如，當事人尊嚴受踐踏、遭遇虐待等，輔導員需要表達立場；在一般情況下，我們必須以虛懷的態度，進入當事人的世界，尊重他們做人做事的方法。

很久以前，筆者曾輔導一對夫婦。妻子由內地來港，是十分單純的主婦，在家相夫教子，丈夫從事體力勞動工作，身體有毛病。故此妻子十分關注他的飲食習慣，但丈夫對飲食不甚理會，經常大食大飲，二人常常因此大吵。妻子不懂非指控的溝通模式，終日嘮嘮叨叨，丈夫按捺不住，大發雷霆。在輔導室中，筆者引導妻子說出丈夫對她和孩子的重要性，而她又怎樣欣賞丈夫對家庭的付出，丈夫卻從來不知道嘮叨背後是顆關懷的心，說了一句：「原來女人是這樣的。」後來，他認為嘮嘮叨叨是女人的特徵，也是一種愛的表達，因此接納了妻子；而妻子感到被接納，不論怎樣辛苦也為丈夫預備美味的健康食物。夫妻之情不貴言語，而是具體的行動。

1.4 結語

經驗累積多了，便開始建立理論。換句話説，理論是描繪經驗的陳述，而每套理論都是由解決一個特殊現象發展出來的。因此本地家庭所面對的問題，需要由本地輔導員在本地累積經驗，發展一套或多套本土化的輔導理論。

我們一方面要以開放的心學習西方的經驗，欣賞他們的貢獻，但同時亦要慎防西方文化霸權，不是任何從西方進口的都是金科玉律，我們要建立一種批判的態度，慎思明辨。更值得思考的，是本地同工所累積的論述，他們每天面對在困苦中掙扎的夫婦和家庭，建立了哪種實務智慧？又怎樣把這些智慧積存下來，成為本地經驗的理論？從這個出發點，筆者嘗試在第二章提出以經驗作為核心，建構一套應用在個人及婚姻的治療模式。

參考書目

1. Scharff, J. S. (1995). "Psychoanalytic marital therapy". In N. S. Jacobson & A. S. Gurman(Eds.), *Clinical Handbook of Couple Therapy*. NY: Guilford, pp. 164-193.
2. Walsh, F. (1993). "Conceptualization of normal family processes". In F. Walsh (Ed.), *Normal Family Processes*(2nd ed.). NY: Guilford, pp. 3-69.
3. Jones, S. L. & Butman, R. E. (1991). "Cognitive-behavioral therapy". In S. L. Jones & R. E. Butman, *Modern Psychotherapies*. Downers Grove, Illinois: InterVarsity Press, pp. 196-225.
4. Baucom, D. H., Epstein, N. & Rankin, L. A. (1995). "Cognitive aspects of cognitive-behavioral marital therapy." In N. S. Jacobson & A. S. Gurman (Eds.), *Clinical Handbook of Couple Therapy*. NY: Guilford, pp. 65-90.
5. Jones, S. L. & Butman, R. E. (1991). "Person-centered therapy". In S. L. Jones & R. E. Butman, *Modern Psychotherapies: A Comprehensive Christian Appraisal*. Downers Grove, Illinois: InterVarsity Press, pp. 255-277.
6. Shoham, V., Rohrbaugh, M. & Patterson J. (1995). "Problem-and solution-focused couple therapies: The MRI & Milwaukee Models". In N.S. Jacobson & A. S. Gurman(Eds.), *Clinical Handbook of Couple Therapy*. NY: Guilford, pp. 142-163.
7. Minuchin, S. (2003). *Families and Family Therapy*. Cambridge, MA: Harvard University Press.
8. Satir, V., Banmen, J., Gerber, J. & Gomori, M. (1991). *The Satir Model: Family Therapy and Beyond*. Palo Alto, CA: Science and Behavior Books.
9. Kerr, M. E. & Bowen, M. (1988). *Family Evaluation: An Approach Based On Bowen Theory*. NY: W. W. Norton & Company.
10. White, M. & Epston, D. (1990). *Narrative Means to Therapeutic Ends*. NY: W. W. Norton & Company.

11. White, M.（2009）. Narrative Practice and Conflict Dissolution in Couples Therapy, *Clinical Social Work Journal*, 37, pp. 200-213.

12. Greenberg, L.（2003）. *Emotion-Focused Therapy: Coaching Clients to Work Through Their Feelings*. Washington, DC: American Psychological Association.

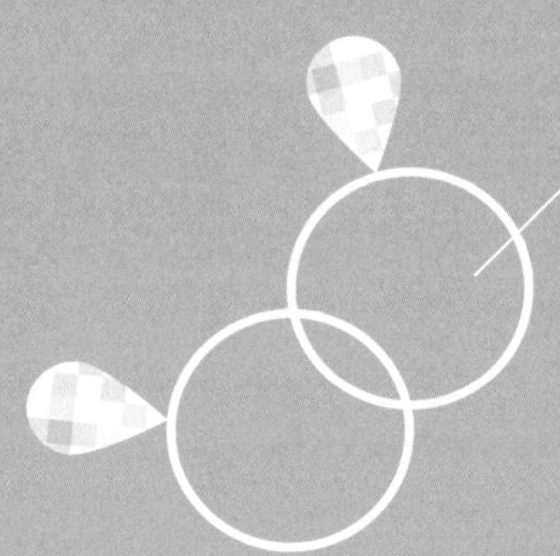

第二章

經驗為本的輔導取向

2.1 建立「經驗為本輔導取向」的方法
2.1.1 混亂的綜合
2.1.2 實務的綜合
2.1.3 綜合各理論的核心
2.1.4 綜合理論法

2.2 採用輔導模式的核心思想
2.2.1 心理學與家庭治療的貢獻
2.2.2 中國文化的智慧
2.2.3 社會科學的學問

2.3 何謂經驗？
2.3.1 經驗包含的原素
2.3.2 輔導着重人的內在經驗

2.4 輔導的價值與道德

2.5 輔導目標

2.6 結語

參考書目

筆者累積了多年的實務經驗，認為人的內在經驗是輔導的核心，因此嘗試建立一套以經驗為本的輔導方法。

2.1 建立「經驗為本輔導取向」的方法

面對複雜的人性，多變的實務處境，很多前線輔導員也會採取綜合的輔導手法，畢竟沒有一套心理治療理論可以涵蓋所有情境。根據 Jones & Butman[1] 的分類，綜合的手法可以分為四大類：

2.1.1 混亂的綜合

這是不值得推崇的方法。輔導員沒有條理、沒有系統地隨便運用理論；更糟的是，輔導員運用某種理論，只是因着自己對某種技巧的興趣，而非按着當事人的需要。

2.1.2 實務的綜合

這是前線輔導員最多運用的綜合法。輔導員沒有忠於任何理論，焦點放在當事人的需要，什麼方法對解決當事人的問題有效，便採用哪種。即或輔導員喜歡漫長的心理分析，但因研究證明，認知行為法或情緒取向治療對抑鬱病人有幫助，面對這類病人時，輔導員便運用這些短期的方法。這是基於當事人的需要，而非輔導員個人喜好。

2.1.3 綜合各理論的核心

這方法較受學者及研究員採用，他們想找出不同理論有效的共通處，如美國心理學家羅哲斯認為輔導關係是有效治療的核心要素，也相信可以透過訓練，使輔導員與受助者建立有效的治療關係。因此他創立了人本治療，而他的同僚詹德琳認為，身體察覺是成功治療的要素，於是建立了身體察覺（Focusing）的療法，他的訓練也聚焦在察覺身體上。

2.1.4 綜合理論法

了解到單一理論的限制，這方法以某一特定理論為基礎，然後伸延至其他可以融合的理論，加入其中部分的內容和要素，以補單一理論的不足，例如人本治療與認知治療結合、心理分析與認知治療結合等等。雖然理論之間可能存在理念上的重大鴻溝，但其實際的互補作用也有可取之處。

本書所採用的方法，貼近第三種。筆者從前線經驗所得，人的經驗是很多心理與情感問題的關鍵，因此，經驗也是治療核心之所在。人活於世間，不停消化、融合經驗，以致生命成長，所以筆者瀏覽不同的理論時，也以經驗作為「眼鏡」；有了這副眼鏡，發覺不同理論有其共通之處，例如情緒取向治療是把情緒作為經驗的一部分，甚至是心理分析，也是探究經驗，不過他們偏好了解未有意識的潛藏經驗。故此，筆者提出的輔導模式，以經驗為焦點，同時吸納不同學科的智慧，諸如心理治療與家庭治療、中國文化的智慧以及基督教的道德思想，建構本書所倡議的輔導方法。

2.2 採用輔導模式的核心思想

以下是本書採用輔導模式的核心信念，分別受心理學與家庭治療、中國文化的智慧，以及社會科學的學問影響。

2.2.1 心理學與家庭治療的貢獻

- 從個人來說，情緒影響思維，思維影響情緒，繼而衍生行動的傾向。外在行為是內在經驗的呈現，所謂「有諸內者，必形諸外」。因此要了解一個人，不能只看表面的行為，必須解讀行為底層的經驗。

- 心理治療關注人的內在經驗，而內在經驗建構了人的現實，不同人在同一處境中，所體會的經驗也不同。因此，輔導員聆聽當事人所說的「事實」，只是當事人的觀點。例如，很多年輕人口中，父母何等差勁，但並不代表他們的父母做了很多錯事，只是青年人與父母相處時感覺不好，這是主觀的現實，不代表客觀的真相。

- 一個人的內在經驗，除了客觀事件外，也由他內在的感受、理解、不被滿足的需要與渴求，甚至不自覺的情結等所構成。

- 身體是承載經驗的載體，從體驗中領悟意義，換言之，意義與體驗結連；沒有體驗的意義，只流於純概念，是漂浮的思想。因此，輔導要有效果，就不能流於談論表面的道理，重要是當事人透過體會，衍生思想的改變。

- 經驗是思想發展成熟的基礎。輔導的過程，着重當事人的經驗與體會，也注重他們思想上的擴展，即是從狹窄的思想框框，邁向更寬闊與更通透的思想領域。
- 在成長的過程中，我們不住吸納、消化新的經驗，也哀悼失去的東西。哀悼有其神聖的意義，懂得哀悼，讓人謙卑。人邁向成熟，漸漸發展出分辨何時追求與放手的智慧。
- 人可以察覺自己，從察覺自己的經驗而衍生自我了解、自知之明；相反，未經察覺經驗而解釋自己的行為，很容易是為行為找理由，落入自欺欺人的陷阱中。
- 有很多未被意識的經驗藏在潛意識中，包含善與惡。善的一面蘊含愛的動力，有很多屬靈傳統都教導我們有系統地操練，與之接觸，而無論是哪種屬靈傳統，彷彿都指向宇宙間的大愛。與此同時，我們也有惡的一面，這是很難接受的，於是選擇拒絕；但被拒絕的經驗不會消失，反倒成為我們的幽暗面，投射於外在世界。人若能誠實面對及轉化它，生命便趨向完整，否則很容易變得偽善和戴着面具。
- 我們不是孤立地存在，是與其他的存在體（Being）存在着關係，因此人受環境影響，包括原生家庭及文化環境；同時我們不住地影響環境，所以我們既被動地受影響，也有主動選擇的能力。有了這種想法，輔導員不會過分地認為當事人純受環境影響，也不會天真地認為什麼都可以改變。

- 人可以為自己做的，是察覺個人經驗，反省自己的行為，意識環境以及幽暗面對自己的影響。誠實面對自己的本相，才能確立個人價值觀，清楚知道自己想做個怎樣的人。

- 價值觀的建立，也是基於經驗。由體驗發展出思想和領悟，沒有經驗的價值系統，只是一套純粹概念的原則，是空泛之談，又或是為了原則而無謂地固執。因此，真正的價值是活的、有血有肉的。

- 既然人有善惡的一面，羣體亦如是。活在羣體中，我們要有保護自己的能力，免受別人的幽暗面和環境的扭曲所欺負，令自己受到無謂的傷害。

- 輔導協助人培養健康的心靈，健康的心靈促進人開放自己，亦能對周遭產生正面的感染力。

2.2.2 中國文化的智慧

中國文化博大精深，雖然筆者不是這方面的專家，但有一些我們較為熟識的普及智慧，對輔導工作很有幫助和提醒。

- 中國文化很重視歷史，人從歷史走過來，成為今天的自己，這是每個人一條獨特的路。

- 人不能否定歷史，多能幹的人也曾在成長的歷史中受惠於人，所以我們要肯定在成長旅程中所遇過的恩人，尤其是父母。西方治療方法經常怪責父母，但中國文化卻確認父母的養育之恩，沒有他們養育的劬勞，不可能有今天的自己。縱使當事人對父母或有很多負面經驗，也不能否定他們曾付出的恩情。

- 當我們重視歷史時，夫妻間的情感基礎是恩情而非浪漫激情；恩情建基於歷史，浪漫激情是此時此刻的感覺，雖然令人陶醉、愉悦，但難以作為長久關係的基礎。
- 情為何物？基於歷史的事實衍生想像的將來（不是沒有根據的幻想），夫妻共同在某一段歷史走過來，分享了共同的歷史事實，不一定是可歌可泣的愛情故事，而是每日生活的接觸。事實上，尋常夫妻大多在柴米油鹽醬醋茶、管教子女的生活中分享歷史，分享他們的人生。有了歷史經驗作為基礎，加上由超越經驗而來的智慧、領悟、洞見，夫妻當可彼此以寬心相待，以寬恕相容。
- 在親密關係裏，講求平衡的學問。得勢者不要咄咄逼人，令配偶無地自容，不然的話，會引起反彈。夫妻在個人生命中，陽中有陰、柔中有剛，重點是不要受男女定型影響，把自己的人性發展困在籠牢中，而是發展較全面、較包容的成熟個性。
- 人不能孤獨生存，人與人之間互相聯繫，也互相需要，因此在確立自己的需要時，也要顧及他人。
- 萬物有時，人的成長有其契機。當機緣巧合，時候到了，我們作出配合。有了這種思維，我們以虛懷的態度，尊重生命的韻律，也開放自己的心靈，準備看見不在我們預期中的可能性。
- 「人之初，性本善」，人有向善的傾向，在極差的人的生命裏，也有向善的潛在可能。

- 《大學》說：「知止而後有定，定而後能靜，靜而後能安，安而後能慮，慮而後能得。」輔導員的臨在，以安靜的心靈聆聽當事人的內在經驗；惟有安靜，才可以聽見當事人真正的心聲，也以寬心接納當事人的經驗。

2.2.3 社會科學的學問

- 心理學能幫助輔導員明白人的內在運作，不過也很容易把當事人病態化。因此，輔導員要批判地理解，當事人怎樣被有問題的論述奴化、病態化，沒法自由地、有道德地活出自己[2]。

- 分析大社會現象，包括不公義的制度、不合理的要求怎樣扭曲一個人，不純粹把問題個人化——

例子一：多年前，筆者曾與一位剛從美國回來的心理學家交談，談到青年人示威的問題。她長年在外國居住，可能不明白香港近年的政治氣候，認為青年人反叛是因自尊感低。我問她是否一切都與青年人的自尊有關，換來她相當肯定的答案。坦白說，筆者不認同她的見解，在我眼中看見的，香港很多走上街頭示威的青年人，不是自尊感低而來的反叛，而是在不公義的制度下作出他們應有的反應，甚至可能他們的自尊感高，可以理直氣壯地向政府指出問題的所在。

例子二：另外，有一對夫婦曾在輔導室爭論因買樓所造成的損失。那時正值金融風暴，很多小業主都變成負資產，當他們互相指控，筆者不禁對他們説：「這不是你倆的錯，你們都是在錯誤政策下的受害者。」沒有社會分析的角度，就很容易把這對夫妻的問題定位在溝通能力上，無法好好幫助他們解決問題。

2.3 何謂經驗？

有了上述背景理論，筆者選擇以經驗為輔導的核心，那麼經驗是什麼？

經驗指一個人的情緒、思想、需要、渴望等等，在特定的時空下，獨特的歷史旅程中，與外在於自己的人和事接觸，因而產生的體會。體會是一個很貼切的形容詞，我們透過身體去領會，當中也看見中國文化的智慧。華人文化的祖先很早看見身體的重要性，沒有身體，就不能經驗；當人不斷成長，經驗就被他的自我消化[3]。英文 Integrity 的意思，指一個有人格的人，其字義有整合（Integrate）之意。

換言之，經驗為生命所整合，我們才可以成為一個有人格的人。

消化了的經驗，形成新的自我觀感，再而影響往後如何吸收和消化隨後的經驗；亦即是經驗影響自我，自我也影響吸收經驗的過程，兩者互為因果。

2.3.1 經驗包含的原素

經驗可分為意識和潛意識。潛意識的經驗深而廣，不能被自我接受的經驗會藏在潛意識裏，也有文化和集體的潛意識，代表人類的共通性，例如，雖然身處不同文化的母親沒有接受過共同訓練，但她們也有共同的表達，與寶寶交流，逗他笑、陪他玩。而筆者在書裏提出的輔導模式，所談及的是意識的經驗，其原素包括：

1. 原情緒（Primary emotions）[4]

- 由外在刺激而衍生的直接情緒反應，健康的原情緒幫助我們適應環境。例如，面對有違良知的事情，我們會感到內疚，從而修正錯誤的行為。又或面對失去的東西，我們的哀傷難過能幫助我們接受改變了的現實。同時，原情緒也有指導我們作決定和治癒情感傷害的功能。當我們被欺負時，即使頭腦吩咐自己忍讓，但依然憤怒，若這是健康的情緒反應，那麼憤怒的情緒便驅使我們決定為自己爭取，不再啞忍。又或，我們失去了一段重要的關係，覺得非常憤怒和失望，起初憤怒引來反抗，力圖改變現實；但現實漸趨明確，已不能逆轉，漸漸地便經歷哀傷的情緒。在這情況下，哀傷醫治了傷痛，痛而不苦。

- 原情緒可能被表象情緒（Secondary emotions）或工具性情緒（Instrumental emotions）遮蓋。有些時候，原情緒不獲個體接納，就衍生表象情緒遮蓋原情緒。如我們受了傷，因害怕再受傷害，便表現憤怒的情緒，憤怒遮蓋了受傷的情緒；有時道德的要求也可能障礙我們經歷原情緒，比方我們知道不應憤怒，便以難過來遮掩憤怒。至於工具性情緒則帶有想達到某個目的的意味，令人感到虛假。簡單來説，健康的原情緒是自然而然地流露，若原情緒在某些情境中不被接納，表象情緒便遮蓋了原情緒，而工具情緒是被當事人利用的，用來達致某種目的，帶有操控的味道。

- 原情緒可分為健康和不健康，不健康的原情緒源自過去一些未經消化的創傷經歷，遺下心結；今日再有刺激，勾起往日的創傷，以致反應過敏。例如，有些人昔日曾被羞辱，以致今天別人一句不認同的説話，便會令他勾起被羞辱的情緒。

2. 需要 / 渴望

- 原情緒的出現表達了一種需要。
- 基本需要是幫助我們健康成長的要素。
- 需要是可以被滿足的。那些好像永遠都填不滿的需求，就不是健康的需要，很大可能是在成長階段遺下來的渴求，與不健康的原情緒有連結，並帶有不甘心、執著的味道。

3. 思想

- 外在發生的事情影響一個人的情緒，而情緒是思想的根基。
- 思想漸漸發展成一套信念，影響一個人的行為、自我觀感以及對別人的想法。

- 無論是正面還是負面的信念，都是一個人需要求存而發展出來的想法。一個曾受重創的人，活在羞愧、恐懼中，要把自己的心靈關起來才有安全感。因此他們發展出來的信念十分狹窄，很難吸收新的經驗。因為對受傷的人來説，新經驗蘊含危險；相反、狹窄的信念帶來安全感。

- 由自我察覺開始，可以體會新經驗，改變經驗可以改變想法，筆者多年前曾有一個深刻的體會。年少的時候，家境清貧。每當新學年繳交書簿費的日子將到，便對家庭構成重大壓力。為了幫補家計，我年紀很小便在工廠做暑期工，令我覺得自己很可憐，失去了很多。直至多年後，一次與友人交談，他談到自幼清貧，年幼就出來做工，卻很喜歡這個經驗。因他做工時，覺得自己長大，是成年人，甚至有種令他驕傲的感覺。當我看見他由衷的分享，不只為了安慰我，我被他那享受做工的情緒感染。對我來説，這是嶄新的體會，頓然間，覺得自己不再可憐，也看見了自幼磨練給我的栽培。

4. 身體的反應

- 透過察覺身體，可以了解自己的內在狀態。

- 縱使有些事情被忘記，但身體還會記得。有一年，筆者參加了一個有關接觸身體的工作坊，導師帶領我們聆聽身體的聲音，順其帶領做動作。一位學員隨着身體的訊號移動自己的四肢，左手好像被人拉扯，右手則想掙扎逃脱，整個形態也是想逃脱的樣子。當身體做了這動作時，一個被遺忘的經歷重新浮現在她的腦海裏——當年她想離家，但爸爸不允許，硬把她拉回家，他們便在門外的梯間發生爭執。她的身體重演當時與爸爸爭執時的動作，記起那個片段，重新體會那時的感受。她說，有一段長時間，她的左手不知為何不能運力，但經過這次練習，左手竟然重新得回力量，沒想到身體幫助她憶起一段被遺忘的事件。

5. 自我觀感 VS 對別人的觀感

- 人活在羣體中，無可避免要與不同人交往，當事人如何與人接觸在乎他對人對己的觀感。
- 一個人自我感覺的高低，以及別人在他心目中的好壞，在在影響他怎樣與人交往。有些人自尊感低，但看別人比自己強，表現出來是討好別人、心裏自卑；有些人看人看己都很差，結果很難信任別人，也懷疑自己。
- 尊嚴感超越了情緒感受的層次，影響當事人想在羣體中做個怎樣的人，又或他想別人如何看待他，尤其是如何認識他的為人，這在華人社會中是特別明顯的現象。如果當事人覺得別人看他好，信任他的動機、為人，也會增加他對別人的信心。
- 對自我及對別人的觀感，影響他怎樣與別人交流，較健康的人，較開放地與外界有交流；不健康者，傾向活在自己的世界裏，不能與外界交流；嚴重者，隔絕與外界交流，形同心理上的死亡。

2.3.2 輔導着重人的內在經驗

內在經驗透過行為反映出來，從一個人的行為反應，或多或少可以了解其內在的所思所感。筆者想在這裏強調，雖然經驗無分對錯，行為卻有對錯之分。縱使內在經驗感到委屈，表達出來的行為必須考慮它的合宜性。人的行為反應通常是一種適應環境的方法，最根本是自我保護，尤其是保護內在的脆弱；怕被傷害的恐懼，往往令當事人只顧防衛，忽略了別人，其行為反應也非表達他們真正的需要。更甚者，他們保護自己時，同時也攻擊了別人。例如，一位妻子不斷哭訴丈夫怎樣令她失望、受傷，正代表她很需要丈夫，但害怕被拒絕，連承認自己的需要也令她感到脆弱；所以她不敢表達需要丈夫，反而用了哭訴的方法保護自己，這種方式卻傷害了丈夫。妻子以為她只是表達個人困擾，沒想過丈夫聽來，覺得妻子的弦外之音，是批評他是個不及格的配偶。從輔導的角度看，人愈察覺自己的內在經驗，愈能做經驗的主人，否則會被澎湃的經驗感受控制自己，做出令自己後悔的行為。

在自我保護的狀態下，當事人不能真誠表達內在的脆弱，其他人也難看見當事人內心的感受和需要，結果造成誤解。誤解非但不能回應當事人真正所需，而且造成當事人進一步的傷害，在傷上加傷的情況下，當事人驗證了他的想法，就是別人會傷害他，他的自我保護就更加厲害。

輔導員的任務，是從當事人的行為了解他的內在狀態。若當事人能夠清晰表達他的經驗，當然最好；然而華人文化素來存在一種心照不宣的期望，人與人間的相處不一定每每說清道楚，所謂一切盡在不言中。可能是這期望深入了華人社羣，我們在輔導室碰到的求助者，也不慣表達自己，好像一直等待一個能進入他們心靈世界的知音人，看見他們的內在世界，替他們表達。要解讀當事人的內在經驗，輔導員必須把當事人的行為放在特定的情境中了解，加上對人性的認識，嘗試以同理心為當事人表達他們內在的脆弱感受和需要。不過，筆者必須強調，當事人才是他們經驗的主人，輔導員的理解需要與當事人核對，才能確定輔導員對當事人的認識沒有偏差。

2.4 輔導的價值與道德

輔導是兩個生命的相遇，是生命影響生命的歷程，過程中充滿道德的抉擇。雖然不是每每把它宣之於口，但輔導員的價值取向在無形中影響整個輔導歷程，以下是筆者認為重要的輔導道德：

- 促進當事人誠實面對自己，為自己的生命負責。誠實的態度讓人活得正確，為自己的生命負責帶來成長的動力。
- 縱然受環境影響，人都有潛在的能力為自己的生命作決定，也可以透過錯誤更加認識自己的本相。
- 人擁有上帝的形象，是有尊嚴的存有。輔導員帶着批判社會論述的角度，認識人怎樣被箝制的論述病態化、妖魔化，剝奪了上帝賦予的尊嚴。
- 尊重異己，由衷地欣賞與自己不同的生命。

- 對受苦者存憐憫的心，但憐憫不等同可憐。憐憫是進入受苦者的世界，體會他們的處境；可憐則是以一個高高在上的姿態，施捨給可憐的人，是施予者發揮他們剩餘的良心。
- 在苦難中仍存信心與盼望。
- 愛可以擁抱罪惡，但不是縱容邪惡。
- 寬恕與修和是基於真相和公義。
- 人不能抹殺自己的歷史，對曾為我們犧牲的人，必須知恩感恩。
- 對我們所選擇的路，例如配偶、孩子，活出忠誠。

2.5 輔導目標

- 與當事人發展治療性的信任關係。
- 醫治那些阻礙當事人自由地、有德行地活出自己的創傷經驗。
- 促進當事人消化、轉化經驗，達致成長。
- 有了自我認識，當事人可以表裏一致地溝通，發展健康的關係 。
- 促進當事人發現自己可以造就別人的能力。
- 促進當事人定期自我反省或建立安靜的習慣 。

2.6 結語

筆者提倡的輔導模式，是輔導經驗與理論對話的結果，然而它仍在改變。當經驗不斷更新，在研究方面有新的知識，這套模式便要更新。人的生命比理論重要得多，無論哪一套理論，都離不開它身處的時代，亦受該時代視野的限制。學問日新月異，時代不住改變，所以模式也層出不窮。但不論什麼模式，都離不開人的經驗。輔導的着重點，就是了解這些經驗，而輔導最終的精神，是盼望人活得健康和有尊嚴。

參考書目

1. Jones, S. T. & Butman, R. E. (1991). *Modern Psychotherapies*. Downers Grove, Illinois: InterVarsity Press.
2. White, M. (2006). "Working with people who are suffering the consequences of multiple trauma: A narrative perspective." In D. Denborough(Ed.), *Trauma: Narrative Responses to Traumatic Experience*. Adelaide, South Australia: Dulwich Centre.
3. Singh, D. K. (1998). *The Grace in Dying: A Message of Hope, Comfort and Spiritual Transformation*. NY: HarperOne.
4. Greenberg, L. (2003). *Emotion-Focused Therapy: Coaching Clients to Work Through Their Feelings*. Washington, DC: American Psychological Association.

第二部
個人輔導

第三章

受創經驗遺下的問題

3.1 心理結構

3.2 心理的基本需要

3.2.1 安全感

3.2.2 歸屬

3.2.3 自尊

3.2.4 自我實現

3.2.5 愛

3.3 受傷的後遺症

3.3.1 身體方面

3.3.2 心理及情緒方面

3.3.3 屬靈與道德方面

3.4 問題呈現的模式

3.4.1 對己對人的觀感

3.4.2 對待別人的模式

3.5 常見的徵狀

3.5.1 抑鬱

3.5.2 焦慮 / 恐懼症

3.6 結語

參考書目

很多人遇到生活上的困難，例如情緒困擾、婚姻問題、工作壓力等等，會尋求輔導的幫助。輔導的方法，不是單純針對當事人表象的問題，與他們商討如何應付；而是從當事人所面對的問題着手，了解他們的內在運作，探究是什麼障礙了他們，令他們不能找出合宜的辦法回應問題。當疏通了障礙，當事人便有能力面對，因此輔導員需要了解人的心理結構以及內心運作的模式。

3.1 心理結構

筆者從輔導的經驗，並參考不同的理論，得出以下有關人的內在心理結構：

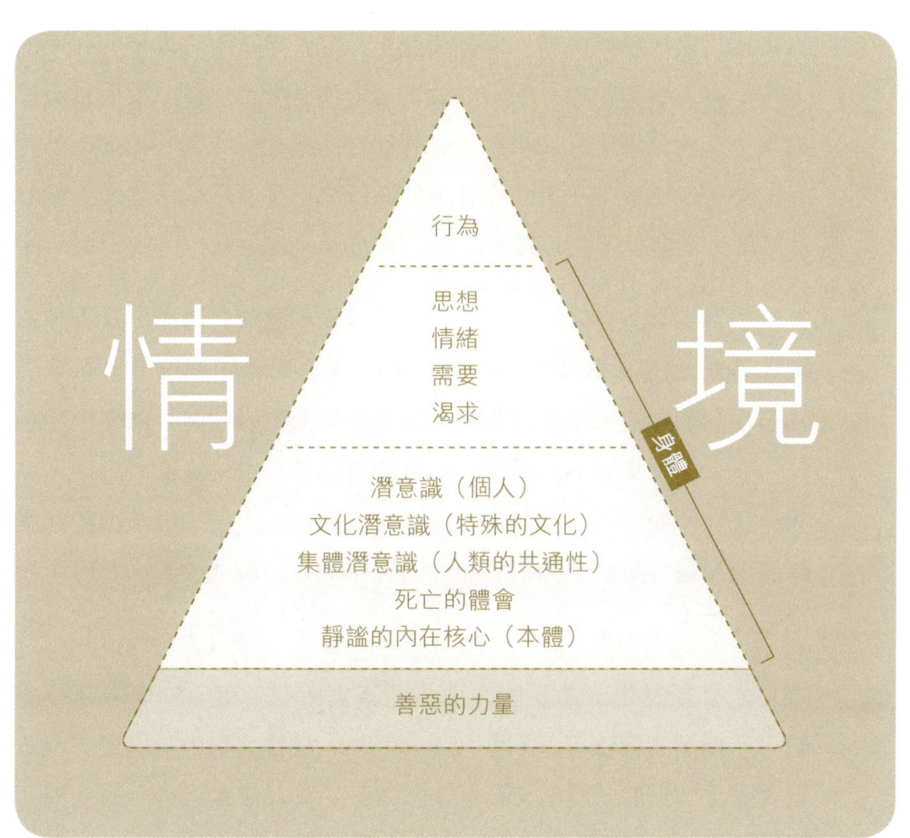

註：

- 身體活於情境中
- 行為透過身體表達出來
- 身體也承載了內在經驗
- （---）代表領域之間的分界線，領域之間會互相滲透、互相影響

- 人透過行為與外界接觸，但行為並不一定表達當事人真正的願望或渴求。有人明明很擔心家人的近況，但沒有細心問候，反而是破口大罵；有人很渴望家人陪伴，説話卻充滿譴責的味道，這些口不對心的例子比比皆是。由此可見，外顯行為很多時只是保護內心脆弱的防衛，而非表達內心真誠狀態的溝通。

- 如第二章提及，在外顯行為底層，存着人的思想、情緒、需要和渴望，這是較容易意識的內心經驗。跨越了意識的層次，是潛意識的心理狀態，包括了個人的潛意識、特定文化裏所產生的文化潛意識，還有人類集體潛意識。在心靈的深處是死亡的意識，不過人類的自我防衛機制會阻止我們意識自己的死亡。最後，根據很多屬靈傳統的説法，某些經過長時間操練冥想的人，可以達到一處靜謐的內在核心。

- 為什麼外顯行為未能反映人內心的真實狀態？這與創傷性經驗有關，而創傷的經驗可分為兩大類：第一，成長過程中的需要，沒法得到滿足，形成一種缺乏狀態；第二，突如其來的意外，衍生極大震撼，把心靈凝固在某種狀態，生命的成長自此受到限制。

- 在宇宙間，善惡力量同時存在，筆者相信人也擁有兩股潛在的力量，一是邁向健康成長的潛能，一是向惡的可能性。一個受創的生命，是罪惡力量滋長的溫牀。這不是抹殺人犯罪的責任，在犯錯後辯説是受傷的結果。相反，人的責任是令自己的生命健康成長，發展善的力量，並讓良善的心化解人的內在和外在衝突，讓生命健康。

- 引用印度哲人克里希那穆提（Jiddu Krishnamurti）的話，「良善也意味着強烈的責任感，因此，一個真正善良的人，一定會為他的生命負起全責」[1]。所以，勇敢、誠實面對傷害所造成的後遺症，尋求協助，自己積極參與，令自己成為健康的人，是人對生命負責的表現。

受傷的歷程[2]

心理的基本需要：

安全感　　歸屬
自尊　　自我實現
愛

受傷後衍生另一種需要，例如：

認同　　安慰
表達　　消化的時間

受傷　被判斷、譴責、被迫儘快康復

補償心態，不能滿足的渴求，產生很多不合理的要求和慾望，例如：要別人順從自己、追求無止境的名利與權力

受傷後的運作模式
把問題惡化下去

一層又一層的傷害，非但未能滿足需要，更造成更複雜的後遺症，窒礙成長、扭曲人格

3.2 心理的基本需要[3]

3.2.1 安全感

人的成長，需要建立基本的信任，信任來自身體以及心理的安全感。身體需要食物、營養、溫飽維持它的功能，而心理需要一定程度的穩定性、可預測性，建立它的安全感。此外，人與人間的相處也影響心理的安全感。人雖然要邁向獨立，但不可以孤獨生存，人與人之間需要健康地依賴，互相幫助。若對他人對世界缺乏信任，內心便充滿焦慮，形成一個好像永遠都不能滿足的深淵。

3.2.2 歸屬

擁有情感上所屬的羣體，不論是伴侶、家人、朋友、社羣、民族，情有所歸，與人連繫，覺得自己被看見，也能與人互相分享。沒有所屬的羣體，內心孤單，也容易失去存在感，即使擁有富裕的物質，也覺得做人沒有什麼意思。

3.2.3 自尊

自尊是自我價值的意思。人覺得自己的生存有價值和意義，也肯定自己存在的權利，肯定自己的生命有價值的人，也懂得肯定別人的價值，對人對己都尊重。自尊感高的人，能清晰知道自己的需要，不卑不亢地承認它們，真誠表達，並不是自私，乃是自愛，愛惜自己，也愛惜別人，不作糟蹋生命的事情。

3.2.4 自我實現

由於清楚了解自己，知道自己有什麼可為、有什麼不可為，所以恰當地發揮個人長處，而且有獨立思考的能力與創造力，認清自己的召命，並且有所回應。

3.2.5 愛

對人包容，以心以誠對待別人。當人能夠愛別人，他已有一定能力進入別人的世界，不只受困於自己的創傷經驗中，也能與外界交流。而且，在交流的過程中，吸收了滋潤心靈的體會。

3.3 受傷的後遺症

受傷的遭遇，使人的身心靈各方面都可能受到影響：

3.3.1 身體方面

身體是屬靈的殿，是靈魂棲身之所，身體與心靈存在密不可分的關係，所以身體也是情感累積的地方。身體機制的運作在無意識的情況下進行，當情感意念移向身體，它們就會從意識移向無意識，身體便保存情感的能量，這些能量變成肌肉的一環，亦即成為身體的一部分。早期的創傷經驗，包括童年時家庭的遭遇、父母的情緒，甚或家族遺傳的情感糾結，若未經過疏解、釋放，其能量會藏在身體裏，結果身體記憶了各種情緒的印痕。

從身體動力學（Bioenergetics）的研究發現[4]，創傷的經驗會令肌肉產生張力，張力的部分障礙身體的能量流通。久而久之，形成身體的某種形態，身體各部分的姿態包括頭、頸、肩、腰、四肢肌肉放鬆與收緊的狀況，與性格有密切的關係。換言之，身體的形態與性格是相通的。根據這理論，從身體形態可分五種大類型的個性：

1. 分裂的性格結構

底層的傷害經驗是「被拒絕」，所以身體的能量都是收藏起來，不能向外流通的。身體外圍部分，例如臉、手、腳等都好像與身體核心能量的部分失連，以致身體核心的能量不能順暢地向外流通。由於身體能量被卡着，身體的關節，即頭顱的底部，膊、腿、髖等關節以及橫隔膜都充滿張力。性格方面，缺乏統一性，思想與情感割裂，內傾，與外在世界缺乏交流，個性特質傾向兩極，例如自大與自卑，善良與醜惡。

2. 口腔的性格結構

底層的傷害經驗是「缺乏」，所以身體沒有足夠的能量，身體的發育欠缺強壯成熟的發展，四肢明顯缺乏堅實的肌肉，手顯得軟弱無力，腿好像撐不起身體似的；性格方面，欠缺獨立性，內心空洞，傾向依賴，縱然表面似乎給予別人支持，但實際上是透過別人來滿足自己，渴望被照顧及支持。

3. 心理病的性格結構

底層的經驗是「怕被控制」，因為被控制就等同被利用，為了對抗被操控，反過來操控別人。操控的模式有兩種，一是欺凌別人，另一種是誘惑別人。欺凌個性的人身體能量集中在頭部，因為要用腦力操控周圍的事物，眼睛是警覺的，上下半身的比例不對稱，上半身較大和明顯，橫隔膜與腰部障礙能量向下流，以致能量集中在上半身。誘惑個性的人身體比例較平均，背部非常靈活，甚至過分有彈性；同樣地橫隔膜與腰部障礙能量向下流，使得上下半身好像不連結。性格方面，感覺及體會都遭否認，精力都集中在建立個人形象，無論是透過權力抑或性，都想達到操控別人的目的。

4. 虐待的性格結構

底層的經驗是「被愛與接納是嚴重受壓的經歷」，擁有太被愛護的經驗，幾乎是被吞噬，對尋求自由與空間感到內疚。身體充滿能量，但遭抑壓，所以身體肌肉短而厚，尤其是頸部，令頭部看似被拉進身軀，腰部也是相應地短而厚。性格方面，感受被抑壓，充滿焦慮，表面順服討好，內心卻相反，在潛意識的層次，是負面、怨恨和敵意。若為自己表達需要，會用投訴和埋怨的方式；有時會作出挑釁性的反應，引發別人強勢待之，從而也令其強烈回應。

5. 固執的性格結構

底層的經驗是「在滿足被愛的過程中遭到挫敗的傷害」。身體的比例較平均和對稱，身體表現活力。性格方面，帶有傲氣，身體姿態堅硬，所以頭部保持高挺，腰背也挺直。個性相當固執，自制力很強，不容易就範，怕被利用，難於開放自己及主動接觸其他人。關注外在世界的事物，有現實感、有野心、喜歡競爭以及帶有攻擊性。

身體動力學的貢獻是，發現身體與心理的關係，肯定了身體在心理方面的角色，但它傾向以病態的角度看問題。近年，西方學者在身體神經系統與情緒之間做了大量研究。結果指出，人的神經系統受環境影響，尤其受人所領受的經驗影響。受影響的神經系統，繼而影響人吸收事情的角度以及所作出的反應，這些受影響的角度及反應都成為身體記憶的部分[5]。

在正常的情況下，經驗帶給人感觀刺激，經神經系統吸收，可以成為較完整的體會。然而，在創傷的情況下，神經系統不能完整吸收，有的感觀資訊未經消化，便割裂地存在身體的記憶中，也塑造了神經系統的形態，障礙往後消化其他經驗的過程，形成了偏頗的體會，這些不完整的體會繼而影響人對現實的理解。例如，一個人早年經歷創傷，基本需要被否定了，當他真誠表達自己時，恐懼別人否定他。這種情緒反應影響了他的神經系統，受影響的神經系統也影響他吸收往後的經驗。縱然後來的環境改變了，容許他表達，但他的自動反應（神經系統的形態）仍是收藏自己，以致他吸收到的經驗是偏頗的。然後，經驗影響思想，他把注意力放在不可信任的經歷上，認為別人不可信。為了保護自己，他形成了不能開放自己的對應模式。經驗影響思維、思維影響經驗，彼此互為因果。

在輔導的過程中，當事人透過察覺身體，重新發現一些他們已經遺忘的經驗，並在輔導員的陪伴下，有機會重新經歷這些體會，即消化這些經驗。如此，有機會改變神經系統的反應。例如，當事人留意自己僵硬的身體時，留意到身體有害怕被打的感覺。縱然她失去了這方面的記憶，但身體沒有忘記。身體的經驗令她驀然記起童年被打的片段，筆者對她說：「當你確認身體真的有被打的經驗時，還了身體一個公道。」她聽了這話，淚水奪眶而出，身體隨之慢慢放鬆下來，她說，多年來繃緊的肩膊終於可以放鬆了。

3.3.2 心理及情緒方面

心理情緒受到衝擊是不容置疑的：

- 創傷經驗衝擊了當事人原來的世界觀和信念。至於對當事人的思想和信念造成什麼程度的扭曲，則視乎衝擊事件的嚴重程度。扭曲是指該思想不符合現實，以致當事人活在一個自我建構出來、虛妄的世界。受了創傷，當事人產生那些不符合現實的思想、信念，例如由於對所有人都缺乏信心，經常以為別人想利用他、箝制他，限制了當事人與別人的交流，甚至令他下意識選擇被利用和箝制的經驗，如此便鞏固了他原本的思維。

・當人遇上外在刺激，會自然產生不同情緒，例如，受到侵犯會憤怒、遇到危險會恐懼、面對未知的將來會擔心、失去心愛的東西會傷心、做了錯誤的事情會內疚、覺得虧欠了別人會慚愧。健康的情緒本身具備治療的能力，指引人作出合宜的反應，從而幫助人適應環境。因此情緒不需要什麼解決辦法，只需一個自然流露的空間，讓它自然消化，消化了情緒，也消化了所遇到的事情。然而，有兩種情況，情緒未能化解，會成為問題：

1. 未能消化的情緒（Unresolved emotions）

昔日曾發生的傷害事件，沒有消化的機會，成為未能化解的情緒。情緒陰影不散，纏擾着當事人，甚至會有被觸發的危機，遇到刺激，舊的情緒便引發出來，反應過大。

2. 糾結不清的心結（Undifferentiated emotions）

由於當事人很多矛盾的想法，例如，既憤怒又內疚；既傷心又不忿，被困在糾結不清的情緒的世界。每當出現一種情緒，就有另一種情緒制止它，情緒之間互相制衡，沒有完全經歷和消化的機會。

3.3.3 屬靈與道德方面

- 屬靈的層次涉及人超越自我的視野，有了超越的目光，做事便不會只顧眼前利益，也會照顧到長遠以及其他人的福祉，活出道德的生命。

- 屬靈的層次，也離不開經歷與體驗。沒有體驗基礎的靈性，容易變成一大堆教條，若有體驗基礎，靈性是活的、有生命力的。

- 擁有屬靈的生命也自然流露道德的行為，包括愛與憐憫、接納與寬心；有屬靈視野的人，能看見人與人間是互相有關連，人不能孤立存在，故此既愛惜自己的生命，亦會關顧別人的生命。

- 受傷的經驗令人與愛的泉源割裂，生命缺乏活水，屬靈的意義被扭曲，成為批判別人的道理；又或是用一大堆屬靈的字眼否定經驗，欺騙自己，逃避痛苦，甚至偽善。

- 以下是經驗與屬靈（道德）的關係：

活出屬靈的生命 ← 領悟經驗的過程

價值、道德
道理、理解
經驗、體會

否認經驗的過程 → 變成偽善的生命

- 我們活在世間，身體不斷經驗發生在周遭的大小事情，衍生體會，這些體會需要消化。消化是經驗融入在我們的心靈中，成為生命的部分；消化過後，我們才能領悟箇中的道理，這些道理是對事情的一種認知。若認知的發展朝向真善美，與愛的源頭結連，便能發展屬靈的生命，衍生價值和道德的抉擇。屬靈的生命、價值不是空談，而是活出來的；縱使滿口道德，若不能活出屬靈生命，都只是假道學。透過深刻的體會，能把價值融入生命中，作出知行合一的道德抉擇，也是一個屬靈人。

- 若經歷得不到空間、時間消化，反之，硬生生地把道理套在經驗上，便會造成否定經驗的結果。經常聽到一種說法，就是雖然頭腦上認知，但不能與自己的心結合，也沒有動力行出來，好像分裂成兩個人。缺乏空間消化經驗，縱使有很多知識，始終是心有餘而力不足；更甚的是，我們用道德框框、一大堆靈性字眼套在未經消化的經驗上，很可能造成偽善的結果。

3.4 問題呈現的模式[6]

人有求存的本能，自然有自我保護的傾向。當人受了傷害，便會發展一些自我保護的對應模式。筆者以兩個向度，分類這些對應模式，一是當事人對己對人的觀感，一是當事人對待別人的模式：

3.4.1 對己對人的觀感

1. 自卑的傾向

自尊曾受傷害，自我價值偏低、對己觀感負面，壓根兒覺得自己是個無用的人。縱然偶有成功的經驗，只覺得是運氣所致，由於對自己失去信心，做事都怕出錯。即使別人沒有批評他，他已經自我批評一番，很習慣地負面看自己；若然有人讚許，他們會感到很矛盾，也許有一些被讚賞的喜悅，但恐懼比喜悅還強烈。這次做得好，不等同下次一樣好，他們怕別人對自己期望過高，若達不到別人的期望，豈不是令人失望？

自卑的人好像沒有自己的聲音，他們認為別人比自己好，別人比自己重要，需要索取別人的同情來確定自己的存在，表現自憐。

有時自卑的傾向是半途而廢，自己放棄總比在失敗中證實自己無用為佳。

2. 懷疑的傾向

懷疑自己同時懷疑他人，也就是對己對人也抱負面觀感。別人的評價，令他們敏感，經常懷疑自己是否不被接納，有時別人一句無心之失，也可以令他們傷心欲絕。

有懷疑傾向的人為了取悅別人，得到別人的接納，有時會出現完美主義的傾向，他們希望做人做事盡善盡美，便毫無指摘，別人便會喜歡自己。可惜的是，愈是完美主義，別人愈怕他，因為完美主義者對人對己都造成壓力，本來想博取別人的歡心，結果令人避之則吉。

他們也常懷疑別人的動機，當人讚賞自己時，懷疑別人是否安慰他，而非出於真誠的賞識；當人沉默不語時，又會懷疑自己是否開罪了對方，令他不悅；當別人有難言之隱，又會懷疑對方不信任自己。

他們對自己沒有信心，對別人缺乏信任，好像怎樣也不能減低內心的疑慮。

3. 自我保護的傾向

曾經歷傷害，對人感受負面，但保護自己尊嚴的傾向令當事人不合情理地對己正面。這種正面似乎缺乏經驗基礎，甚至有種瞧不起人的味道，表現自大。既然是虛假的正面，自我保護傾向的人很難承認自己做錯事，認為即使錯也是別人有問題，要是自己犯錯便企圖推卸責任，諸多辯解，務求令別人覺得不是他的錯。在無可狡辯時，會作出還擊，如找別人的錯處，目的是令對方沒有資格指控自己。他們最大的心願，是保護自己良好的形象，所以無法接受自己有瑕疵。

4. 自欺欺人的傾向

表面上對人對己都十分正面，好像很樂觀，什麼問題都困不了他們，然而他們所用的是逃避問題的方法。即使問題迫在眉睫，也視而不見，若問題累積到一個不能收拾的局面，避無可避時，他們的世界便會塌下來。所以，他們的正面態度，是缺乏現實基礎的，只是自欺欺人。

3.4.2 對待別人的模式

1. 強迫的傾向

當事人內心充滿焦慮，害怕事情失控，所以選擇操控，逼別人就範，以為一切依他們意思去行，事情就會妥當，他們便有安全感。強迫傾向的人太需要別人認同自己的觀點，所以，難於接受異己，別人的否定會引來他們強烈的反應。

2. 非理性的傾向

對別人作出不合理期望，有時顯得野蠻，究竟想要什麼，自己也混淆不清，內心有很多矛盾的需要，以致有時顯得口不對心，且對人諸多刁難，令人無所適從。以為自己想要某些東西，但又不像，以為自己不想要的東西，拒絕了，事後又發覺可能自己想要，總之什麼都是，什麼也不是。

3. 憤世嫉俗的傾向

他們抱着很多大道理、高標準，覺得周圍的人有很多不是，有很大改善的空間，內心似乎充滿憤怒。在他們眼中，看見諸多荒謬的事情，樣樣都看不過眼，然而他們是以自己的標準衡量對錯，給人一種自以為是的感覺，眼光充滿判斷，給人很大壓力。似乎在他們面前，什麼都是錯、什麼都未及標準。

4. 表面遷就的傾向

表面討好別人，沒有自己的聲音。與他們相處，起初還以為他們什麼都可以接受，無所謂，然而他們內心也有一條底線，別人不一定知道。若別人逾越了這條底線，他們就變得相當堅硬、固執，難有回轉的機會。

以上的模式不是非此即彼，可以以組合的形式出現。

3.5 常見的徵狀

另外，受傷的後遺症以徵狀呈現出來。徵狀是累積下來的受創經驗，情緒未能疏解、基本需要未獲滿足。以下是兩種常見徵狀的特點：

3.5.1 抑鬱

- 情緒持續低落；自尊感低，經常覺得自己做錯，有強烈的自我批判，也有一種無能感。
- 對事情有很多負面的想法，對日常有趣的活動失去樂趣。
- 睡眠、胃口、健康質素不穩。
- 日常的運作不佳，包括家庭、工作、在校生活等。
- 有自殺傾向。
- 被困在負面的情緒中，不能自拔。

3.5.2 焦慮 / 恐懼症

- 一種情感紊亂的狀態，當事人經歷突如其來且重複的莫名恐懼，覺得不能控制自己的情緒及周遭的環境。
- 感到自己很弱、沒有能力，害怕下一次類似的突襲。
- 當事人遇到感恐慌的環境，出現的徵狀包括呼吸困難，快要窒息的感覺，手腳痲痹，胸口、胃部疼痛等等。

若當事人的問題以徵狀出現，便涉及較複雜的心路歷程。情緒、思想、需要和自我觀感糾結其中，神經系統形成偏頗的吸收形態，內心有很多未消化的情緒、不符合現實的思維、被否定的需要，以及偏低的自我價值，甚至不能與愛的源頭接連，活在一個缺乏意義的世界。

3.6 結語

生命不可能原地踏步，我們每天都在改變，問題是改變的方向是好還是壞，健康的生命不斷成長和擴展，亦帶動健康關係。關係中的兩人，彼此付出、彼此造就；反之，受創的生命，若得不到醫治、轉化，生命會變得愈來愈萎縮，在關係中也變得苛索，使關係成為拆毀生命的場所。

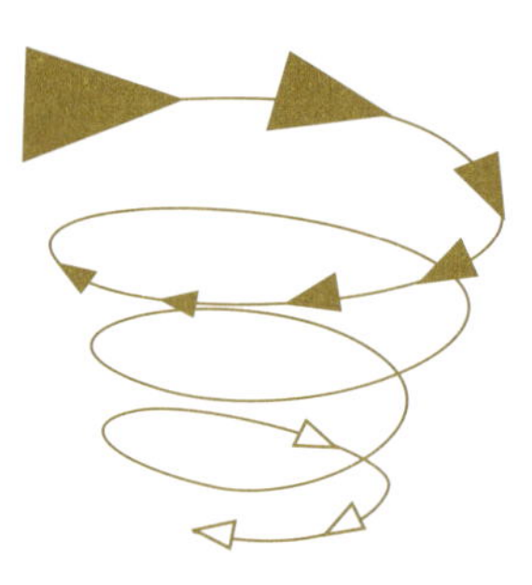

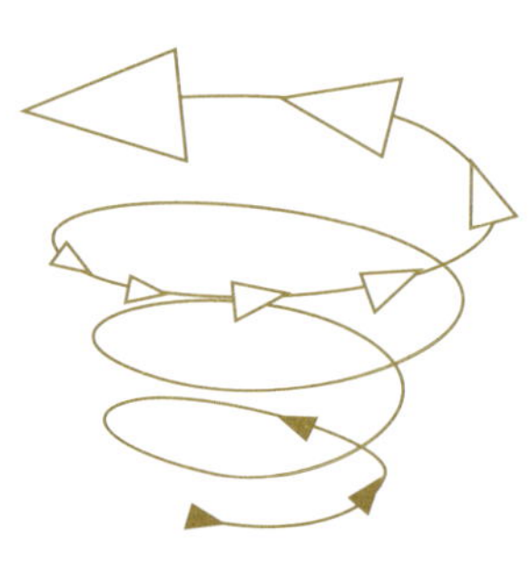

萎縮的生命	成長的生命
自我中心	與人分享
滿足自己為目標	以愛回應外在世界
未經醫治的破碎，未得赦免的罪疚	經歷醫治的釋放，感激赦罪的恩典
沒有安全感，透過操控獲得安全感	定睛在恩典中，愛裏沒有懼怕
傾向隔絕	傾向與外交流

參考書目

1. 姜波編著（2012），《心靈導師帶來的 36 堂靈性覺醒課》。台北：廣達文化，頁 83。
2. 修改自黃麗彰（2006），《情緒傷害的醫治》。香港：突破出版社，頁 60-61。
3. 五種心理的基本需要，原本是參考 A. Maslow 的理論，後來是參照 Heller, L. & Lapierre, A.（2012）在 *Healing Developmental Trauma: How Early Trauma Affects Self-Regulation, Self-Image, and the Capacity for Relationship*. Berkeley, CA: North Atlantic Books. 一書的理論。
4. Lowen, A.（1994）. *Bioenergetics: The Revolutionary Therapy That Uses the Language of the Body to Heal the Problems of Mind*. NY: Penguin.
5. Heller, L. & Lapierre, A.（2012）. *Healing Developmental Trauma: How Early Trauma Affects Self-Regulation, Self-Image, and the Capacity for Relationship*. Berkeley, CA: North Atlantic Books.
6. 初步的分類模式已在《情緒傷害的醫治》發表，此處是進一步改良的分類方法。

第四章

個人輔導的歷程

4.1 解讀表象問題

4.1.1　情緒取向治療忽略當事人的成長歷史

4.1.2　經驗包含文化觀念

4.2 第一階段：建立治療關係及評估

4.2.1　建立關係

4.2.2　聆聽當事人的故事

4.2.3　認識當事人在現實處境中怎樣呈現自己

4.2.4　了解當事人的歷史以及其對應模式

4.2.5　什麼是未被消化的經驗？有什麼窒礙消化的過程？

4.3 第二階段：個人輔導介入的重點

4.3.1　針對目前的困擾，協助當事人消化經驗，改變思想

4.3.2　讓兩把內在矛盾聲音對話，疏解矛盾

4.3.3　消化、轉化創傷的經驗，改變扭曲的思想

4.4 第三階段：整合

4.4.1 當事人如何為過去賦予意義？

4.4.2 促進當事人持續成長

4.5 針對常見問題的介入

4.5.1 抑鬱症

4.5.2 焦慮 / 恐懼症

4.6 技巧

4.7 結語

參考書目

如前文所說，輔導的歷程是一個探索內心的過程，輔導員不能只針對表象問題提供意見，必須藉那些問題作為一個介入點，探索當事人的內在世界。筆者提出的輔導模式，假設人自然有一股成長的動力，若人的心靈健康，他們可以開放自己，學習應付問題的方法，不致累積成徵狀，或人際關係的張力。所謂「問題」是指當事人的反應與他要面對的情境不對應，就像心靈封閉了，被負面的情緒困擾而不能自拔；頭腦好像一個凝固體，思想不能通達，所以對問題束手無策。筆者相信這與個人受傷的經驗有關，這在第三章已作介紹，這一章將根據個人受傷的反應，提出以下的介入歷程。

4.1 解讀表象問題

這歷程運用了很多情緒取向治療[1]的概念，但筆者不滿足當中的方法，主要有兩方面：

4.1.1 情緒取向治療忽略當事人的成長歷史

輔導的核心是進入當事人的內在世界，在這過程中，輔導員時刻根據當事人的行為反應、表達內容、非言語訊息，以及他們過去經歷過的歷史事件等，建構當事人目前的內在經驗。沒有歷史向度的了解，很難想像當事人所承受的困擾，於是筆者提倡的輔導模式着重當事人的生命歷史，如他怎樣從歷史中走過來？他怎樣與外在事情接觸？這歷程影響了他的觀念、視野和情感，建構了他獨特的內在世界，形成一副獨特的眼鏡；而這副眼鏡又影響當事人投放注意力的角度，所以當事人的外在歷史與他的內在世界是互相影響的。

4.1.2 經驗包含文化觀念

針對華人的輔導，經驗為核心甚於情緒。經驗是當事人主觀世界與外在事情的交合，其中包含文化的觀念。設若當事人因未能盡丈夫的責任而內疚，輔導員不單體諒他的情緒，還要明白他作為男性，肩負了養妻活兒的責任，未盡其職，心感愧疚的難堪。內疚是情緒，但當事人承傳了華人文化對男性的角色期望，愧疚是超越了情緒的層次。情緒是涉及身體的感覺，而經驗還包含了想像的空間，輔導員若能諒解當事人的文化背景帶給他的經歷，便更能體諒他作為男性的掙扎，所傳遞的共鳴就更深刻。另外，華人文化看重的尊嚴，與西方的不同。西方理解的尊嚴是着重人天生的價值，但華人所看重的尊嚴是在人際領域中，重點是別人怎樣看他的為人。以下描繪的介入歷程，都加入了這些文化的原素。

解讀表象問題

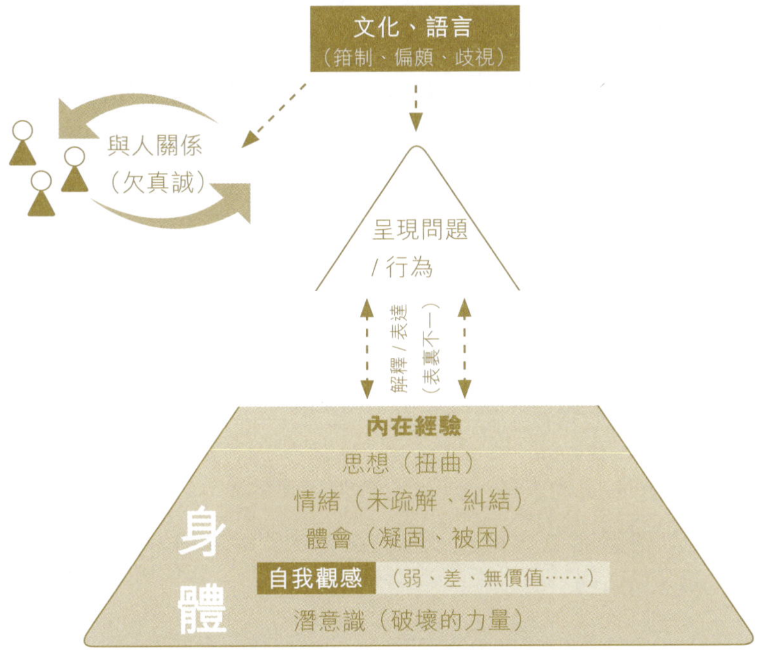

4.2 第一階段：建立治療關係及評估

4.2.1 建立關係

• 以同理心進入當事人的世界，對他們的掙扎予以人性的諒解，有助當事人接受自己的經驗。若當事人對輔導員缺乏信任，不能暢所欲言地表達，輔導員應該體諒這是可以理解的人性經驗。面對一個陌生人，加上過往人際關係的陰影，不能信任是自然的反應。

• 同理心不是用以分析當事人的問題，而是代入他們的世界。從他們的角度看，究竟他們經歷什麼。

• 一般的輔導理論，把焦點放在聆聽當事人的情緒，這是一個很好的做法。然而，在華人的內在世界裏，尊嚴感的訴求甚強，輔導員能從這個角度想像，究竟當事人期望別人怎樣看他的為人。當一位男士很詳盡地訴說他曾怎樣刻苦、怎樣不放棄才成為今天的專業人士，筆者回應「你一步一腳印、踏踏實實地走過來，沒有花巧，就憑實幹。」對方聽了，就感覺被了解。若輔導員只顧回應當事人的情緒，如「你沒有依靠，真的很辛苦、很孤單，不過終於走到這步，你是否也有一種成功感？」前者是回應當事人尊嚴感的需要，後者是回應情緒，似乎前者對當事人更為合適。

• 由上一項可見，在華人社會進行輔導，要留意當事人的尊嚴感。簡單來說，當事人很注重別人怎樣看他，輔導員由衷的接納有助當事人開放自己的心。

• 除了了解當事人的思想、情緒、需要和渴望外，也要了解當事人盼望別人怎樣認識他的為人。坦白說，很多尋求輔導的人心底都懷着恐懼，不知輔導員怎樣看他，是否覺得他很有問題。在華人社羣裏，尊重的意義，除了是尊重他與別人有分別外，也是指信任他的為人。

4.2.2 聆聽當事人的故事

- 聆聽當事人的故事，尤其是有可能令他最困擾、最痛苦的經歷，焦點不在外在事件，而在心路歷程。

- 聆聽當事人瑣碎的生活事件時，輔導員很容易被它們淹沒，把注意力投放在解決生活事件所引起的問題上；然而，輔導員應留意的是當事人的經驗，上文第三章提過的心理結構（頁 83），就是輔導員聆聽時所用的藍圖。

- 首先，聆聽當事人的想法。這些想法是關乎他們覺得事情應有的運作模式，期望以及對人對己的思想。例如，當事人被丈夫冷待，她可能會這樣想：「我這樣為他，他把我當成什麼人？是工人、僕婢嗎？我覺得他忘恩負義！」當事人認為夫妻間應該有最起碼的公道，她待丈夫好，丈夫至少也應重視她，「公道」是這位當事人認為夫妻間應有的運作模式。

- 想法背後是情緒經驗，當事人表達他的問題時，他有什麼感受？在華人社會中，即使問當事人有什麼感受和體會，他們都較容易表達意見，如以上的例子，當事人很可能說「丈夫不應該這樣待我！」表達了她對事情的觀感，但沒有直接表達她的感受。這時，輔導員可以這樣回應：「你覺得很難受，也很痛心，因為所付出的得不到相應的回應。」

- 一般來說，當事人困擾的核心多是傷害感情的事件。重點是體會，不是他們所發表的意見，不過聆聽當事人對事情的意見，有時也可以了解他們的體會，明白當事人有什麼需要和渴望。在上述的例子，當事人似乎需要在丈夫心目中有一個位置，想與丈夫有情感的連繫。她很重視丈夫，不介意犧牲，但丈夫輕視了她的付出，令她痛心。若然丈夫重視她，留意她，感激她的犧牲，她便能與丈夫心連心。

- 當事人利用不同的方式，表達了他們在事情中的體會，例如眼神、語氣、動作，以至比喻、圖像和夢境等。例如有一位當事人有強烈的擔心，經常發「廁所夢」，夢見被排洩物弄髒，輔導員可以嘗試探索當事人感到羞愧的地方。這不是嚴謹的解夢，而是透過當事人表達的種種訊息，進入他們的世界。

4.2.3 認識當事人在現實處境中怎樣呈現自己

雖然輔導員着重當事人的主觀經驗，但也可從當事人的故事裏，了解他怎樣與別人相處，從別人的角度又會有什麼感覺？輔導員可以運用與當事人相處時的直接體會，如實反映，當事人聽了，也可以了解自己對人對己的觀感。

有一位當事人經常被排斥，覺得別人不接受她而感到委屈與無助。筆者與她相處時，察覺她表現了一種高傲的姿態，便以自身的體會對她說：「與你接觸，有時給我一種高傲的感覺，你內心卻是脆弱。高傲彷彿是你的保護罩，不想受到傷害。」當事人十分認同，分享了她怎樣被家人排斥，讓她很受傷害，恐懼再受傷；怕別人看不起她、拒絕她，所以擺出一副滿不在乎的樣子。筆者嘗試解說，滿不在乎的樣子令人誤解她是不可接近，於是選擇遠離她，她便因此受傷。為了安慰自己的心靈，她只有裝作毫不在乎，結果形成了這種惡性循環。她坦白說，壓根兒相信自己不可愛，沒有人喜歡她，然而當她用這副眼鏡看自己和周圍的人時，做出的反應令事情惡化，她表現冷傲，別人以為她不喜歡人家接近她，與她保持距離，於是她更加認為自己不可愛，遭到排斥。

經過這次分享，當事人對自己加深了認識，原來她被排斥，不單是別人的錯，自己也參與了當中的互動。輔導員可透過當事人在現實中怎樣呈現自己，從中了解他們的心路歷程及對應模式。

4.2.4 了解當事人的歷史以及其對應模式

- 進入當事人的內心經驗，會更容易理解他們的對應模式。除了認識他們當下的狀態外，也從他們的成長歷史認識他們是怎樣被塑造的。
- 過去的經驗，有什麼重要的事情發生在他們身上？他們怎樣被這些事情影響或塑造？從他們的眼睛看、腦袋想，他們體會了什麼？
- 他們的生命旅程呈現什麼主題？發展了怎樣的對應模式？例如當事人年少時親眼目睹父母互相仇恨，深深體會怒氣的殺傷力，不自覺地認為憤怒是危險的，不容許自己表達憤怒，經常討好別人來解決問題。然而，沒有健康的憤怒，當事人不懂保護自己，處處受欺負。雖然這等主題和模式帶給當事人目前的困擾，但也曾幫助當事人適應當時的處境，應該肯定這些主題和模式的價值和重要性。

- 除此以外，當事人在成長的歷史中，有什麼未消化的情緒、創傷經驗？有什麼糾結不清的情緒經驗？

- 當事人有沒有被某種限制性的社會論述箝制，以致將自己問題化？若有，輔導員該與他們重新檢視這些觀念，找出底層的另類故事。例如當事人做事沒有效率，在強調成功的社會論述下，他就是一個失敗的人。然而，他沒有效率，可能是他經常顧及他人的感受，因此仔細思量，便拖慢了做事的速度。在另類故事中，輔導員看到他是個為他人着想的人，只是在某種社會論述中，他的特質被忽略了。

4.2.5 什麼是未被消化的經驗？有什麼窒礙消化的過程？

- 聽過當事人的困擾後，輔導員進入他們的內心，體會他們受困擾的情緒，究竟這是當下處境所引發的感受，還是過去一些未被消化的經驗，令當事人過分反應？無論是哪一樣，有什麼窒礙當事人消化情緒？是當事人缺乏一個被聆聽、被認同的空間，沒有機會消化，還是過去遺下心結，有如杯弓蛇影，影響至今？

- 輔導員需要探索當事人未消化的經驗，尤其與原情緒有關的。若當事人所受的困擾，源於目前的問題沒有表達的空間，輔導員便應了解問題所衍生的原情緒，給予認同和諒解。例如，當事人與嗜賭的丈夫分居，周圍的人都認為當事人終於解脱，然而她掛念丈夫，只是這些感受不獲認同，連她也以為沒有這些情緒，卻不知何故睡得不好，直至她承認記掛丈夫，感受便釋放了。雖然掛念丈夫，但不表示她會與他復合，能夠誠實面對自己的經驗，本身已是一種醫治。

- 有一些當事人面對的創傷經驗，雖然表面看來是因為目前問題所產生的傷害，但細心察看就能發現是歷史遺下的。在成長的過程中，當事人經歷首次的創傷，這個傷害否定了當事人的基本需要，扭曲了他的世界觀、對己對人的想法等，繼而衍生另一層傷害。由於這層傷害是在已被扭曲的世界觀中衍生，結果傷上加傷，還夾雜很多表象情緒和工具情緒。若輔導員的介入未能接觸當事人的原情緒，只停留在表象情緒或工具情緒，多是流於發洩，很難化解當事人受傷的經驗。例如當事人覺得自己是個不幸的人，好的事情總沒有他的份兒，因而感到委屈和難過，這些感覺很可能只是表象情緒。若輔導員停留在這個層次，只能給予當事人發洩的機會。輔導員理解這些情緒的困擾，與此同時也應該引領當事人察覺那些有可能扭曲的思維——「好的事情總是沒有他的份兒」——檢視這種思維如何影響他做人做事的作風，又怎樣塑造他的生命，繼而再深入探索當事人有什麼未化解的受傷經驗，以致形成了這個思維。這時，當事人回憶出生的時候，家道中落，父母大受困擾，不能面對困境，加上照顧他而來的壓力，對他缺乏耐性，甚至責怪他拖累家人。小小年紀的當事人深受傷害，以為自己是個帶來不幸的源頭，覺得自己不應來到世上；回到這個傷害，當事人接觸到原先的傷害以及它衍生的原情緒，在輔導員接納的陪伴下，重新體會它，才有化解的機會。

4.3 第二階段：個人輔導介入的重點

介入的重點是釋放被排斥、被抑壓、被否認的情緒經驗。沒有意識的釋放，就是發洩；帶着意識去進行，才是療癒。

4.3.1 針對目前的困擾，協助當事人消化經驗，改變思想

1. 究竟當事人所體會的經驗是否呈現健康的原情緒？

- 察覺事情所衍生的原情緒，一一察覺它、接納它。
- 健康的原情緒，需要得到認同、命名。
- 由原情緒衍生的經驗是什麼？它同樣需要得到察覺和命名。
- 透過為情緒經驗命名，當事人就可以擁有它，這樣情緒可以消化，經驗可以融入心靈中，成為成長的養分。

2. 有什麼健康的需要被否定？

- 當事人否定了自己的需要，變相是排斥部分的自己。輔導員協助當事人承認自己的需要，雖然承認了，但不一定可以滿足。只是承認自己的需要，會衍生自我接納。
- 如當事人的丈夫因婚外情離開了她。她雖然仍依附丈夫，但覺得不應該，既然丈夫不愛她，她何苦還需要丈夫？所以，她經常抑壓自己的情感，後來被輔導員確認她這需要是正常的，她頓然放鬆了自己。

3. 有什麼健康的情緒未被察覺？有什麼經驗遭排斥？

輔導員協助當事人察覺他們在事情中所有情緒，有什麼是他們忽略的？有什麼被他們排斥？忽略了的情緒沒有機會消化，被排斥的情緒經驗窒礙一個人的成長。

- 一個被侵犯的當事人覺得很羞恥，羞恥的底層，還有憤怒的情緒，但她一向忽略了它。當她意識自己的憤怒時，更有能力保護自己，也清晰自己的需要。
- 一個當事人十分憤恨她的母親，經常與她作對。在憤怒之餘，原來也有哀傷的情緒，為得不到母愛而難過。哀悼後，她與母親的相處變得較自然。
- 有當事人經常針對母親對待傭工的方法而與她產生衝突。表面上，她不滿母親寵壞傭工，但不滿背後，原來覺得母親一直忽略她，不重視她的需要。由於她與母親的關係一直欠佳，她否定了需要母親的關顧。然而，當她坦然面對自己的需要時，她不再與母親因傭工的問題起爭議。

4.3.2 讓兩把內在矛盾聲音對話，疏解矛盾

1. 認領被拒絕的部分

若當事人呈現內在矛盾，透過承認、認領被拒絕的部分，能疏解內在矛盾。被拒絕的部分，多是自己不喜歡的一面，例如幽暗面。有當事人覺得自己經常被排斥，後來卻發現她也排斥別人；她

在成長中經歷創傷，結果選擇用孤立自己的方法保護自己。當她與人相處，人家感受到她排斥別人的部分，於是選擇避開她。當事人意識到自己被孤立，並非全是別人的問題，自己也有份兒；而她拒絕別人的背後，是一顆曾受傷的心靈。輔導員引領她用溫柔和憐憫的心態與自己受傷的經驗接觸，她非但沒有自責自己排斥別人的部分，反而更有動力面對它，同時認領自己受傷的部分。她包容了自己，因而也包容了別人，她與別人的相處也自然多了。

2. 面對內在批判者

有時當事人呈現自我批判，是因為內心住了一個不放過自己的內在批判者（Inner critics），經常告訴自己不應該這樣、不可以那樣。輔導員協助當事人為自己經歷的部分（Experiencing part）發聲，確認這部分的需要和感受。當經驗的部分獲得認同，才可以看見內在批判者的善意與擔心，兩部分的自己便可以修和。

4.3.3 消化、轉化創傷的經驗，改變扭曲的思想

- 重新經驗過去的事件。若有未消化的情緒、創傷經驗的情緒，提供一個安全的環境，幫助當事人重新體會事件。
- 輔導員會以空椅的練習，幫助當事人與重要的人物對話，化解心中的傷害。
- 若有需要哀悼的事情，陪伴當事人經歷放手。
- 若有糾結的情緒，把它們一一疏理以及重新經歷。

在過程中，輔導員深度的諒解和接納，能提供一個安全的治療關係。當事人體會、命名被抑壓的情緒，察覺被忽略的體會，重新認領被排斥的經驗，確認健康的需要；如是者，當事人有機會了解自己發生什麼事，明白自己行為的意義。他不再覺得自己是個被動者，被不知從哪裏來的動力操控，被迫面對一些令人困擾的事情；若他們明白了自己的體會，認領了自己的經驗，他們更有可能成為主動者，為自己的生命負責。

當經驗得以消化和轉化，舊的扭曲思想很大可能得到改變，對人對己的觀感從此不同。

雖然整個過程的重點在於理解當事人的內在經驗，但輔導員也應引導當事人諒解別人對他的感覺。輔導員需要從關係的角度，引導當事人進入別人的世界，從他人的角度認識自己，也顧及別人的感受。尤其是當事人的情緒釋放後，他更有能力看見別人。

4.4 第三階段：整合

4.4.1 當事人如何為過去賦予意義？

協助當事人立足於他們的歷史與文化，在悠悠天地中，經歷永恆，看見盼望。當問題放在宏觀的角度看，才顯出它的意義，如榮格（Carl Jung）所說，「一個人只有在自己的生活中經驗過永恆，他的人生才找到了意義，否則人生會迷失於各種淺薄的事物中。」[2]

- 在生命的旅程中，當事人有沒有機會意識自己的召命？
- 當事人如何看自己和別人？是否看自己合乎中道？對人能否體諒？如實的視野，能避免對人對己作出不公道的評價。
- 每個人的內心也有培養善的土壤，若當事人釋放了他的情緒、解開了心結，便更有能力做出道德的選擇，發揮善的力量。

4.4.2 促進當事人持續成長

- 輔導過程完結，引領當事人回顧整個歷程，他有什麼改變？他對自己有什麼發現與認識？
- 當事人經過與自己人性的相遇，更愛護自己的脆弱，懂得陪伴自己的內在小孩，無論是喜歡還是不喜歡的經驗都能接納，再次連結愛的源頭，如上帝、祖先、父母、伴侶等等。

4.5 針對常見問題的介入

4.5.1 抑鬱症

- 患上抑鬱症的人，通常有很多被抑壓的憤怒，尤其對自己。若能把憤怒的能量足夠及深入地釋放，可讓憤怒背後的恐懼及悲傷被看見、有機會表達，憤怒得到確認、恐懼得到諒解、悲傷得到體會，是很重要的介入點。

- 雖然人的需要不一定得到滿足，但也要協助當事人表達自己的需要，令他們覺得這是配得的。

- 抑鬱的當事人有很多自我批判的聲音，輔導的歷程讓當事人因事件衍生的情緒得到明白與聆聽，當事人漸漸給予自己更大的空間，容納自己的情感經驗。多年前，筆者認識一位患了多年抑鬱的女士，給她輔導了一段頗長時間後，她終於可以從抑鬱康復過來。她當時寫了一封信給筆者，説整個輔導歷程裏，最大的幫助是令她接納自己。的而且確，當她自我接納時，她的情緒經驗就有消化的空間。

- 在論述方面，用一種主動的語言建構當事人的身分，他們並非被動者。多年前，筆者看見米高懷特處理一個個案，當中的女士自尊感低，覺得自己做什麼都錯，是個無用的人，甚至有一次開車差點撞到一個男童。即或男童無恙，但她已十分內疚，認為連開車這麼簡單都做得不好（當事人是北美人）。懷特問她，什麼令她介意撞到那位男童？當事人説她重視男童的生命。懷特追問她過去有什麼經歷也反映她這種價值觀，於是她數了幾件事。這個面談完結後，她從覺得自己是個無用的被動者，改變為察覺自己是個愛惜別人生命的主動者。

- 輔導員協助當事人意識他們所選的路是有意義的，便能增加他們的能力感。他不是一個任由環境擺佈的人，而是一個能為自己選擇的獨立個體。

4.5.2 焦慮 / 恐懼症

- 小孩是脆弱的，許多人在童年時受到不同程度的驚嚇（Terror），如父母間的衝突、被欺凌、被虐待、疏忽照顧、各種意外、疾病，甚或父母本身的恐懼等。經歷過無助的處境，內心藏着這些恐懼，輔導員幫助當事人把這些驚嚇恐懼從體內釋放是介入的重點。

- 輔導員的臨在，帶給當事人安全感。

- 輔導員建構一個安全的環境，讓當事人重新體會恐慌的情緒，過程必須留意當事人的承受能力：

  - 協助當事人留意身體的「意感」，與身體接觸，讓身體成為經驗的載體；
  - 經歷恐懼，當事人需要安慰，在想像裏，他可以與信任的人接觸，帶給他安全感；
  - 有時當事人看見自己的內在小孩充滿恐慌，帶領成長了的當事人給予自己的內在小孩安慰與支持。當事人能給予自己憐憫，是很大的內在能力；
  - 協助當事人經歷另一種健康情緒，這種健康的情緒能幫助當事人消化原本的恐慌；
  - 當事人可以選擇離開令他恐慌的情境。

- 有當事人每逢到類似密室的地方就非常恐懼，甚至不能呼吸。有一次，輔導員用冥想的方法，帶她回到令她恐懼的情景。在冥想中她想像一個信任的人陪伴她，給她安全感，然而該情景對她實在太恐怖。即使有輔導員的聲音以及想像信任的人一直陪伴，都無法擺脱恐懼。於是，輔導員對她説，她可以選擇留在那情景，或者選擇離開。她選擇了後者，想像去了一處十分舒服的地方，感覺良好。當她張開眼睛，發現自己原來有選擇的能力，這能力感對她很有幫助，後來再到密室，不再有恐慌的反應。

- 有時，表面是驚恐，其實內裏還有別的情緒，如哀傷與憤怒。有當事人曾被父親虐待，由於情況相當嚴重，而患了恐慌症。當她用空椅對話的方法與父親對質時，起初因恐懼而與那張空椅保持距離；經過一段時間，她開始安定下來，慢慢表達她的怒氣，理直氣壯地譴責父親的不是。經過一輪憤怒的表達後，她開始感到難過，因為她失去了父愛，覺得父親沒有好好愛過她。當事人表達過這些情緒後，消化了它們，回到現實後，雖不致很親密，但她可以自然地與父親相處，不再抗拒他。

4.6 技巧

- 輔導員按着當事人的步伐，在旁陪伴他，時刻留意當事人的非言語訊號、情緒表現等等。
- 至為重要的是輔導員以同理心，進入當事人的內在世界；輔導員以人性的需要、掙扎理解他，有時也代入他的情境，體會他的經驗。
- 從歷史的角度了解當事人，但不是分析他的問題，而是以歷史的向度，輔導員更立體地認識當事人，他如何成為今天的他？他如何發展面對困難的方法？有了立體的認識，才了解當事人。

- 營造一個接納情緒的環境，當事人可以在當中誠實面對、經驗自己的感覺。即使是痛苦的感受，在輔導員的承載下，當事人更有能力感受；在這裏，步伐十分重要，輔導員應該尊重當事人可承載的能力，不能操之過急。而且，感覺不等同客觀事實，也不等同行動，只是當事人的內在經驗。所以，情緒經驗無分好壞，但行動必須顧及後果。

- 若當事人過分被某種情緒經驗淹沒，協助他站在一個較遠的距離留意自己的體會；距離有助消化經驗，以致能夠轉化與成長。

- 當事人被問題困擾時，很難分清自己的情感。輔導員必須對情緒運作有基本知識，了解各種情緒的呈現的方式，才有機會從當事人表達的種種瑣事中，辨識他的原情緒。

- 很多時候，當事人，尤其是華人，未必能用恰當的語言表達內心感受；輔導員有豐富的詞彙或比喻，有助描述當事人的內在經驗，替他們複述。雖然這不是當事人自己的語言，但若輔導員的表達貼近當事人的體會，這會讓他更清晰了解自己。當他愈清楚自己的內在世界，愈能反省自己的體會。另外，當事人可以掌握自己的經驗，為經驗命名，成為經驗的主人，不要留着一大堆莫名的經驗，困在其中，好像被它們吞噬。

- 準確的複述對當事人很有幫助，正如身體聚焦的創立人詹德琳說：「當事人透過輔導員（聆聽者）的複述製造一個空間，一個可以容納新事物的空間。」換言之，當事人透過輔導員的複述，有更大空間消化情緒，容納新的經驗。

- 引導當事人接觸、消化情緒，讓他們可以把經驗放下。頭腦上的認知是不足夠的；通過身體的經歷，情緒經驗得以消化，被納入在當事人的心靈裏，不住消化經驗，漸漸產生智慧。

- 輔導員可以不同方法協助當事人消化經驗：

  ◆ 空椅對話：基本上有兩種情況 1. 當事人把內在矛盾的聲音放到兩張椅上，正負聲音通過對話，達致互相包容；2. 與重要的人對話，表達一直以來對他積壓的情緒，當積壓的情緒疏解後，表達需要，最好是與那個重要的人物和解，若不然，能夠透過空椅對話，為自己發聲，也是醫治心靈創傷的方法；

  ◆ 當事人與身體一部分對話；

  ◆ 當事人透過冥想，進入自己的內心深處，與自己不同部分對話，例如內在小孩、內在父母等。

- 協助當事人擁有、接納自己的經驗；否則，被排斥的經驗會以不恰當的方法呈現出來，例如不能接受自己的憤怒，便以冷嘲熱諷的方法滲出來，令人難堪；不能接納自己的哀傷，而表現得冷酷無情。

- 輔導的重點是當事人醒覺自己的經驗，不論是意識自己的情緒、身體反應，甚至由夢中帶來的領悟，也帶給當事人覺醒。

- 輔導員用自己與當事人相處的直接體會，讓當事人意識他給予其他人的感覺。

- 輔導員透過系統理論的角度，幫助當事人除了明白自己的經驗外，也明白周遭的人，不加深誤解和偏見。多年前，筆者在美國接受家庭治療訓練時，有一位學員提出一個討論個案，輔導員是一個年輕美麗的白人女子，治療一個受婚姻困擾的中年男士，但男士的妻子不願意參與輔導。輔導員每週都與該男士見面，過了一段時間，那位妻子來電，質問輔導員與她的丈夫在幹什麼。輔導員覺得那位妻子無理，她不參與輔導，卻又質疑輔導員與她丈夫所做的事情。筆者聽了個案，從系統的角度明白妻子遭到冷落的感覺。丈夫每星期與一位年輕貌美的女子談心事，妻子的位置好像被取代了，以致雖然輔導員沒有直接對妻子做什麼，但她與那男士的聯盟已對妻子構成影響。

以上種種技巧，最根本的知識，是輔導員對人性的理解。若輔導員經歷過個人成長，又以虛懷的態度聆聽別人的故事，對人性的理解會有很大的幫助。但輔導員必須常存虛懷的心，即使經驗累積多了，也不要以為對人性已有充分把握，人性多變，窮一生的精力也不可以盡知。

4.7 結語

在輔導室裏，當事人帶着困擾他們的表象問題尋求幫助。輔導員以這些問題作為介入點，探索當事人的內在經驗，包括他們的所思所感、內心的對話與期盼等。成功的輔導視乎輔導員能否進入當事人的主觀世界，從他們的角度觀看，在他們的世界活一次。在輔導的過程中，當事人需要安全感，才可以打開心扉，讓輔導員進入他們的世界，輔導員的接納、尊重和諒解尤為重要。當輔導員能進入當事人的世界，才能以同行者的角色，引導當事人疏解心結。無論如何，輔導員是導航者，當事人才是自己生命的駕駛員，只有他們才知道自己想去的地方。

參考書目

1. Greenberg, L.（2003）. *Emotion-Focused Therapy: Coaching Clients to Work Through Their Feelings*. Washington, DC: American Psychological Association.
2. 引述自呂旭亞〈向心的深處，探尋療癒的真諦〉，載於瑪麗──路薏絲馮法蘭茲（Marie-Louise von Franz）著，易之新譯（2011），《榮格心理治療》。台北：心靈工坊，頁 11。

第三部
婚姻輔導

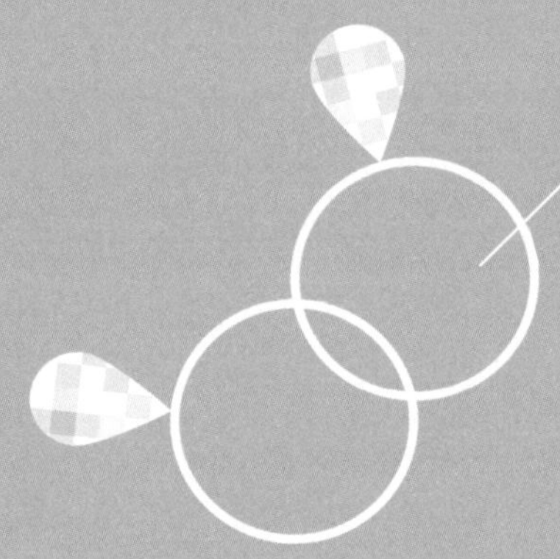

第五章

婚姻輔導常遇見的問題

5.1 決定婚姻關係的五項元素
5.1.1 誰作主
5.1.2 共通性
5.1.3 夫婦界線
5.1.4 情感聯繫
5.1.5 對婚姻的委身

5.2 婚姻關係的鑊區
5.2.1 親職責任
5.2.2 有關親職的介入要點
5.2.3 性生活
5.2.4 性生活的介入要點
5.2.5 姻親關係
5.2.6 姻親關係的介入要點
5.2.7 金錢
5.2.8 金錢事宜的介入要點
5.2.9 時間分配
5.2.10 時間問題的介入要點

5.3 結語

參考書目

婚姻關係最基本的單元是夫婦二人，而這段關係有五項決定元素（Lewis, 1998）[1]，包括夫婦誰作決定、彼此的共通性、界線、情感聯繫，以及對婚姻的委身。通常夫婦衝突，表象是親職責任、性事、錢財等分歧，但底層卻是環繞以下的心理情感元素，若輔導員要進入夫婦二人的內在世界，了解以下的元素，有助明白夫婦在爭論表象問題之下，究竟受什麼困擾。

5.1 決定婚姻關係的五項元素

5.1.1 誰作主

夫婦往往在這課題爭執：究竟是你聽我的，還是我聽你的？丈夫認為星期日最好在家裏休息，妻子卻認為是郊遊的好日子，大家各有道理，各執一詞，內心都認為自己的意見比配偶的好，究竟誰有決定權？另外，有些情況，一方為了避免因作決定而來的責任，不肯承擔，另一方感到孤軍作戰。

5.1.2 共通性

夫妻是否有共同的價值觀和志趣？他們對於如何分配時間、擺放婚姻家庭的重要性有沒有近似的觀點？若一個看重家庭，另一個把發展個人志趣放在首位，他們便會拉扯，想把對方改變過來，或爭取對方的認同。在過程中，若雙方都認為自己所着重的價值是對，便產生張力。

5.1.3 夫婦界線

誰可以參與夫婦界線之內的事情？丈夫希望妻子如他一樣尊敬和愛護他的父母，妻子則希望丈夫把她放在首位，任何丈夫想家翁家姑參與的事情都要先得她的同意。丈夫認為他的父母可以進入夫妻的界線，但妻子嚴格地保護這界線。若然沒有共識，這問題時常都會引來爭端。

5.1.4 情感聯繫

關係的親疏遠近繫於情感的分享，彼此的經驗是否獲得認同。很多夫妻處理事情的方法雖然有異，例如丈夫喜歡用實際的行動表達愛意，妻子卻喜歡以分享感受來與丈夫親近，夫妻是否認同對方的內在動機而容許表面手法有異？另外，夫妻能否彼此敞開內在自我，無懼脆弱的一面讓配偶認識？這往往是夫婦情感聯繫重要的一環。

5.1.5 對婚姻的委身

夫婦認為委身於婚姻重要嗎？夫婦是否對對方忠誠？在彼此委身的基礎上，夫婦邁向接納對方整個人，委身帶來安全感，讓雙方可以放下甲冑，表現真實的自己；若婚姻沒有不離不棄的承諾，彼此欠缺忠誠，合則來、不合則去，當遇到外來挑戰時，會很容易出現危機，例如婚外情、離婚等等。

5.2 婚姻關係的鐳區

有一些較常見的爭端，通常是夫婦尋求協助的原因，亦稱為夫婦關係的鐳區（Toxic issues）：

5.2.1 親職責任

一般來説，夫婦會因為下列情況發生爭端：

1. 教養方式

若妻子着緊孩子的功課，每日為孩子還未完成功課大發雷霆，丈夫卻站在一旁，不斷勸導妻子不要太緊張。夫婦一寬一鬆，結果，二人都不滿對方的教導方法。

2. 認為對方未盡其職

很多時候，媽媽會投訴爸爸只顧讀報紙、看電視，沒有盡心盡力投入與孩子共處的時間，平常也忽略孩子的功課進度，而爸爸也不斷自辯已盡力協助，可是怎樣做也未能令妻子滿意。

3. 孩子與父母氣質的衝突

有時候孩子與父母的氣質太相似，會很容易引發衝突。筆者聽過有父母説：「他太像我了，我不想他走我的老路，受這麼多的苦。」又或是孩子的氣質脾氣太像配偶，不想他擁有配偶的缺點，在不接納的情緒下，經常與孩子衝突，反映出對配偶的抗拒。

4. 對孩子抱不同的期望

個別家長對孩子抱有十分高的期望，希望他完成自己未了的心願，而另一位卻過分同情孩子，於是與配偶產生角力。

5. 孩子特別反叛，或有特殊困難

孩子的成敗得失往往被視為父母教導的成果，如果孩子有特殊的學習困難，如過度活躍症、讀寫困難，又或特別難管教，夫妻間的張力會擴大。

6. 對理想父母的期望不同

大多數父母都想盡心盡力做對好父母，但有什麼人可以借鏡？最直接參考的對象就是自己的父母、過往的童年經驗等等。由於夫妻的童年不一樣，於是對自己、對配偶如何做好父母的角色便產生不同的期望。

7. 育兒方式

夫妻原來已有不和，孩子出生後，很容易把不和的鏞區轉移到育兒方式上。若夫妻間有很多彼此不接納的地方而又未能化解，很容易在育兒的職分上重演不和的場面。例如妻子素來不滿丈夫信口開河的習慣，甚至曾因此而心靈受傷，她看見丈夫也如此教導孩子時，昔日的恩怨和今天的不滿便一併爆發。

5.2.2 有關親職的介入要點

1. 親職責任的期望

探討父母對彼此親職責任的期望，有沒有受制於男女角色的定型。有學者認為傳統的「媽媽主力，爸爸協助」（Mom is responsible, Dad helps out）是現代夫妻在育兒職分上不和的主因[2]。由於媽媽是最終的負責人，所以對孩子的功課、成長等，一般比爸爸緊張，當爸爸在旁不斷批評媽媽過分緊張時，有沒有檢視這套信念不公道的地方？夫妻又期望如何界定親職的角色？若他們以傳統的男女角色分工，那麼父親便要尊重媽媽在育兒上的決定，並且欣賞她的付出，而不是在旁諸多批評。若夫妻想採用男女平等的分工模式，就必須分工平均，共同負責，不可互相責怪，且要有一套共識的技巧。

2. 尊重和欣賞

鼓勵父母尊重和欣賞對方在親職上的貢獻。由於傳統上都是媽媽較多參與親職，爸爸以旁觀者或是玩伴的身分出現，有時爸爸批評媽媽過分緊張時，實在不能明白她所承受的壓力。例如，小至一雙鞋襪的擺放，大至每天照顧孩子的衣食住行，很多媽媽做了許多不起眼但十分重要的工作。若輔導員能引導爸爸不以評賞家自居，而多諒解妻子的壓力，主動幫忙，定會有莫大裨益。同時，很多時候，丈夫想參與親職事務，卻遠遠達不到妻子的要求，加深了挫敗感；若輔導員能引導妻子給予丈夫犯錯的空間，丈夫便能漸漸負上更多責任，妻子也有喘息的空間。

3. 未解的心結

探討夫妻間在育兒事上的不和，是否也反映他們原有的不和；了解夫妻間有什麼未解的結，以及他們有否把昔日的恩恩怨怨帶到今天的親職事務上。若輔導員發現夫妻間早就存在一些從未化解的恩怨，可以問他們是否需要處理，還是任它像夢魘般伴隨，甚或投射在親職事務上。

4. 埋藏的不滿

探討親職事務上的衝突是否涉及權力關係、夫妻懷疑自己在對方心中的位置，抑或不滿伴侶對家庭的委身等等。例如，妻子只記得孩子的生日而忘記丈夫的生日，丈夫可能不會直接表達內心酸溜溜的感覺，卻是以妻子太寵孩子為理由，有意無意阻撓她為孩子舉辦生日會。這表面上是舉辦生日會的爭議，但底層卻是「你是否還重視我」的疑問。只有在丈夫傾吐內心埋藏了的失望，而妻子又明白時，問題才有機會化解。

5. 家庭成員的三角關係

親職上的衝突可能涉及家庭成員的三角關係。最常見的例子是媽媽與孩子聯盟一起對抗爸爸。爸爸不滿媽媽在孩子面前經常數落他的不是，破壞孩子心目中的父親形象，而媽媽卻辯解這是爸爸行為的結果，若不是他做不好父親的職分，孩子怎麼會這樣對他。這種三角關係往往涉及夫婦原有的不和，若這種三角關係出現，便要探討夫妻間的關係，免得孩子成為夾縫的中間人。

6. 父母的理想形象

探討父母心目中的理想形象是怎樣的。有時候，父母會被過往未經驗證的信念影響，甚至成為這些信念的奴隸。例如，有些父母認為孩子生病是因為父母照顧不周，因此在這方面要求甚高，甚至不放心孩子參與正常的活動，惟恐孩子生病，結果孩子失去很多社羣的生活。如果可以，輔導員應幫助父母探討令他們受困擾的信念，這些信念的真確性，與及要維持這些信念的代價等等，讓他們重建一套育兒哲學。

7. 肯定父母的信心

有些父母，把孩子的成敗得失繫於父母的能力，父母承受重大的壓力，難以放鬆自己之餘，也把孩子牢牢的鎖在自己的操縱範圍內。當父母尋求協助時，輔導員最重要是肯定他們做父母的信心。若然輔導員把焦點放在孩子出現問題的成因上，間接令父母覺得是他們的錯，非但幫不了忙，而且會引來父母的反擊。其實，在親職上出現困難，父母已感到羞愧，輔導員必須着眼於父母做得成功的地方，讓他們重拾信心；也可引導父母接納孩子獨特的氣質，讓他們走自己的路。若父母能尊重接納孩子的獨特性，也會放鬆一點。

8. 成為榜樣

引導父母說出他們希望孩子成為怎樣的人，希望他們哪些強項影響孩子？例如，他們想孩子學習堅強、善良、勤奮，那麼孩子看見父母的堅強、善良與勤奮嗎？換句話説，這是引導父母明白怎樣身教。父母想孩子成為怎樣的人，首先要成為榜樣，讓孩子可從他們身上看到那些美德。

9. 學習接納異己

讓父母明白怎樣在孩子面前做一個能接納異己的榜樣，以及尊重他們可能不滿的對象。若父母不滿彼此的身教，可能會試圖改變對方，又或是以沉默表抗議，更甚者在孩子面前訴説對方的不是，那麼他們就不能以身教向孩子示範怎樣與異己相處；相反，若父母首先懂得接納異己，孩子也會從父母身上學懂。

5.2.3 性生活

夫婦關係與性事十分密切，婚姻關係出現張力的夫婦中，約有 50% 至 85% 呈現性事的困難 [3]。一般來説，夫婦性事上的困擾包括：

1. 壓力與疲累

生活壓力太大，日間工作疲累，晚上已筋疲力竭，再沒有餘暇和精力行房，性生活是例行公事多於享受。這是十分常見的問題，尤其在香港，曾經有報章報道本港夫婦的行房次數在亞洲區是最少的。面對種種生活重擔，這現象實在不足為奇。

2. 因尷尬而避談性需要

有時夫婦結婚多年也不能直接談論性事，有的即或在性生活上一直得不到滿足，但怕尷尬，不敢啟齒，於是把問題埋藏下去。有的丈夫突然向太太坦承自己有外遇，細問之下，才發現對方多年來在性生活上都得不到滿足。有的夫妻不正視性方面的需要，把問題投射在別的領域上。筆者見過一些丈夫，日間經常無緣無故發脾氣，細心了解下，才知道性事上的挫敗令他脾氣暴躁；而有些妻子不斷懷疑丈夫在外面金屋藏嬌，也是因為性事不滿足，卻沒有直接把問題提出，每每在其他事上繞圈子。

3. 性事成為夫婦角力的中心

夫婦關係出現張力時，性會成為表達憤怒的途徑，例如妻子不斷拒絕丈夫的要求，令丈夫感到難堪；丈夫視妻子為泄慾工具，批評妻子的身材樣貌，令妻子覺得受侮辱。

4. 夫婦關係不好，對性事提不起興趣

有時夫婦爭吵一場，可以透過歡愉的性愛和解，把雙方的關係拉近。但若夫婦經常處於不和狀態，彼此也不想再接近對方，關係會再進一步惡化。

5. 生理困難

除了關係的張力外，還有一些生理問題，會影響夫妻間的性事。男性較常見的是早泄和不舉，可能涉及生理的困難，也有心理因素，如男性想以性能力來表達自己的吸引力，加上種種心理壓力，以致過分集中在性事上的表現，產生焦慮[4]，反倒令性事出現困難。女性較常見的是下體疼痛，可能是生理原因，也有解釋是女性自我保護的自然反應，與心理因素更有關係。另一個困擾是性慾過低（Hypoactive Sexual Desire），不太想有房事，大多數女性解釋這是由於與配偶感情聯繫不足[5]，根本不想與配偶親近。

6. 夫婦的性反應循環不同

一般來說，妻子較需要前奏和愛撫以引起性慾，丈夫卻較快進入性高潮。若這方面的步伐不一致而又未能協調，夫妻便漸漸失去房事的興趣，尤其是妻子，覺得性事是令人煩擾的。

7. 身體與生理變化

女性的身體由於生理與身體的變化，例如乳房下墜、陰道鬆弛等，漸漸失去吸引力；有些丈夫更明言不再喜歡妻子的身段，令妻子心靈受創，因此在行房時，很難產生真正的聯合。

總括來說，夫婦在性事上的困難可以歸納為下列各點[6]：

- 生理因素；
- 對性的錯誤觀念；
- 缺乏在性事上的坦誠溝通；
- 缺乏性知識；
- 關係問題。

5.2.4 性生活的介入要點

1. 檢查生理原因

由於性反應涉及複雜的生理與心理互動，若夫婦受性事困擾，也要看看是否由生理因素導致。

2. 從心理及關係方面着手

關係方面，要探查夫婦的溝通、情感聯繫及如何解決衝突，了解他們會否以性事來表達關係的矛盾。除此以外，有些夫婦所遇到的困難，可能涉及一方深遠的創傷，例如性侵、焦慮症等等，當一方接受治療時，另一方的陪伴和諒解是很重要的。

3. 建議適當的參考

若夫婦決心改善性關係，可以參考一些練習，例如愛撫練習（Sensate Focus Exercises）（Masters & Johnson, 1986）、「停止─開始法」（Stop-start Method）（Kaplan, 1987）[7]，來幫助掌握性愛的技巧。另外，一些健康的讀物，也可以幫助夫婦解開性事的謎團。

4. 檢視性觀念

夫婦本來可以坦誠的態度表達性需要，但很多錯誤的性觀念令他們尷尬，以致難於啟齒。因此，輔導員一方面要對當事人的尷尬表示諒解，同時也要協助夫婦檢視性觀念，看看有沒有錯誤的理解，例如妻子以為主動表達需要是失去女性尊嚴，又或丈夫誤以為妻子拒絕行房是不尊重自己，不明白妻子可能因為身體疲累而未能回應等。坦誠檢視，能讓夫婦一同建立健康的性觀念。

5. 安排浪漫時刻

建議夫婦刻意安排一些浪漫時刻，或是以言語、書信表達愛意，令彼此心靈接近，在身體親密接觸時更容易投入。鼓勵夫婦坦誠分享加強性慾的方法，基於愛的緣故而願意為對方加添一些浪漫與情意。

6. 建立彼此的信任

性事的一個重要元素是信任，因為這是彼此赤露敞開的時候，需要雙方完全彼此接納。輔導員可以探討什麼因素阻礙這方面的信任，例如，擔心對方嫌棄自己的身材，心裏還在怨懟伴侶等等。夫婦要重建信任，才能享受性愛的歡愉。

5.2.5 姻親關係

「人要離開父母，二人成為一體」是現代婚姻的藍圖，但在香港，很多上一代的父母仍然懷着「我陳家娶了媳婦」的觀念看下一代的婚姻。雖然傳統大家族的觀念漸漸褪色，但這兩種文化還是不時起衝突。無論如何，夫婦結了婚並不等於只活在二人天地，事實上，他們要面對的是三個家庭：夫婦雙方的原生家庭，以及新組成的家庭。常見的姻親問題包括：

1. 家庭界線

有些上一代的父母仍然經常參與兒女的家庭事務，又或是期望女婿兒媳參與很多大家庭的慶典活動，如過年過節、生日，總是要大夥兒吃一頓飯。曾聽過很多女婿兒媳十分不習慣，有些乾脆拒絕出席，有些人在心不在，有些出席上半場，下半場借故離開。若夫婦不能諒解配偶對自己的原生家庭難以投入感情，或是未經配偶認同而讓自己的父母參與太多家庭事務，最後很容易弄得不愉快。

2. 誰作主

有些姻親問題不光是公公婆婆參與多少家庭事務，也涉及家庭權力的問題，尤其以婆媳爭執最為常見。由於家務的主人多是女性，例如怎樣料理家務、照顧丈夫孩子等，若兩位「女主人」同時有意見，那麼該是媳婦尊重婆婆的想法，還是婆婆退位讓賢，讓新一代作主？這種家庭權力的爭端經常發生，丈夫往往成為中間人，希望息事寧人，卻不知怎樣做，結果總是吃力不討好。

3. 不知向誰忠誠

香港新一代的夫婦，不論是金錢上，還是生活實務上多要肩負照顧父母的責任。若資源缺乏，便容易因為資源分配的問題引起爭執，例如，丈夫要給母親家用，又要支付孩子的補習費及課外活動費，該如何是好？妻子的母親患病，孩子也患病，究竟是盡女兒的責任先照顧母親，還是盡母親的責任先照顧孩子？

4. 與誰更親近

有些夫婦縱然結了婚，仍然與原生家庭的兄弟姊妹非常親近。若發生什麼事情，夫或婦首先與父母兄弟姊妹傾訴，配偶感覺被冷落一旁，內心酸溜溜的，甚至會嫉妒。但若就配偶與他的兄弟姊妹更親近而提出討論，又好像不合情理，尤其是對丈夫而言，妒忌妻子與她家人親近，好像有點小器、婆媽，社會價值也不認同。於是，丈夫不敢直接承認這些情緒，惟有勉強自己大方，可惜難以心悅誠服。

5. 對姻親家庭有不符合現實的夢想[8]

由於原生家庭或其他成長因素影響，兩人結婚後，或許對姻親家庭產生一些期望，例如妻子希望婆婆會像母親般愛護自己，或者與丈夫的妹妹成為好朋友等等。誰料結婚後，才發現婆婆要求甚高，丈夫的妹妹不知怎的又懷有敵意。夢想的幻滅、現實的適應，往往令人吃不消，夫婦可能會把困擾轉投在婚姻關係上，期望配偶可以解決問題，例如要求配偶向他家人說些好話，要他做中間人等；但礙於種種原因，配偶竟不願做一些看似簡單的事情，姻親的困擾成為夫婦間的齟齬。

5.2.6 姻親關係的介入要點

1. 了解問題成因

輔導夫婦面對姻親關係的衝突時，首先要詳細了解所有衝突的底蘊，究竟事情背後存在哪一種關係爭持？是誰作主的問題？界線的問題？姻親遠近的問題？忠誠的問題？還是期望不切實際？很多時候，夫婦會在很多生活細節上各持己見，輔導員要協助他們明白爭端底層顯示什麼關係中的情感問題。

2. 避免三角關係，鼓勵單獨接觸

姻親關係最常見的解決辦法，是以配偶做中間人，誤以為配偶與他的家人較親近，說話一定比自己有影響力，但這種傳訊方式往

往吃力不討好。中間人本已感到左右為難，偏偏配偶與姻親雙方，都認為他們的意思和想法在傳達過程中被曲解，最後三者都是輸家。故此，輔導員要鼓勵夫婦直接與姻親建立關係，建立直接溝通的渠道，免卻中間人之苦，也能減少間接溝通帶來的誤解。

3. 發展與姻親相處的模式

根據 Jackson & Berg-Cross[9] 的研究，姻親間相處常見有四種模式：

- 有技巧地堅持己見：婆婆建議怎樣做家務時，媳婦承認其做法的好處，但仍然按自己的想法去做；
- 逃避：媳婦對婆婆的意見不置可否，或是充耳不聞；
- 順服：縱然媳婦未必同意婆婆的意見，但依然順從；
- 反抗：媳婦表達不同意婆婆的方法，提出怎樣才是最好。

採用順服方法的媳婦，與家姑關係是最好的，但最常見的策略是有技巧地堅持己見。究竟這四種方法中，哪一種是夫婦認為最適合自己的方式？在衡量保持良好關係與堅持己見的情況下，以什麼作首要考慮？輔導員可以引導當事人定出他們的答案。

4. 分享原生家庭圖

一些在配偶看來十分不合理的現象，往往是另一方最需要被諒解的地方。分享夫婦的原生家庭圖，例如信念、價值觀、習慣、創傷等等，會有助夫婦以體諒的心進入彼此的世界，而不是用審判的眼光評價配偶的行為。

夫婦多分享原生家庭的事件，會有助雙方以合乎現實的態度了解彼此的家庭。有時，夫婦錯誤地假設配偶不喜歡自己的家人，儘量少在配偶面前提及他們，免得不愉快，怎知愈不知情愈多誤解。所以，夫婦多分享自己的原生家庭生活，如兒時的樂趣、成長的際遇等，會有助夫婦更立體地認識雙方的家人。分享的時候，夫婦可以訂立一些聆聽的原則，例如不可妄加判斷、不説一些中傷的話等等，目的是幫助了解和認識，而不是搜集罪證，待衝突發生時用來攻擊對方。

5. 以欣賞的角度看姻親的行為

婚後，雙方的原生家庭可能都對他們作過貢獻，例如金錢上的協助、照顧兒女等等，甚至在危難時，家人曾無私地伸出援手。夫婦如以欣賞的角度數算姻親的貢獻，會幫助彼此包容那些看不順眼的地方。

6. 檢視期望

不接納姻親，可能涉及自己一些不符合現實的期望和假設。夫婦懷着自己在原生家庭的成長經歷，對姻親家庭產生一些期望。因此，輔導員可以幫助夫婦檢視自己隱藏的期望和假設，看看是否與現實相符。筆者見過一對夫婦，妻子潛藏着很高的期望與婆婆相處，希望自己能做一些事情，討她喜悅，令她喜歡自己；後來在輔導的過程中，她意識自己這個期望，又知道婆婆最愛錫的人始終是丈夫。她頓然知曉無論她做什麼，都無法如丈夫般，成為婆婆心目中同等愛錫的人，有了這個意識，她與婆婆相處也輕鬆了。

7. 認同感受

輔導員鼓勵夫婦分享時，儘量認同配偶在姻親關係方面的感受和困難，認同感受並不等於認同意見，莫以為認同配偶的感受就是背叛自己的原生家庭。反之許多時候，雙方在感到被聆聽，感受得到認同時，會較容易放下偏見，以體諒的心情進入配偶的原生家庭。

8. 訂立義務和責任

鼓勵夫婦商討對彼此原生家庭最基本的義務和責任，如出席一些大時大節的聚餐，雖然配偶未必享受其中，但也算是一種愛的表達。

9. 開放溝通的渠道

雙方對彼此原生家庭的投入、參與和義務，會因應發展階段而變化，因此要鼓勵夫婦保持開放的心情和溝通的渠道，以真誠和體諒的態度商討彼此在不同階段的適應。如新婚時雙方父母的身體仍壯健，所需的照顧時間有限；但隨着年月增長，父母漸漸年邁，夫婦在金錢和時間上可能會付出更多。

10. 為下一代樹立榜樣

夫婦怎樣對待父母，正是對孩子的身教。若今天以短視的角度排斥年邁的父母，他朝孩子可能會以同樣的方法對待自己，到時恐怕後悔已晚。因此夫婦商討如何與姻親相處時，輔導員可引導他們從教導下一代着眼，想一想希望下一代以什麼態度來對待曾養育他們的父母，然後以身教實踐出來。

5.2.7 金錢

俗語説：「貧賤夫妻百事哀」，一語道破金錢與夫妻的關係，尤其是在香港這以經濟掛帥的社會，生活質素與金錢密不可分。在很多人心目中，金錢是維持生活穩定和安全感的要素，因此往往成為夫婦衝突的鐳區。衝突包括以下各方面：

1. 如何運用金錢

這裏涉及價值觀以及誰作主的問題。在價值觀方面，一方可能認為賺取金錢是為了享受生活，幹嗎不大吃大喝享受一番，另一方卻要積穀防飢，有錢最好先儲起來，以備不時之需；又或認為無論誰賺的錢，都必先放在家庭和孩子身上，個人享樂是次要的。這時衍生誰作主的問題，就是關於運用金錢的權力和怎樣分配，哪一方有權決定家庭收入怎樣使用。

2. 男女角色

一般都視男性為維持生計的主力，女性的收入比男性少不是問題。根據一些調查顯示，丈夫收入增加時，夫婦關係的滿足感亦會隨之增加；若妻子收入增加，反導致婚姻關係不穩定，離婚的機會也提升[10]。由此可見，金錢亦涉及兩性角色的問題。從前線經驗觀察，男性一般以自己收入衡量自己的價值，而女性也以丈夫的收入來評價自己在婚姻中的幸福感。

3. 私房錢

有些人認為擁有私房錢是保護自我空間，配偶卻認為夫婦既是一家人，什麼都應是共有的，要是誰有危難，另一方應毫不計較地幫助，更別説什麼借貸還款。但認為要保存自我空間的一方，覺得既然雙方運用金錢的方法有異，辛辛苦苦儲來的私房錢該是屬於自己，如配偶有困難需要向自己借貸，便有義務歸還。當中涉及「個人空間」與「共有空間」的界線問題。

4. 經濟困難觸發信任危機

在經濟不景氣時，很多家庭都負上重重債務，有些甚至面臨失業、破產等，這些家庭常見的爭端不單是經濟難題，夫婦更是互相指摘埋怨，彼此失去信任或互相欺騙等，這些問題往往比經濟危機更難處理。

5.2.8 金錢事宜的介入要點

1. 釐清問題的本質

很多夫婦把關係和經濟的問題混為一談，輔導員首先要釐清他們面對的問題。夫婦往往因為經濟問題而把過去的舊恨一併數落，若要處理客觀的金錢問題，他們要理性分析各種可能及利弊，選擇一個最合適的方案。若是涉及彼此的關係問題，那麼金錢上的困擾反映什麼現象？是否權力分配不均？是否配偶未被尊重？是否一方所付出的不被欣賞等等。先讓夫婦決定究竟先解決經濟問題，還是處理關係問題為首要。

2. 求同存異

若問題涉及雙方運用金錢的價值觀，輔導員可讓他們分享成長的經歷。大多數價值觀的形成都與成長有關，甚至起源於過去一些受創的經歷。這時候，應該開啟成長經歷向度，讓夫婦不再受制於過往的陰霾，重新訂定運用金錢的原則。

另一方面，盡可能鼓勵夫婦求同存異，例如丈夫要享用金錢，太太要積穀防飢，丈夫怎樣回應妻子的需要，而妻子又怎樣在可能範圍滿足丈夫的需求？很多時候，問題的出現是因為夫婦採取非此即彼的態度，然而日常生活的事情並不是各走極端的，丈夫並非全盤否定儲蓄的重要，而妻子也不至於要做苦行僧，只要不過分花費也是可接受的。

3. 尋求夫婦共識

「個人擁有」與「共有」的問題是較難處理的。輔導員可發掘夫婦共同的原則，可能發現他們彼此分歧不大。例如，夫婦認為子女的事情是共同的責任，同意危難時彼此幫助等等，先發掘他們共通的地方。這樣，他可再為某些行為賦予新的意義，例如，妻子要丈夫還款，不是因為計較，而是認為他該為自己所做的事情負責，而儲蓄最終都是用在家庭、兒女身上。

4. 打破傳統男女角色定義

丈夫妻子收入高低的問題，常常涉及傳統的男女角色定義。在我們的社會，不論男女，都以男性賺錢的能力衡量他的價值，而女性擁有這種能力卻是挑戰男權。為了保障家庭幸福，很多女性甘願自限，寧願屈居丈夫之下。然而，一旦女性的工作賺錢能力超越男性，輔導員便要以尊重的態度檢視夫婦的傳統觀點，究竟他們是甘願成為這種傳統思想的奴隸，還是要跨越它？夫婦要以彼此的委身和婚姻幸福為首要考慮，還是受制於傳統觀念，即男性一定要比女性會賺錢？

5. 着眼金錢以外的世界

除了金錢，夫婦關係還有很多元素，例如過去怎樣渡過困難的時刻？曾怎樣為對方花心思？金錢在資本主義社會中是決定成功或幸福的要素，但若夫婦把視野拉闊一點，不光定睛於金錢上，自能看見金錢以外的世界，或許就能認定親情、愛情的可貴。

5.2.9 時間分配

香港人生活繁忙緊張，時間分配成為夫婦間另一常見的爭端，衝突包括以下範圍：

1. 家務處理

香港很多雙職夫婦整天忙碌工作之餘，回家亦要處理雜務，令人疲累不堪。有時丈夫還可以名正言順回家休息，但對妻子來説，下班回家只是另一工作的開始。在重重壓力下，很多妻子都心浮氣躁，碰上不體諒的丈夫，還埋怨妻子過分緊張，實在吃不消。

2. 女性的雙重壓力

除了家務，照顧孩子也花去妻子無數心力。即使妻子已參與勞動市場，大多數丈夫仍然覺得照顧家庭是妻子的責任，而這方面的工作是極為吃力不討好的；妻子做得好是理所當然，做得不好則是罪過。很多丈夫仍然以協助者的身分自居，在百忙中若能抽空料理家務與照顧孩子，便要諸般欣賞；若不參與，妻子就要承擔整項責任。

在社會層次方面，整個社會仍以寬容的態度看待男性做家務和照顧孩子的事情。而且，丈夫可以事業為重，視家庭為後防，在工作重重圍困時，常常會犧牲與妻子溝通的時間，放棄與子女相處的時間，更遑論會做家務、帶孩子。

3. 工作與情感的矛盾

面對男女角色定型、工時過長、情感需要的互相拉扯，夫婦不知如何定位。很多丈夫似乎沒法掙脱社會給他們的框框，仍然以事業為重，有時妻子希望丈夫多些陪伴，卻被批評要求太多，不夠體諒。一幅典型的夫妻互動圖就此衍生：丈夫沒法回應妻子的訴求，可能以沉默來逃避，又或者指控太太過分緊張、要求太多；妻子沒法得到丈夫的情感回應，既失望又自責。有些變得情緒波動，索求更多，有些變得憂鬱，連最基本的工作也做不來，夫婦二人都成為時間張力下的犧牲品。

5.2.10 時間問題的介入要點

1. 把問題定位在環境中

在時間的張力下，輔導員協助夫婦把問題定位在環境中。即是把問題的成因，用環境的角度來分析，不判斷夫婦誰有問題。有時夫婦把外在壓力變成互相指控，無辜地成為環境的代罪羔羊，輔導員可以指出在時間的張力下，夫婦有什麼互動形態，才不致把問題個人化，誤以為是彼此的人格問題，造成更大傷害。適當地把問題定位，更可讓夫婦聯手對抗環境的限制，如詢問夫婦：「在種種時間的張力下，你們可以怎樣共同解決這方面的困難？」

2. 檢視社會的影響

與夫婦共同檢視社會加諸在他們身上的框框，看他們怎樣成為當中的犧牲品。若然丈夫不斷追求事業成就，輔導員能問他生命最終的追求是什麼，為什麼這項追求成為他生命首要的考慮，從而引導他注意社會給他的壓力，並考慮分配時間的問題。

3. 鼓勵以同理心分擔重擔

給予妻子空間，讓她分享在工作與照顧家庭方面的壓力。很多時候，在所謂「緊張」、「執著」的背後，是不為外人道的重擔，鼓勵丈夫以同理心去體諒，而非批判，並給予具體的支持，而非高高在上的提意見。

4. 找尋生活的小樂趣

生活環境實在嚴苛，輔導員能協助夫婦尋找生活小樂趣。一次筆者參與訓練工作坊，主持導師 Peter Fraenkel 與我們玩了一個遊戲，名叫「一分鐘浪漫」。遊戲要求夫婦用一分鐘表達對對方的愛意，又或是增進彼此的樂趣。後來，筆者曾在某些夫婦身上試行，發現很多夫婦都具有創意，一分鐘可以做很多事情，例如：說「我愛你」、傳達簡單的心意、給對方一個吻、畫一張有趣的卡通、向對方扮鬼臉等等，在時間的限制下，也不失為可行的方法。

5. 給予對方肯定

在雙方都感到壓力時，很容易把配偶為自己所做的事情當作應分，忽略了肯定和感激對方。有時，在輔導室中鼓勵夫婦向對方表示感謝，就是一句簡單的認同，也可換來感觸的眼淚。

5.3 結語

現代夫婦除了在情感上建立親密的關係外，也要面對生活上的挑戰，親職責任、性事、姻親關係、金錢、時間分配等，都是較有可能引起衝突的領域，所以，輔導員在這些方面要反省，諒解夫婦在不同領域經歷的心情。輔導員不是將一個理想模式套在夫婦身上，重點是引導他們探索這方面的經驗，從而衍生互相體諒、尋求共識，或是從現實中尋找可接受的出路。

參考書目

1. Lewis, J. M. (1998). "For better or worse: Interpersonal relationships and individual outcome". *The American Journal of Psychiatry*, Vol. 155. 582-589.
2. Taffel, R. (1994). *Why Parents Disagree: How Women and Men Parent Differently and How We Can Work Together*. NY: William Morrow.
3. Metz, M. E. & Weiss, K. E. (1992). "A group therapy format for the simultaneous treatment of marital and sexual dysfunctions: A case illustration". *Journal of Sex & Marital Therapy*, Vol. 18(3), 173-195.
4. Masters, W. H., Johnson, V. E. & Kolodny, R. C. (1986). *Masters and Johnson on Sex and Human Loving*. London: Macmillan.
5. Hurlbert, D. F. (1993). "A comparative study using orgasm consistency training in the treatment of women reporting hypoactive sexual desire". *Journal of Sex & Marital Therapy*, Vol. 19(1), 41-45.
6. Berg-Cross, L. (2001). *Couples Therapy*(2nd ed.). NY: Routledge.
7. Kaplan, H. S. (1987). *The Illustrated Manual of Sex Therapy*(2nd ed.). NY: Brunner/Mazel.
8. Horsley, G. C. (1996). *In-Laws: A Guide to Extended-Family Therapy*. NY: John Wiley & Sons.
9. Jackson, J. & Berg-Cross, L. (1988). "Extending the extended family: The mother-in-law and daughter-in-law relationship of black women". *Family Relations*, Vol. 37(3), 293-297.
10. Booth, A., Johnson, D. R., White, L. & Edwards, J. N. (1984). "Women, outside employment, and marital instability". *American Journal of Sociology*, Vol. 90(3), 567-583.

第五章 婚姻輔導常遇見的問題

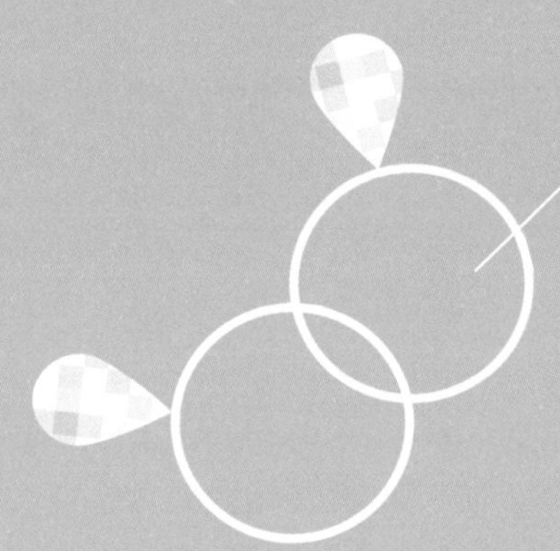

第六章

婚姻的舞步

6.1 婚姻舞步的藍圖

6.1.1 藍圖簡介

6.1.2 不同層次的適應

6.2 婚姻的舞步

6.2.1 熱戰的夫婦

6.2.2 熱戰的夫婦介入要點

6.2.3 你追我避的夫婦

6.2.4 你追我避的夫婦介入要點

6.2.5 依賴失衡的夫婦

6.2.6 對依賴失衡的夫婦介入要點

6.2.7 冷戰的夫婦

6.2.8 冷戰的夫婦介入要點

6.3 結語

參考書目

婚姻舞步的藍圖

成長的歷史：個人、家庭、文化
消化吸納經驗
丈夫身體
潛意識的部分
思想 情緒 需要 渴求
需要被看見
行為（防衛）
熱戰型
追避型
依賴失衡型
冷戰型
大社會環境
行為（防衛）
需要被看見
思想 情緒 需要 渴求
潛意識的部分
妻子身體
消化吸納經驗
成長的歷史：個人、家庭、文化

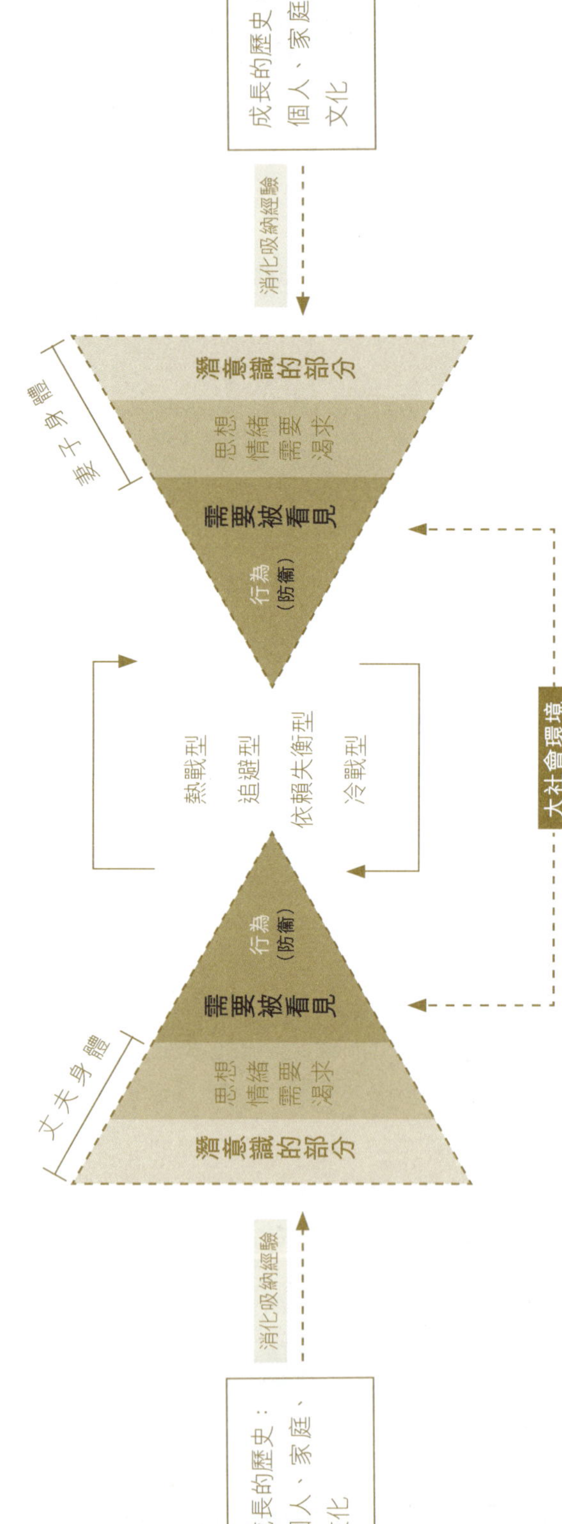

6.1 婚姻舞步的藍圖

雖然夫婦產生不和的生活內容有異，但不和的互動型態卻有共通的特點，他們不能心口如一地表達內心脆弱的部分，反之為了保護脆弱的心靈，造出傷害彼此的行為，把關係拉遠。

6.1.1 藍圖簡介

- 夫婦相處離不開大社會的環境，它提供了一個夫婦相處的論述。如，從前的夫妻要相敬如賓、今天的夫妻要坦誠溝通等等。
- 夫婦雙方受着他們各自的成長歷史影響，包括個人際遇、家庭環境、文化處境等等。
- 各自都消化了環境的影響，成為個性的一部分，這裏是指夫婦各自的內在世界。
- 人有保護自己脆弱的傾向，內在世界不一定被呈現，而呈現的外顯行為未必真實反映當事人的內在經驗，然而他們卻想被看見。
- 夫婦都以保護自己的外顯行為與對方相處，形成相處的舞步，包括熱戰、追避、失衡的依賴、冷戰等。
- 夫婦的相處，除了互動型態外，也因其親密程度，發展了不同層次的適應模式。

6.1.2 不同層次的適應

- 應付的層次：雙方合作只為應付現實要求，例如，照顧孩子、家庭經濟等等，沒有太多情感分享。
- 互相適應的層次：在相處上彼此都作一些協調，如大家知道什麼可以期望，什麼不可以。而且，在應付現實需要外，彼此都有一定程度的分享。
- 彼此分享：夫婦在情感、心理的層次上分享，彼此也會回應對方的依附需要。
- 醫治與修和：在關係中的傷害得以醫治，便能轉化、提升關係的層次。
- 彼此是對方的屬靈伴侶：夫妻水乳交融，彼此你中有我、我中有你。

6.2 婚姻的舞步

婚姻由二人組成，在組合調適的過程中，要不斷適應、遷就，經歷不同階段。家庭從二人世界開始，養兒育女，至空巢階段，最後面對配偶離世[1]。在婚姻的不同階段，夫婦可能發展出不同類型的舞步，以下是在輔導室經常出現的互動形態，筆者會介紹每一種形態需要特別留意的地方。

6.2.1 熱戰的夫婦

熱戰型夫婦一般最引起關注，因為他們經常以爭吵、激辯來處理衝突。這類夫婦慣於彼此指控，各說對方的不是，卻難於承認責任；縱然是自己憤怒，也會認為是由對方引發的，是對方令自己失控。

就筆者的觀察，熱戰型夫婦是十分糾纏的類型，不少輔導員都會覺得困難。他們不斷向周遭的人訴苦、宣稱離婚；但申訴過後，會有一段平靜期，表達事情已好轉了。在大家以為滿有轉機的時候，新一輪的衝突又再爆發。如是者激戰、平靜循環不斷，令身邊的人，甚至是夫婦雙方都疲累不已。

在細心聆聽他們互動時，會發現下列關係特徵：

1. 較難接受別人與自己的期望不同

舉例說，丈夫興高采烈邀請妻子外出吃飯，卻遭妻子拒絕，丈夫像被澆了一盆冷水，情緒突然由友善的邀請變為惡意的攻擊，怒火在一瞬間冒升；若妻子按捺不住，報以還擊，便會悲劇收場，破壞了好的開始。

2. 依賴別人的認同

心理學認為，一個成熟的人可以分辨自己與別人的感受是不同的。我喜歡吃魚，但你討厭吃魚，這表示二人有不同的經驗。雖然大家不同，對我沒有造成困擾。但對於熱戰型的夫婦來說，別人否定他的感覺就像否定了他一樣，就如你討厭吃魚，似乎表示你認為我吃魚是沒有品味，否定了我的尊嚴。又或你拒絕我對你的邀請，就代表你不接納我。他們過分依賴別人的認同，難於接納別人否定自己的意見，甚至感到傷害，然後以怒氣保護自己，以攻擊討回公道。

3. 不能接納自己不完善的地方

熱戰型的夫婦一般較難接納自己不完善的地方，對人對己要求甚高，一旦聽見配偶批評自己，哪管是一些微小的批評，如今天做的菜不好吃、衣服顏色不搭等等，他們情緒上難以接受，認為對方不欣賞自己，就報以憤怒的反應。

4. 認為受制於對方的言行

他們大都認為自己的反應是對方的行為造成的，因為對方説話語氣重、因為對方不領情，因為對方……彼此都覺得只要對方改變，衝突就可以化解。這想法意味着當事人不用為自己的情緒負上責任，也不能為自己的情緒做什麼。若對方不肯改變，爭執就會繼續，雙方都感到無奈。

5. 認為自己付出了很多

很多熱戰型夫婦都願意為關係努力——男的願意為妻子做家務，周日安排活動；女的不斷接受輔導，希望更了解彼此的關係，更懂得與丈夫相處。但有趣的是，雙方都覺得自己做了很多，而對方不懂得欣賞，在感覺委屈的情況下，碰上生活偶發的不如意事件，便很容易爆發強烈的衝突。

6. 以激烈的衝突來聯繫

這類型夫婦不善於表達內心脆弱的感受，彼此深入接觸就是激戰的時候；有時在激戰過後，甚至出現一段甜蜜期。縱然他們不斷宣稱離婚，甚至短暫分離，但實際上，他們誰也不可以缺了誰，關係十分持久[2]。

7. 以負面的角度猜度對方的動機

若我們細心觀察，不難發現這類熱戰型夫婦，在壓力下經常以負面的角度猜度對方的動機，例如對方心情欠佳而沉默不語時，另一方便認為他想用難看的面色令自己難受。基於這些負面的假設，言語間常帶着怒火和挑釁，而對方又以類似的理解閱讀所收到的信息；如是者，彼此都感到被誤解，溝通的結果似乎是愈來愈糟。雙方都不是在聆聽、釐清事實，而是認為對方故意攻擊，因此要跟他算賬，但對方又硬是不肯承認，衝突很快便升級了。

8. 雙方都覺得被誤解，尊嚴受損

熱戰的催化劑，是雙方都用了很多判斷的字眼，例如「太自私」、「太不負責任」等等，這些具攻擊力的判斷，容易傷及彼此的自尊，雙方都覺得被誤解和被傷害。由於彼此都沉溺在自己的痛處，很難看見自己也是攻擊的一方，只覺得自己在自辯，說事實而已。

除了上述的關係特徵外，還有一些環境因素，加劇了夫婦的熱戰：

1. 生活壓力大，彼此身心疲累

在香港，工時長，責任多，休息少，生活壓力巨大。很多夫婦都要外出工作，回家已疲累不堪，加上子女學業的要求，更是百上加斤。即使一個很有修養的人，也難免脾氣暴躁，要是雙方都遇上困難，就不知哪一方可以遷就和讓步。

2. 時間限制了溝通、復和的機會

日常生活的衝突在所難免，在充足的時間下，夫婦可以藉着溝通化解誤會；但在有限的時間裏，誤會無法化解，於是積存下去，在一些條件誘發下便爆發出來。另外，在巨大的壓力下，彼此都很難容納對方犯錯，縱使生活上一些微小的錯誤，也可以觸發一場你死我活的離婚罵戰。其實，很多熱戰型夫婦本來就要求高，情緒較緊張，要與一個在自己眼中經常犯錯的配偶相處，實在難以容忍。

3. 長久憤怒未能饒恕，易生報復的怒氣

長久累積的憤怒，若未能以饒恕化解，很容易產生報復的怒氣（Retaliatory anger）[3]。由於對方曾做出傷害自己的行為，自己內心未能平服，可能會刻意攻擊對方，例如貶低對方、刻意沉默、情緒操控等。在內心深處，這些惡性攻擊是盼望對方承認所犯的錯誤，還自己一個公道；但惡意攻擊同樣傷害了對方，引發對方報復的憤怒，這樣只有惡性循環，糾纏不清。

6.2.2 熱戰的夫婦介入要點

了解熱戰型夫婦的特徵之後，從輔導的角度，可以有以下介入方法：

1. 評估關係狀態

首先必須評估夫婦關係的狀態，看他們能否一起討論？評估的範圍包括：

- 他們彼此的怒氣是否到了不能自控的地步？若有第三者在場時，可否作建設性的討論？
- 他們尋求輔導的目的，是為了證實對方的錯，還是要改善彼此的關係？他們對彼此的愛意、善意在哪裏？
- 他們有沒有共同關注的課題（例如孩子）？為了孩子，他們願意讓步嗎？
- 他們之間有沒有暴力發生？在輔導室傾談完畢，他們回家後會否用暴力傷害對方？

2. 面見方式及保密原則

評估後，若雙方都想改善關係，接受婚姻輔導，便要決定暫時採用單獨面見還是共同面見的方式。單獨面見的目的是藉輔導員疏導當事人的怒氣，甚至幫助當事人重覓對配偶的正面情感。但在單獨面見的時候，需要得到雙方同意，他們不會透過輔導員探聽對方的私隱。他們可以直接溝通，但不可要求輔導員透露單獨面談時的內容；除非是涉及對婚姻忠誠、人身安全等問題，不然的話，他們要尊重輔導保密的原則。

另外，單獨面見的目的是為共同面見作準備，單獨面見一段時間，便需要加插共同面見的節數。輔導背後的理念是夫婦始終需要直接溝通，只是在關係太緊張時，才以單獨面見緩衝。

3. 顧及拒絕輔導的一方

若只有一方尋求協助，另一方拒絕接受輔導，便要採用單獨面見的方式輔導，希望藉一方的成長帶動另一方的轉變。這種做法，需要輔導員不時用兩副眼鏡來理解夫婦的狀況；一副眼鏡用來明白當事人的心聲、感受，另一副眼鏡用來解讀缺席一方的心情，諒解那一方的處境。輔導員要明白另一方拒絕接受輔導的原因，可能包括：

- 他太憤怒，拒絕與配偶合作；若當事人能表達一些善意，給予配偶一些空間，可能在怒氣過後，另一方會願意找中間人調停夫妻間的爭執。
- 對第三者有戒心，不想家醜外傳，不信任外人，逃避別人目光，這是最困難的處境。雖然如此，輔導員也要諒解另一方的心理壓力，同時帶動當事人諒解及尊重配偶的處境。
- 怕輔導員不夠中立，偏幫尋求輔導的配偶。輔導員可嘗試直接接觸另一方，表達願意以開放的心諒解，或者以書信代言，嘗試代入拒絕輔導一方的想法，讓這一方對輔導員產生信心。不過，在直接與另一方接觸前，必須經當事人同意，亦要詢問當事人缺席配偶可能出現的反應，才作出適當的安排。

4. 面見須知

輔導這類熱戰型的夫婦要花上很多心力，因為他們喜歡把輔導員拉到自己的陣線上，期望多一句公道說話，撫平自己內心的委屈。因此不論是單獨見面也好，共同見面也好，都要留意以下數點：

- 避免用判斷性的字眼，而用描繪或感受的字眼道出當事人的內心需要。若果當事人討厭丈夫回家後板着嘴臉，要全家人看他的臉色，問輔導員覺得丈夫是否太自私時，輔導員可以回應說：「你看見丈夫板着嘴臉時，感到憤怒，是否希望他主動關心一下你的情況？」前半句是感受，後半句道出當事人的需要，感受較容易分辨出來，但要了解當事人的需要，則視乎當事人具體的處境。若未能根據當事人的描述而知道她的需要，也可以直接問她在憤怒背後，希望丈夫有什麼反應，而又反映她有什麼需要？
- 對一些熱戰型的夫婦來說，最困難是明白自己的內心 —— 究竟我有什麼感受？有什麼需要？對方令我感到憤怒的行為對我有什麼意義？⋯⋯ 他們甚少接觸自己內心的處境，焦點往往放在配偶的一言一行上，以應然的態度判斷對方的是與非。輔導這些夫婦要幫助他們察看自己的內心，除了憤怒之外，還有什麼思想、感受和需要。
- 雙方都需要輔導員給予足夠的空間傾訴委屈，輔導員在事理上避免作出判斷，但可在感受和經驗的層次給予認同。例如說：「你覺得在丈夫心目中的位置不重要，因此很傷心」，又或「你覺得做了很多事情而不被認同，有時真的感到很難堪」。

- 在聆聽彼此的故事時，讓他們感受輔導員是明白他們的，從而減低他們申訴的需要。另外，有些夫婦需要輔導員規定發言的空間，在對方表達時不插嘴，而雙方會各有時間表達自己的心聲。否則，你一言我一語，爭論不休，就會失去在輔導室面談的意義。

- 如果可以，輔導員要指出雙方思想上的謬誤，例如，他們未經對方澄清，便假設對方動機不良？對方一時錯失，便一口咬定對方是個自私的人？曾輔導一對夫婦，妻子一口咬定丈夫不住提供意見是不尊重她。當筆者收到妻子的訊息後，便打算給丈夫澄清的機會，於是丈夫藉此批評妻子不能接受意見，他同樣假設妻子不接受他的意見是心胸狹窄。經過輔導員的探索，原來丈夫給予意見，是他恐怕自己對這段婚姻的貢獻不足，是個不稱職的男人，並無不尊重妻子的意思；妻子不想聽丈夫的意見，是她內心很多拉扯，聽了很多意見，與其説她心胸狹窄，不如説她不知如何選取，已無力應付。

- 輔導員要明白一些難於理解的爭論背後，可能牽涉一些還沒疏解的歷史心結，以致他們在一些看似微小的事情上爭論不休。例如，配偶曾發生婚外情，以致對配偶的一言一行完全失去信心；又或在最需要另一半的時候，對方竟以一些自私的原因出賣了配偶，今日縱然再表達好意，也難以彌補當日的創傷。若有過去的傷痕，便要面對甚或以饒恕來化解。

- 當中或許牽涉原生家庭的創傷。縱然不是由配偶造成，也會背負着陰影。輔導員深深體諒當事人的受傷經驗，會讓當事人得到諒解，容易看見客觀的事情。之後，引導當事人明白過去在原生家庭所經歷的傷害，不一定會在今天重現，例如配偶忘記自己的生日，不是故意要自己難受，不要以之等同於當日父母刻意忘記自己的生日，令自己難堪。運用的原則是先諒解當事人的主觀感受，才提供另外的角度。

- 在安全的氣氛下，可由表象的爭論漸漸進入當事人內心深處，了解他的思想、感受和需要，更重要的是找出一些連當事人也不能接納自己的地方。例如，當事人接納不了自己做事有瑕疵，因此不能接納配偶的批評。因着當事人不能接納自己，當配偶不慎觸及這些脆弱的地方，便不由自主地反擊。若彼此以誠實的態度來面對自己的陰暗處，除了可以更接納自己，還可讓配偶認識一個放下盔甲的人，彼此心靈可以赤露地相遇，不再需要借用指控的言語與對方聯繫，而改用真誠、直接的對話。
- 若需要的話，彼此可向對方真誠道歉。熱戰型夫婦很容易因衝動做出傷害對方的行為，然而無論一個人有多少苦衷，仍須為自己所做的行為負上責任。當看見自己的行為造成別人的傷害時，不作辯解，真誠道歉，是成長重要的功課。輔導員引導熱戰型的夫婦看見自己傷害配偶的行為，衷心致歉；這樣做一方面是認同對方的感受，化解對方的怒氣，另一方面是誠實面對自己，做個負責任的人。

以上的輔導歷程很漫長，有時夫婦經歷一個又一個循環，才漸漸放下熱戰式的溝通，輔導員可以根據蛛絲馬迹，幫助夫婦察看每一次的進步和改變。夫婦可能會因為自己不斷跌倒，覺得愧對輔導員，故此輔導員先要接納他們的困難，他們才會敢於表達自己的不足；同時要讓他們看見，自己的努力會帶來成果，付出並非枉然。

這類型夫婦另一個普遍的特徵是間斷式的求助，意即夫婦在衝突很嚴重時，會需要輔導員介入，一輪衝突後回復平靜，就不再需要協助；到新一輪衝突發生時，輔導員才可以再次介入。輔導員就是在一個接一個的循環中協助他們明白自己，並諒解配偶，接納配偶與自己不同，從而幫助他們的關係慢慢地真正親密起來。

6.2.3 你追我避的夫婦

一般來説，這類型夫婦的表現是一方諸多不滿，另一方報以沉默，迴避對方。不滿的一方繼續催迫，直至逃避的一方還以顏色，最後引發衝突；衝突過後，逃避的一方繼續用沉默來面對配偶[4]。因此，從表面上看，是一方很想為關係努力付出，而另一方卻滿不在乎；又或是一方迫人太甚，使另一方完全失去自我的空間。簡單而言，一方是情感追逐者，另一方是情感逃避者。他們的關係特徵如下：

1. 喜歡的模式不同

情感追逐者喜歡與人產生聯繫，而情感逃避者喜歡獨處，或對事物更感興趣。前者慣於表達自己，後者則慣於收藏自己。

2. 處事手法不一致

通常情感追逐者的效率較快，而且急躁；情感逃避者較緩慢，做事傾向審慎。如是者，速度快的一方不滿配偶做事拖泥帶水，速度慢的一方則怕配偶給予太大壓力，害怕失去個人空間。

3. 情感追逐者寧願配偶咆哮，也不要被漠視

很多時候，情感追逐者會以憤怒來表達不滿，不住的投訴，但配偶不加理會，又或是敷衍回應，然後又沉迷於他所喜歡的世界。對情感追逐者來説，投訴的背後是害怕被遺棄，有時配偶未能回應需要時，被遺棄的恐懼令自己不斷催迫，未能給予對方空間，直至對方咆哮。然而，對情感追逐者來説，咆哮比沉默好，咆哮代表你還注意我，沉默卻好像漠視我的存在。

4. 情感逃避者不願被干擾私人空間，但又擔心配偶不理會自己

情感逃避者內心的恐懼是害怕被吞噬，或許從前的個人空間被嚴重侵犯，例如被父母強迫做不願意的事情，但怯於父母的權威，不能正面反抗，惟有以沉默表示抗議。沉默最大的武器是令對方永遠無法知道自己的底蘊，對方在不知情的狀態下苦無對策，他便可以騰出保護自己的空間——一個只有自己而沒有別人干擾的空間。然而，當情感追逐者真的放棄追逐時，逃避者又會害怕被遺棄，下意識會做出一些事情，令配偶繼續追逐。因此，縱然情感逃避者不斷聲稱需要空間，要配偶讓自己獨處，但他們也害怕配偶真的完全放棄。

5. 惡性循環

若不斷的追逐依然不能令情感逃避者有正面回應時，情感追逐者便不住聲言放棄，此時情感逃避者又會做出一些反應，令追逐者以為有希望，繼續循環追逐。

6. 有困難表達內在脆弱的感受

無論情感追逐者，還是逃避者，都有困難表達內在脆弱的感受：追逐者以投訴方式，想抓住對方，內心怕被拒絕；而情感逃避者同樣怕開放自己，擔心被抗拒與批評。其實，雙方內心都十分渴求被對方完全接納。

在一般情況下，你追我避循環不息，直至某些外在因素出現而產生變化，例如出現第三者，或者家庭遭遇突變、孩子出生等，令關係失衡，引發危機。然而，危機可以讓夫婦重新檢視彼此的相處模式，在危機中尋找轉機。

6.2.4 你追我避的夫婦介入要點

輔導員可以下列方式介入：

1. 評估關係狀態

看看夫婦是否都想改善關係，能否一起討論問題？一般來說，情感追逐者較積極投入輔導，情感逃避者卻未必願意參與。縱使情感逃避者不參與輔導，輔導員也應以諒解的角度體恤他的反應，亦引導情感追逐者體諒配偶的立場。

2. 與情感逃避者單獨會面

夫婦二人一起面談，情感追逐者表達較多，情感逃避者相對沉默，不介意配偶佔據更多討論空間。若情感逃避者在共同面談時表達真的有很大困難，輔導員可安排單獨面見，了解他的心聲，與他商討如何在與配偶面談時，有較大表達的空間。

3. 給予情感逃避者安全感

情感逃避者十分需要安全感，輔導員的一個眼神、一道問題，都會令他們意識到是否被接納。這是對輔導員的挑戰：我們能否以開放的心靈，聆聽情感逃避者的心聲？輔導員已經聽了情感追逐者很多很多對情感逃避者的投訴，例如對方做了一些看似對孩子不負責任的行為，若輔導員以此追問情感逃避者：「什麼令你不願意與孩子一起玩耍？」就會令情感逃避者意識到輔導員站在配偶的一方，自己像要辯解似的。若輔導員問：「我可否了解更多你與孩子的關係？」這樣，會給情感逃避者一個更闊的空間表達自己。

4. 探索情感追逐者內心的恐懼

輔導情感追逐者，是協助他們以健康的方法與配偶聯繫，就是表達他們的內在體會和真正的需要。一種怕被遺棄的恐懼感令他們不能給予配偶適當的空間，輔導員可以與情感追逐者探討這種擔心的由來，是否有童年陰影，還是配偶實際上做過一些遺棄的行為？很多時候，輔導員會發現，這種恐懼在配偶做出任何具體行動前已出現，但情感追逐者愈是擔心，愈迫使情感逃避者跑得更遠，於是情感追逐者更確定自己擔心的信息，不住操控，愈弄愈糟。

輔導員可以進入情感追逐者的內心世界，諒解他們的情感需要，也體諒他們得不到回應時所受的困擾，表面上是操控、催迫，但內心是脆弱，渴望配偶回應。輔導員可讓情感追逐者得到了諒解，才引導他們思想配偶用什麼方法表達愛意，嘗試進入配偶的世界，而不單活在自己的恐懼中，被恐懼與焦慮阻礙關係，看不見配偶付出的好意。情感追逐者若能了解配偶對自己有愛意，只是表達的方式不是自己所期待的，會較容易放鬆。另外，情感追逐者要消化焦慮，尤其是底層燃點焦慮的情感經歷，不然的話，擔心會化為對配偶的催迫和操控。

情感追逐者要接觸自己的內在感受、思想和脆弱，不是用怒氣保護自己，放棄以指控投訴與人聯繫，才能真誠地與配偶相處，分享感受。

5. 引導情感逃避者表達自己

輔導員可引導情感逃避者多表達自己，一是釋放他們內心的感受，二是令情感追逐者放心，因為他們的焦慮或多或少是出於情感逃避者過分內斂，若情感逃避者多開放，情感追逐者就不用諸多猜度，他的安全感相對會提升，也會給予情感逃避者更大的空間。

另外，輔導員亦可引導情感逃避者體會那種害怕被吞噬的憂慮，思想再深一層，是否與昔日成長的經驗有關？他們希望突破自己成長上的障礙，還是依然活在無形的害怕中？當夫婦的張力降低，又建立了安全感，情感逃避者較容易面對成長上的障礙，醫治昔日的傷害。其實情感逃避者心底裏也希望與人真正聯繫，只是害怕被吞噬和被誤解；若他們敢於開放自己，突破障礙和焦慮，便能與人產生真正的情感聯繫。

6. 引導情感追逐者聆聽配偶的心聲

情感逃避者必須在安全的氣氛下才能開放自己。因此情感追逐者要給配偶聆聽的空間，不加判斷，否則情感逃避者很容易再退回自己的世界裏。

接受輔導而能改善關係的夫婦，通常會重新體會表達的神髓。情感逃避者發覺，表達原來這麼重要，不能假設對方一定明白；而情感追逐者開始分辨出配偶的沉默，是需要空間，抑或是把自己遺棄，於是他們會較懂得分享情感，少一些控訴。

6.2.5 依賴失衡的夫婦

有些夫婦的互動形態，是一方呈現過分依賴，另一方以照顧者的身分自居，嚴重者是過分依賴的一方患上情緒病。患上情緒病的原因十分複雜，也關乎生理因素，但當一方真的患上某種情緒病時，夫婦的互動形態便大受影響。最常見的情緒病是抑鬱症、焦慮症、自毀行為等。依賴失衡的夫婦會出現下列常見的關係特徵：

1. 過分依賴的一方需要配偶肯定他們的價值

過分依賴的一方的自我肯定和自我價值感愈來愈低，甚至討厭自己成為別人的負累。然而，他們卻要依賴配偶，對自己獨立的能力缺乏信心。他們需要藉由配偶的肯定來確立自己的價值。

2. 依賴的一方有情感矛盾

依賴的一方雖不想成為別人的負累，但會緊抓配偶不放，他們的情感有如鐘擺，一時很怕失去配偶，變得操控，有時卻用冷漠的態度掩飾自己情感上的依賴[5]。

3. 照顧一方同樣有情感矛盾

面對配偶的困難，照顧的一方既感到內疚，又覺得吃力。內疚是因為面對配偶的依賴，感到有心無力，甚至自責未能給予配偶幸福，但同時因配偶過分依賴自己，而感到吃力。在內疚與吃力間掙扎矛盾，一時因內疚而願意為配偶付出很多，但一時又因為過分吃力而譴責配偶，產生抗拒以及排斥。

4. 照顧的一方藉照顧配偶肯定自己

表面看來，依賴的一方似乎不斷需要配偶的肯定和照顧。想深一層，照顧的一方也可能需要依賴的配偶確立自己的存在價值。有時依賴的一方漸趨獨立，不再如往昔需要照顧時，反倒是照顧的一方否定他獨立的信心，下意識要他維持依賴的狀態。例如，他們會向依賴的一方說：「你要獨力做這件事，我實在放心不下，萬一你出錯，做不來怎辦？以前你也試過失敗。」言語間充滿否定。

5. 以照顧聯繫夫婦關係

夫婦的聯繫主要以照顧為核心，依賴的一方很多時都經歷莫名的孤單，懷疑自己生存的意義，卻苦無分享的對象，當靜下來面對自己時，除了配偶，自己的生命還剩什麼？而照顧的一方似乎以忙忙碌碌的生活節奏來逃避感覺。夫妻一個依賴，一個照顧，藉此維繫彼此的關係，卻欠缺內心深處的分享和溝通。

6. 面對社交孤立

照顧的一方需要消耗大量時間、心力、金錢應付配偶的需要，嚴重者，夫婦與外間的接觸也受影響，於是可能出現社交孤立的局面[6]。

7. 容易走入情緒困局

社交的孤立造成惡性循環。若依賴的一方要學懂獨立，便需要社交網絡的支持，一旦社交網絡縮小，生活更欠出路，於是更依賴配偶。同樣，照顧的一方也需要社交生活，以減輕壓力，否則就會孤立起來，照顧配偶便成為生活最大的目標。

6.2.6 對依賴失衡的夫婦介入要點

協助這類型夫婦，有以下方法：

1. 增加依賴者自我照顧的能力

夫婦二人決心打破目前的困局，一方面讓依賴者增加自我照顧的能力，也要照顧者稍為放手，回復心力，一起為目前的困局尋找出路。

2. 探討變成過分依賴前後的關係變化

以系統理論的角度，探討變成過分依賴前後夫婦與家庭關係所出現的變化。例如，依賴的一方本來有工作，但遭公司裁員，賦閒在家，夫婦關係起了微妙的變化；加上配偶不斷分析被裁的原因，令他更否定自己的價值，漸漸失去信心。輔導員可與夫婦探討關係的變化，不是要追究原因，而是讓夫婦二人知道，他們可以為改善互動模式而積極參與，情況不如他們想像般無奈。

3. 肯定雙方的努力

輔導員要肯定雙方曾試過改變互動型態的有效辦法。有時受助的夫婦帶着羞愧來到輔導室，最怕面對輔導員否定和指摘的態度，因此輔導員要相信他們夫婦都已盡了最大努力，可以做的都做了。

4. 讓依賴者表達真實的感受

依賴的一方常感自責和內疚，因為自己已帶給配偶諸多麻煩，所以再不敢說出內心真正的感受。輔導員在安全的氣氛下，讓他表達真實的內心經驗。內容可能是不滿照顧的一方，但這樣不表示否定配偶的貢獻和付出，相反是因為信任，才把心事說出來，好讓照顧的一方了解配偶的真正需要。

5. 體諒他們的憂慮

在鼓勵依賴一方擴展與外界接觸時，夫婦二人的反應可能是擔心，依賴者擔心自己的能力，對自己沒有信心；照顧者也擔心配偶不能沒有他在身旁。輔導員要明白他們的感受，尤其是展開新嘗試時，可以先問夫婦如何才能增加嘗試新事物的信心，不應認為是夫婦拒絕改變，間接譴責他們缺乏改變的意圖。

6. 發掘生活其他樂趣

發掘成功的經驗，幫助依賴者發掘能力，同時也發掘照顧者其他領域的志趣。過去雙方都被困在沒有出路的籠牢裏，今天他們可以從其他領域開始，跳出這個籠牢。即使有些問題尚未解決，信心也不充足，但夫婦還是可以享受生活中的其他樂趣，而不是把所有精神能力都貫注在照顧與被照顧的議題上。

7. 檢視二人的思想束縛

夫婦二人可能受到一些思想框框的束縛，活在困局中，可從原生家庭探索一些信念如：

- 雙方的價值觀。人生的價值建基於什麼？是成就、關係還是自我的價值？
- 對配偶的期望。幸福是否一定因配偶而來？
- 依賴者與照顧者的關係。依賴的一方是否完全缺乏能力？照顧的一方又是否完全放心不下？

檢視這些信念的目的，是希望擴闊狹窄的思想框框，不讓這些框框成為困局，釋放自己。

8. 建立另類的相處模式

由於夫婦長期以照顧為聯繫的核心，他們需要以另類的模式建立關係，例如深入分享心事，甚至由依賴的一方反過來服侍原本照顧的一方等。

據筆者的觀察，很多依賴者都很有能力，只是長期習慣依賴，對自己失去信心，陷入了不能自拔的困局；再加上配偶不經意的否定，內心就更加恐慌了。真正的親密，是建基在既獨立又相連的關係中，所以兩個健康生命，才構成健康的親密。

6.2.7 冷戰的夫婦

這類形態的夫婦表面和諧——他們把問題藏在心裏，甚少表達，避免正面衝突。其實，夫妻間有衝突是正常不過的現象，衝突時，雙方會發現彼此的異同，接納異己之餘，也面對自己從來不知道的幽暗面，過程中不斷成長。若夫婦刻意避免衝突，非但雙方都會感到疏離，而且會把問題累積下去，直至突然爆發。在輔導室經常聽到這類型夫婦的心聲：「我以為大家相處得很好，萬料不到他突然告訴我已愛上別人。」又或是其中一方在沒有先兆下突然宣布離婚，毅然遷離家園，亦正是在這個時候，冷戰型夫婦會出現在輔導室。總的來説，他們呈現的關係特徵包括：

1. 刻意避免衝突

夫婦很少衝突，雙方都好像有一個內在探測器，知道對方會因為什麼事情與自己爭吵，抱着「多一事不如少一事」的心態，決定把心事藏起來；但藏起來不等如化解，有時對方真的做了一些自己吃不消的事情，但為了避免衝突，惟有不住的忍耐。

2. 積累很多偏見

雙方存在一些沒有經過澄清的印象，漸漸化成偏見。一旦偏見形成，即使對方有什麼改變，都依然維持偏見的印象，更甚者是積存怒氣與憤恨[7]。

3. 欠缺溝通

心靈缺乏溝通，雙方都擁有自己的世界。丈夫可能沉醉於事業，妻子則忙於照顧孩子。縱使有時間溝通，因為不知道對方是否真的明白和接納，也沒有信心分享心事。

4. 情感愈見疏離

夫婦漸漸失去解決分歧的能力，害怕提出問題，影響表面的和諧，惟有各自活在自己的天地裏。久而久之，彼此都感到陌生，情感疏離，關係愈拉愈遠，更難共同分享。一般來説，維繫這類夫婦關係的核心是子女，又或是一些傳統男女角色的責任。

6.2.8 冷戰的夫婦介入要點

1. 了解他們是否願意改善關係

首先，弄清楚雙方是否願意努力改善關係。很多時候，輔導員比當事人還着緊，以致輔導員不斷努力，他們卻像旁觀者。故此，輔導員要給予他們心理準備，讓他們知道，婚姻關係十分依賴他們共同的努力。在輔導過程中，輔導員亦要不時評估他們的參與程度，作出適當的反映。

2. 避免立刻討論關係的分歧

他們的致命傷是害怕衝突，若立即討論他們的分歧，他們很可能再次逃避。輔導員不妨先從原生家庭或他們的戀愛史入手，發掘他們原來彼此吸引的地方，從立體的向度，幫助他們認識眼前那個看來陌生的配偶。

3. 探討為何避免衝突

理解二人害怕衝突的原因，或許會發現這類形態的夫婦生長在父母極度不和的家庭裏，自小承受父母不和的創傷，長大後決心避免衝突，不要讓下一代再受苦。在害怕衝突的心靈背後，是一份良善的願望，想建立一個幸福的家。基於這份良好的願望，輔導員引導夫婦醫治過去的傷痕，讓他們體驗受創的情緒，化解心結，從過去的情緒陰霾裏走出來。

4. 拆解積存的分歧

一般來説，夫婦不大習慣拆解分歧這階段，甚至認為關係比從前更差。輔導員可以把這階段理解為學習解決分歧，疏理他們過程中的感受，一方面要明白他們的不安；另一方面以這些經歷和體會，幫助他們建立一套討論分歧的溝通模式。

5. 在未掌握解決分歧的溝通模式前，建議讓第三者在場

在夫婦還未掌握解決分歧的溝通模式前，最好有第三者在場協助，輔導員可以建議夫婦在輔導室裏才討論分歧，回到家裏則做一些他們喜歡和習慣的事情。直至他們漸漸建立信心，掌握解決分歧的溝通技巧。

6. 將表達理解為信任

彼此表達累積的不滿時，一時間是難以接受的，所以節奏要緩慢。若然夫婦依然不習慣聆聽配偶的不滿情緒，輔導員可以把這種表達理解為信任，是過渡期的表現；說出不滿的感受，還有其他積存的內心經驗，目的是化解，非藉此攻擊對方。

7. 給予空間讓彼此消化不安

表達不滿的同時，最重要是諒解他們底層脆弱的情緒，也要加入彼此欣賞的地方：例如欣賞對方真誠地聆聽、欣賞對方曾為自己付出等。而且，輔導的過程需要提供足夠的空間讓彼此消化不安的感受。

除了學習解決分歧外，夫婦亦要騰出時間，直接溝通。過去各自生活在自己的世界裏，經過一場危機後，更有可能意識到彼此分享的重要。

6.3 結語

以上勾畫了四種夫婦的互動形態，有時候，我們實在很難清晰地把當事人的溝通模式分類。有些夫婦看似你追我避，但有熱戰的味道；依賴失衡的夫婦又有點像你追我避型。不過，能否清楚分類不是重點，重要的是，所有介入的目標都是盼望夫婦慢慢把障礙挪開，真誠交往分享，夫婦二人成為一體。這些障礙可能是過去積存的怒氣、一些未經澄清的偏見、一段受傷的成長經歷，又或是社會不經意對我們造成的意識框框等。

當事人化解了這些障礙，會有多一分選擇。當然，看似有選擇的時候，對當事人來說是無奈的。人有多少選擇空間是相當複雜的課題，但輔導員認識了這些關係形態後，起碼讓當事人了解當下的處境，或是幫助他們更體會自己的內心經驗，掌握多一些表達與聆聽的藝術，讓他們實踐與配偶親密聯繫的願望。

參考書目

1. Carter, B. & McGoldrick, M. (1989). "Overview: The changing family life cycle". In B. Carter & M. McGoldrick(Eds.), *The Changing Family Life Cycle: A Framework for Family Therapy*(2nd ed.). Boston, MA: Allyn & Bacon.
2. Shaddock, D. (1998). *From Impasse to Intimacy: How Understanding Unconscious Needs Can Transform Relationships*. Northvale, NJ: Jason Aronson.
3. Berg-Cross, L. (2001). *Couples Therapy*(2nd ed.). NY: Routledge.
4. Guerin, P. J., Fay, L. F., Burden, S. L. & Kautto, J. G. (1987). *The Evaluation and Treatment of Marital Conflict: A Four-stage Approach*. NY: Basic Books.
5. Berg-Cross, L. (2001). *Couples Therapy*(2nd ed.). NY: Routledge.
6. Patterson, J. M. & McCubbin, H. I. (1983). "Chronic illness: Family stress and coping". In C. R. Figley & H. I. McCubbin(Eds.), *Stress and the Family: Coping with Catastrophe*, Vol. 2. NY: Brunner/Mazel.
7. Shaddock, D. (1998). *From Impasse to Intimacy: How Understanding Unconscious Needs Can Transform Relationships*. Northvale, NJ: Jason Aronson.

第七章

促進親密關係的輔導方法

7.1 經驗為本婚姻輔導的特色

7.1.1 肯定夫婦之間的恩情

7.1.2 增加歷史向度，了解夫婦的過去

7.2 介入方法

7.2.1 建立關係

7.2.2 探討夫婦爭論的核心

7.2.3 找出互動的惡性循環，減低張力

7.2.4 面對未獲承認的需要和情緒

7.2.5 透過深化體會，當事人承認、認領自己的經驗

7.2.6 認識自己的行為對配偶的影響

7.2.7 促進夫婦彼此接納，化解衝突後的怨憤

7.2.8 夫妻直接溝通，表達所需

7.2.9 回顧與整合

7.3 技巧

7.3.1 進入夫婦的內心世界
7.3.2 輔導員的臨在
7.3.3 理解文化背景的影響
7.3.4 從善意角度理解當事人的行為
7.3.5 道出夫婦的互動循環
7.3.6 協助夫婦體會經驗
7.3.7 協助當事人認領個人經驗
7.3.8 引導當事人選擇自己的行為反應

7.4 結語

參考書目

前兩章提及婚姻輔導常見的問題，各種夫婦的鐳區及互動形態，及其特別需要關注的地方；本章將會提出一個整體的介入歷程。換言之，除了留意各形態的介入特點外，也要顧及整體的輔導方向。

這一章提出的婚姻輔導方法，深受情緒取向婚姻輔導的影響，要深入明白，先要認識一下依附理論[1]：

- 人需要彼此依附，因此夫妻間互相需要是正常的。
- 有了安全的依附，人可以更獨立。
- 依附是生存的基本需要，若這方面的需要不能滿足，便會帶來困擾；相反，依附的需要獲得滿足，就可以抵抗焦慮，帶來成長。
- 有了安全的依附，好像提供了一個基地，讓人有能力向外探索，吸收新的知識、開放自己。
- 情感反應是建立安全連繫的基礎，有反應總比沒有反應好。
- 安全連繫的需要不是無止境的渴求，是可以被滿足的。
- 焦慮依附形態的人十分懼怕分離，要抓緊依附對象，很難被滿足；逃避依附形態的人抑壓情感的需要，把注意力投放在事物中。
- 愈是害怕、愈需要依附。
- 與依附對象分離，引發一連串的反應：憤怒的抗議、抓着不放、情緒低落、絕望，漸漸地抽離。
- 依附的形態與對己對人的觀念有關。

- 被孤立及失去依附對象是一種創傷的經驗。
- 安全的依附形態促進夫婦的親密關係。

7.1 經驗為本婚姻輔導的特色

雖然筆者很欣賞情緒取向的婚姻輔導，但提出的輔導方法與它是有所不同的：

7.1.1 肯定夫婦之間的恩情

除了依附的需要，夫婦關係的基礎是恩情。夫妻從歷史中共同走過來，建立了恩情，即或配偶不一定能回應需要，但有「情」在關係中，仍可彼此接納。以下故事，講述了筆者如何理解夫妻間的恩情：

在輔導室裏，曾接觸過一位外表粗獷，但內心溫柔的男士。他幾乎是在妻子挾持下來到輔導室，他不知道為何妻子會如斯不滿，嚷着要離婚，為保家園，縱不情願，他也就範。

原來妻子不滿丈夫不能好好溝通，沒有情趣。説白一點，妻子嫌棄丈夫是一名老粗。丈夫是典型的基層怒漢，似是任職地盤，妻子有點兒中產味，説話溫文爾雅，像是文化人。細問之下，這對夫婦結婚已超過二十年，大家是中學同學，青梅竹馬，年少時便開始談戀愛，男的沒有完成高中便出來工作，女的在中學畢業後不久便嫁給他，婚後即為人父母。為了方便照顧孩子，女的成為全職媽媽，一家四口的生活重擔便落在男的肩頭上。時光飛逝，孩子們日趨獨立，女的在朋友帶領下，開始了教會生活。對她來說，簡直大開眼界，她上了很多成長課程，學會溝通技巧，氣質也慢慢改變過來。她很喜歡教會生活，因為那裏都是斯文人。更重要的收穫——她明白了什麼是一段美滿婚姻，就是夫妻能夠彼此分享、溝通心事，在靈命上一同成長。

眼界開了，自然不甘現狀，妻子學了一套如何向未信主的丈夫傳福音的方法。除了每天為丈夫祈禱之外，她十分積極地帶他返教會，上成長課程。可惜丈夫只間中應酬妻子，難得假日，他寧可在家中休息，也沒有興趣聽耶穌、學習什麼溝通技巧、夫婦之道。當妻子自覺成長了很多，而丈夫卻原地踏步時，她漸漸失去耐性，看丈夫愈來愈不順眼，從有耐性的等待，慢慢變為瞧不起他的鄙視。當我們在輔導室見面時，已到了他倆考慮離婚的階段。

妻子委屈地訴說她的不滿。筆者問她想看見什麼發生？她說，想丈夫成長，希望丈夫懂得溝通、明白她的情感需要，最好能成為基督徒。筆者好奇地問，她在什麼時候開始有這樣的期待？原來開始了教會生活後，她十分羨慕教會中那些恩愛夫妻，內心深處，想改造丈夫成為她的理想情人。

丈夫為人直率、簡單、實幹，沒有半點花巧的味兒。筆者問他喜歡到輔導室傾談嗎？他說不喜歡，不明白為什麼要在輔導室這麼侷促的地方談話，他知道一間茶餐廳，有「靚」咖啡，又舒服，何不到那裏開懷暢談？說了大半天，他始終不明白在輔導室和在茶餐廳傾談有什麼大分別，雖然如此，他依然按時到訪。

輔導了一段日子後，無論筆者用了什麼技巧，夫妻的相處仍是負面循環。妻子表達她的需要，需要丈夫安慰、説一些欣賞她的話，丈夫還是粗聲粗氣，沒有半點溫柔。丈夫依然不懂情趣，説話會得罪妻子，她很失望。

有一天，筆者對妻子説，覺得她今天擁有的斯文談吐和舉止，是建立在丈夫的粗魯之上。妻子聽後感到莫名奇妙，於是筆者向她説了一個故事：昔日有一對十分要好的朋友，他們都想成為雕刻家，但他倆的家境清貧，何來錢完成心願？後來，他們想出了一個辦法，其中一人先接受訓練，待他成為雕塑家後，再支持另一位完成心願。花的時間也許長了一點，但兩人都可夢想成真，確是個好辦法。後來，首個接受訓練的朋友真的成為雕塑家，他履行承諾，但當他告訴朋友輪到他接受訓練時，朋友伸出一對粗糙的雙手問，他還可以成為雕塑家嗎？朋友默默的犧牲，成就了一個雕塑家。究竟那個已經成為雕塑家的人，要反過來嫌棄那個幹粗活的朋友，還是終身感激朋友無私的付出？沒有丈夫辛勞的工作，不捨得花每一分錢的責任感，妻子可以這樣「成長」嗎？妻子聽罷這個故事，無言以對，心卻是動了。

夫妻間的相處，有很多不是單靠技巧、訓練可以解決的。坦白説，當人錯過某些學習時機，怎樣改也改不了多少。只是看清歷史，便衍生恩情，也能以最單純的良心作出回應，當中涉及知恩圖報、互相體諒等情愫。

（註：以上故事曾在《宣訊》刊登）

7.1.2 增加歷史向度，了解夫婦的過去

除了明白夫妻此時此刻的爭論外，輔導員也要着眼歷史，包括他們成長的歷史，以及他們關係的歷史。有了歷史的向度，才能立體了解他們的反應，以及引起目前爭拗的原因。有一對夫婦，婆媳問題幾乎令夫婦弄至離婚，夫妻爭論時呈現了負面循環，妻子需要丈夫站在她那一邊，但丈夫覺得自己夾在中間，左右做人難，說什麼也會錯，所以不表明立場，只用沉默回應妻子。妻子憤怒，不能自已地指摘丈夫，丈夫起初不作聲，以冀息事寧人；但當妻子窮追不捨時，他便還擊，夫妻跟着冷戰數天，如是者循環不息。爆發點是丈夫提出接母親過來同住，妻子誓死反對，甚至到了有婆婆便沒有她的地步。

後來，輔導員了解這對夫婦的歷史，才明白妻子的怨恨。昔日婆婆因太愛錫兒子，怕他不能負擔家庭經濟，曾迫妻子打掉懷中的骨肉。妻子當時獨力面對他倆母子的壓力，保住胎兒，妻子知道丈夫是個孝順兒，甚至迫自己原諒婆婆，但愈是催迫自己，愈是對婆婆反感。妻子起初不明白自己的反應，以為那件事已告一段落，若不是回顧她與丈夫關係的歷史，也不明白她的內心經歷。

另外，知道丈夫的成長歷史也對現況多了一點了解。他自幼多病，母親對他愛護有加，直至他長大，母親花了一生的積蓄送他到外國留學。不久，他便結婚、生孩子，覺得自己未報母親的劬勞，只顧自己的生活，未能給母親安享晚年，是個很差勁的人。在妻子面前，他不是個好丈夫；在母親面前，他不是個好兒子，甚至當年曾要妻子打掉胎兒，更加不是一個好父親。於是，丈夫在妻子面前感到無地自容。

夫婦從歷史的角度分享了他們的故事，筆者問妻子她對丈夫的分享有什麼回應，她説想不到丈夫仍為當年建議她墮胎這麼羞愧，其實她仍深愛丈夫，若不然，也不會強迫自己原諒婆婆。然而，她抱歉自己不能與婆婆共住，丈夫聽到妻子多年來想強迫自己原諒他的母親，心裏軟化下來，亦明白婆媳共住所帶來的實際挑戰，所以沒有勉強。後來，妻子更多探望婆婆，代表丈夫盡其孝道。

兩段歷史的分享，幫助這對夫妻，也幫助輔導員更立體看見夫妻內心的經驗，沒有這個角度，就很難明白他們的負面循環。

7.2 介入方法

上述兩個案例，帶出了夫婦互動以外的考慮。若就夫婦因相處的互動而引起的張力，可以有以下的介入方法：

7.2.1 建立關係

- 與夫婦二人營造一個有誠意的對話空間，這是一個共創的過程。
- 輔導員立體地進入夫婦二人的內在世界，了解他們的依附需要，也從他們身處的情境中諒解他們的心聲，對他們的內在經驗給予同理心。這並不表示贊同他的行為，若要做到這點，輔導員必須倒空自己，保持中立，聆聽雙方的經歷。
- 聆聽時，了解夫婦二人的內心經驗，包括原情緒、傷害、需要和渴望。

- 輔導員容許多面的真相，亦即夫婦説的都是他們真實經歷的一面。
- 以人性的角度了解各人的投訴，重點是他們想輔導員怎樣認識他們的為人。對華人來説，尊嚴感十分重要，不要讓當事人感到羞辱。因此輔導員不是分析他們的問題，而是聆聽他們的主觀經驗。
- 把夫婦爭議的問題放在情境中，例如丈夫處於妻子與母親中間，覺得左右做人難。若沒有華人文化情境的考慮，就很難明白當事人既未能盡孝，又不能帶給妻子幸福的難堪。
- 有很多時候，夫婦雖然有張力，但也有共通之處，例如他們都需要對方，只是面對相處上的惡性循環都感到無助，力不從心。
- 輔導員深度的聆聽、放下分析問題的眼鏡，當事人會較容易感得被尊重、被了解，對輔導的歷程產生安全感。
- 輔導員能承載夫婦的衝突，讓他們衍生盼望。
- 輔導員以當事人實際的關係狀況出發，了解他們目前關係的層次是應付、適應、分享，還是得到醫治？不要理想化，硬把輔導員一套親密的模式放在他們身上。

7.2.2 探討夫婦爭論的核心

- 由爭論的內容以至夫婦爭論的過程，輔導員聆聽他們怎樣呈現自己，又怎樣接收配偶的反應？

- 夫婦爭論的核心一般是環繞夫婦不被滿足的依附需要，例如妻子十分不滿配偶對待傭工的方法，表面上是不認同配偶待傭工太好，認為會寵壞她，但內心是她不滿丈夫待傭工比她還好，覺得自己沒有位置。另一方面，丈夫反駁妻子説，待傭工好是換取她的合作，而妻子則處處都要話事，他根本沒有位置。所以，這對夫婦爭論的，不是對待傭工的方法，是他們懷疑自己在配偶心中的位置。

7.2.3 找出互動的惡性循環，減低張力

- 輔導員要讓夫婦覺得不是他們個人的問題，乃是互動的結果。例如，當妻子看見丈夫待傭工很好，內心酸溜溜，很想丈夫愛錫她時，丈夫非但沒有回應她的需要，還把她與傭工比較，覺得傭工更體貼。妻子十分憤怒，批評了丈夫，也責備他做事沒分寸；丈夫聽到批評，認為妻子總是話事，而他在妻子眼中什麼都做不好。他很需要妻子的認同，但妻子的説話令他受傷，也感到憤怒，便做了與妻子相反意見的事情。妻子看見丈夫的反應，不是味兒，便批評得更厲害；丈夫越發得不到妻子的認同，就更與妻子的做法相違背了，夫妻陷入這個惡性的互動循環。
- 在互動循環裏，夫妻一同參與了當中的衝突，同樣受傷，沒有誰是引發者，誰是被動；在這個循環裏，雙方都不能自拔。
- 當輔導員幫助夫婦表達他們的內在經驗時，亦把這些內在經驗結連到他們的負向循環，在一定程度上已減低張力，因為他們覺得被了解，同時又看見自己與配偶在這循環中也有份兒，不是誰的錯，是各自也有責任。

7.2.4 面對未獲承認的需要和情緒

- 由於對自己的內在經驗缺乏察覺，當事人用了指控、逃避、忽略配偶的模式表達，也判斷配偶的人格，或是不認同其處事方式。如是者，夫婦用了很多充滿問題的論述與配偶相處，覺得對方有問題，但被認為有問題的一方感覺很難堪，覺得被誤解。這論述箝制了彼此的身分，大家都想擺脱這個身分，過程中引致張力，輔導員用同理心進入他們的內在世界，看見他們良善、美好的一面。當夫婦覺得「被看見」，便從有問題的論述釋放出來。

- 夫婦有什麼由原情緒而衍生的內在經驗？這些內在經驗是人性的情緒、需要和想法，例如，看見配偶對其他異性更好，自然觸發比較、心酸，以及懷疑自己在配偶心目中的位置，又如當自己的做法經常被批評時，自然會受傷，渴望得到配偶的認同。

- 除了依附對方的需要外，有些可能是來自原生家庭的渴望。例如，當事人極度恐懼被遺棄，不一定是配偶沒有回應，而是兒時的創傷遺下的烙印，配偶雖然諒解，卻未必可以完全回應。當事人需承認自己的狀態，才不致把責任推給配偶。

7.2.5 透過深化體會，當事人承認、認領自己的經驗

- 當事人深化自己的體會，重新承認、認領那些他們拒絕、排斥、抑壓的需要和經驗。

- 被拒絕的經驗，一般指令當事人感到脆弱或是羞愧的經驗，例如妻子不斷以強硬的姿態説，她需要丈夫的支持，不過丈夫太令她失

望，所以她要求自己不再需要他。從妻子的表達裏，清楚感受她對丈夫的不滿，然而在憤怒的投訴背後，是她害怕受傷，也羞於自己還需要對方。輔導員可對她説：「你感到很矛盾。縱然不斷表達你的失望，然而還期待丈夫愛錫你，盼望他不要在你表達失望時離開你，但你害怕受傷害，懷着恐懼的心情觀望他的反應，多麼想他接近你，多麼想他看見你的孤單，然而又怕直接表達這需要，甚至不想承認自己還需要丈夫，因為這種需要令你感到脆弱。」透過體會自己的需要，指控的聲音減弱下來，軟化了當事人。

- 至於配偶方面，表面好像冷漠、滿不在乎，內心也有脆弱的一面；例如丈夫説，既然他做什麼妻子都不滿意，便索性什麼都不做，免得惹妻子生氣。輔導員也明白丈夫受傷的地方，可以這樣説：「你何嘗不是受傷呢，你多麼想伸出雙手擁抱她，但你害怕，面對妻子強烈的情緒，你整個人都好像僵硬了。滿腦子都是焦慮，什麼也想不出來，只聽到你做得不好的地方，覺得自己失敗，太難堪了。你多麼想妻子覺得你能夠支持她，對你説，有你，她的心就踏實了。」
- 深化內在經驗，夫婦可以了解自己行為的意義，由無意識的盲動，轉為有意識的選擇。
- 有些時候，內在經驗與夫婦成長經驗有關，若需要的話，夫婦可分享他們的成長故事，從成長的脈絡裏，領悟其行為的意義。有一位丈夫經常評價妻子情緒表達強烈，而當他愈抗拒妻子這方面的表現，妻子的情緒就更激烈。有一次，丈夫分享了他的成長故事，由小到大，他都活在父母激烈的爭吵裏。每當遇見強烈的情緒，便不由自主恐懼起來，想極力控制場面；然而他的內心充滿無助感，很需要安慰。分享了這段故事後，他才意識自己為何想控制別人的情緒，這並不是強烈情緒有什麼對或錯，而是他個人的經驗，令他對情緒表達有這種反應。

- 承認、認領自己的經驗，包括了情緒、需要和渴求，會更有能力為自己的行為負責，這是一種成熟的表現。

7.2.6 認識自己的行為對配偶的影響

- 當夫婦更認識自己的狀態，內在經驗也得到肯定和確立，就有更大的能力聆聽配偶的心聲，對配偶的情況感同身受。

- 當事人為自己的需要、為自己的行為負責任，有時甚至發現自己的幽暗面也會傷害了配偶，若是如此，就要真誠致歉。有一位丈夫，他對人對己都很有要求，妻子很愛丈夫，不斷配合他的要求，但也經常戰戰兢兢。有一次，妻子含淚告訴丈夫她願意為他做一切，但總是達不到丈夫的要求，恐怕會失去丈夫的愛。丈夫聽了妻子的分享，感到很羞愧。他透過完美的行為鞏固自己的價值，認為妻子是他的伸延，所以她的行為也是他的行為，卻忽略了妻子的感受，令她一直活在壓力中。他的幽暗面是沒法接受自己的不完美，但同時要妻子成為他的伸延，最後他對造成妻子的傷害，誠意致歉。

- 當事人傷害了配偶，不一定是他的行為干犯什麼道德規條，有可能是為傷害配偶的情緒感到歉意，這是基於羞愧感的道德（Shame morality），而非西方文化推崇的內疚道德（Guilt morality）[2]。羞愧感的道德是一方的行為傷害了另一方的情緒，被傷害者的情緒獲得重視；內疚的道德是基於該行為犯了客觀的道德標準，不論受影響的人有沒有表示，當事人都是犯了道德上的錯。

- 放在夫婦的互動中，羞愧感的道德是承認夫婦對配偶的情緒付上一定責任，因此雙方都愛護彼此的情緒。這不是對錯的考慮，而是互相愛護的反應。這種道德考慮應用於夫婦張力減低、各自認領經驗之後，換言之是用於夫婦輔導的後期。

7.2.7 促進夫婦彼此接納，化解衝突後的怨憤

- 雖然夫妻因互動的碰撞衍生傷害，但當看見對方脆弱的時候，化解了這些傷害。
- 亦有情況是夫婦的經驗得到配偶承認，配偶也為引致的情緒傷害道歉，內心的怨憤便得到疏解。
- 然而有些時候一方表達了脆弱，另一方不接受，對表達了脆弱的一方來說，是難堪的感受，究竟不接受的一方有什麼內心經驗而拒絕接受配偶真誠的分享？輔導員可以這樣回應：「他（表達了脆弱的一方）這方面的表達令你感到陌生，一下子都不知如何消化」，又例如：「多年來一直期待他向你這樣說，現在聽到了，都不敢相信。」一下子不能接受配偶真誠的分享，是因為感到愕然、陌生，輔導員同樣理解這些感受。表達脆弱的一方聽到，配偶是源於錯愕才難於一下子接受自己的分享，難堪的感覺也較容易消減。
- 整個輔導的歷程都是夫婦不住打開心窗，呈現內心的經驗，尤其是脆弱的部分；以前彼此穿上甲冑，互相攻擊、互相冷待，但當彼此看見對方的脆弱和人性掙扎的部分時，大家都軟化下來，因為惻隱之心人皆有之。

7.2.8 夫妻直接溝通，表達所需

- 夫婦用誠懇的方法溝通，改變了負面的循環，彼此因互相看見、聽見而感更親近。有一次在輔導室中，一位妻子承認在她強硬表達的背後，很需要丈夫；丈夫聽了，伸出他的膀臂，抱妻子在懷中，夫妻感到甜蜜。妻子軟化了她強硬的外表，呈現脆弱的一面，丈夫冷漠的反應被妻子溶化；其實在丈夫冷漠的底層，是怕被妻子拒絕，丈夫是多麼期待妻子需要他，一顯丈夫雄風。

- 若彼此能回應需要，當然是好，但也有限制的時候，未必能夠完全回應，因此夫妻彼此接納更重要，這也是一個放手的歷程。成熟的愛，是包容對方的限制，而促使這份包容，涉及夫妻間的恩情。有一對夫妻，丈夫任職基層，個性沉默寡言，但是做事十分勤奮；妻子擅於辭令，很需要分享。起初她感到氣餒，即使她用誠意表達自己，丈夫也只回應兩句，妻子清楚知道丈夫不是逃避她，但她心裏總不是味兒，後來，筆者向她說：「你丈夫向你表達最大的愛，不是對你感受上的回應，而是他任勞任怨勤奮地工作，沒有浪費一分一毫在自己身上。」妻子聽後，默然落淚，因為沒有什麼比丈夫這份恩情更偉大、更令她感動，她亦接納了丈夫的個性。

- 夫妻放下防衛的甲胄，不再彼此攻擊、逃避，透過真誠分享，漸漸發展新的互動型態，夫婦可以用新的互動模式商討他們的具體生活問題，迎接每天的挑戰。有了好的關係基礎，夫妻商量如何解決日常的問題就更順暢。

7.2.9 回顧與整合

- 輔導員與當事人一起回顧他們的改變，他們對自己、對配偶有什麼新的發現和認識？
- 輔導員引導體驗夫婦之間的情，情不一定是浪漫，卻是一種融合日常生活經驗的情感。有一對夫婦一起回顧他們怎樣從無到有，建立起這個家，當中有很多感人的小故事，便是他們一點一滴培養出來的「恩情」。另外，情也衍生夫婦間的包容及寬恕，例如妻子對丈夫説，「你由始至終都是笨手笨腳」，説時沒有責怪的味道，而是包容了丈夫的特性。若沒有情，妻子可能只看見丈夫的自我中心，不顧他人感受等等。
- 有了歷史基礎的情，夫婦可以想像他們的未來，這想像是基於對彼此真正和深入的了解。
- 夫婦把輔導歷程中的體會融入生活中，例如，每日 WhatsApp 對方、分享生活的經歷、一起祈禱和閱讀、共同參與一些活動等等。

7.3 技巧

7.3.1 進入夫婦的內心世界

有些技巧與個人輔導是相同的，就是同理心。輔導員進入夫婦的內在世界，明白、確認他們的經驗，有助他們消化經驗和情緒，以致有更大能力看見對方。

7.3.2 輔導員的臨在

輔導員的臨在，是承載夫婦體驗的經歷，輔導員不帶任何框框，倒空自己，以單純的心聆聽，以真誠的態度尊重當事人的經歷。

7.3.3 理解文化背景的影響

輔導員須分辨什麼是由原情緒而衍生的經驗，什麼是夫婦自我保護的外顯行為，了解的角度除了一般的人性需要外，也必須放進文化的情境裏。例如有一對夫妻為了旅行的安排而爭論，丈夫說要母親一起前往，但妻子反對，各有各的道理。後來筆者聽出，丈夫深感對母親虧欠，覺得自己未盡孝道，很內疚。筆者知道他是長子，又是上了年紀的人，在華人文化中，盡孝是他認為的本分。當筆者表示理解時，他禁不住落淚，頓時軟化。

7.3.4 從善意角度理解當事人的行為

輔導員把當事人外顯的行為，用一個依附需要、內在脆弱，以及善意的角度理解。例如，當事人不停給予妻子意見，縱使妻子多番表達這樣做令她感到壓力，需要空間及丈夫的信任，但當事人似乎不能自已地給予意見。後來，筆者終於明白，當事人十分介意自己不能賺得足夠的金錢養活妻兒，內心難堪，惟有透過給予意見確立自己的貢獻。當事人聽後，對自己認識更多，更意識自己的行為。在輔導室中，他明顯減少了這種做法，妻子亦少了這方面的投訴。

另一個例子，有一個丈夫曾做過一件十分傷害妻子的事情。妻子深受困擾，期望他誠懇地道歉，但丈夫好像沒有什麼表達。當問到他如何看自己曾做過的事情時，他說，已經原諒了自己，外顯行為卻好像沒有悔意。但筆者細聽之下，發現當事人內心有種善意的動機，很想為婚姻付出努力。他已經釋放了；若然他被那件事纏繞不堪，不會有心力回應妻子的需要。

7.3.5 道出夫婦的互動循環

輔導員以一種諒解夫婦內在經驗的語調，描述他們的互動循環。從這個循環裏，看見雙方都有參與，輔導員並非要追究責任，只是指出雙方的內在經歷是可理解的，外顯行為也是人性自然的反應。雖然他們的外顯行為造成負向循環，但他們只是想親近對方，而不是個人有問題。

7.3.6 協助夫婦體會經驗

在輔導的過程中，輔導員協助夫婦體會他們的經驗，重點是當下的體會。輔導員可以透過查問當事人身體的經驗，又或是觀察當事人的身體反應，了解他當下的內在感受。筆者見過一對夫婦，男士聆聽伴侶分享時，聽見伴侶投訴他小題大做，身體有些微移動。筆者問他有什麼體會，他說很平靜，但筆者依着他的身體反應，嘗試對他說：「你身體剛剛的反應令我覺你『可能』感到生氣，因為你覺得伴侶做錯事，卻反過來投訴你小題大做，但你不想生氣，便叫自己不要介意，所以便以為平靜」，筆者捕捉當事人身體移動的一刻，讓當事人體會自己的憤怒。後來，他承認自己的怒氣，筆者協助他認領自己的情緒；然後對他說，「雖然你想不生氣，但被抑壓的感受會在其他事情爆發出來，伴侶以為你無理取鬧，結果大吵一場」。他們聽了，頓然明白他們的衝突是怎樣發生的。

7.3.7 協助當事人認領個人經驗

解讀當事人內在的關注及需要後，輔導員協助他認領自己的經驗。透過複述，甚或引領當事人接觸自己的身體，體會自己的狀況，從而深化他的經驗，然後認領。

7.3.8 引導當事人選擇自己的行為反應

夫婦可以了解自己行為的意義，從無意識的自動反應，到有意識的選擇，他不再盲動，而是可以主動為自己行動抉擇的人。有一個當事人，每逢他做錯事，例如遲到、承諾了的事情沒有辦妥，惹伴侶生氣，他都會不由自主地纏着她，求她不要動氣。然而，伴侶需要的是他認真看待問題，不是做些討好的行為。他愈是這樣，伴侶愈生氣，甚至氣到一個地步，命他走開，因為她不想用言語傷害他。當事人非但聽不到伴侶的心聲，反而纏着伴侶不放，他內心充滿恐懼，怕伴侶遺棄他。筆者看見他的恐懼，亦感到當事人下意識想惹伴侶的火氣，於是問他是否習慣被痛罵？當事人起初感到愕然，後來他提到母親在他幼時患上情緒病，當事人的母親表達強烈情緒時，所有人都遠離她，惟獨當事人在她身旁。在這個時候，當事人感到與她最親近。換言之，當事人因為恐懼伴侶離開，所以纏着對方不放，縱然伴侶表達她沒有這個意圖，他依然聽不見，似乎當事人透過引發伴侶的強烈情緒來感受她的親近。不過，這行為使他們的關係付上沉重代價。當事人意識了他這個行為來自自己的經驗，便有選擇能力，停止或繼續這個惹怒伴侶的行為，更重要是他意識自己想與伴侶親近的意圖，他與伴侶的互相循環也改善了很多。

7.4 結語

總的來説，夫婦為自己的經驗負責任，意思是認領自己的經驗。有了察覺，就可以主動選擇自己的行為；意識自己的經驗，對自己包容，才可以聆聽配偶，看見配偶的脆弱，回應他。夫婦就在這種彼此看見、接受內心經驗的狀態下，軟化了防衛與攻擊的機制，彼此真誠溝通，建立良性互動循環，在改善的關係中，解決他們的困難。

參考書目

1. Johnson, S. M., Bradley, B., Furrow, J. L., Lee, A., Palmer, G., Tilley, D. & Woolley, S. (2005). *Becoming an Emotionally Focused Couple Therapist: The Workbook*. NY: Routledge.
2. Murphy, J. G. (2003). *Getting Even: Forgiveness and Its Limits*. Oxford: Oxford University Press.

第八章

處理婚外情的個案

8.1 婚外情顯示的關係問題

8.1.1 逃避衝突的婚姻

8.1.2 逃避親密的婚姻

8.1.3 空洞的婚姻

8.1.4 藉婚外情完結婚姻

8.2 婚外情揭示的個人成長問題

8.2.1 滿足個人的成長需要

8.2.2 不能自拔的花花公子

8.2.3 大男人主義

8.3 處境變遷下發生的婚外情

8.3.1 戰亂、饑荒、逃亡

8.3.2 移民或工作變異

8.4 婚外情輔導要點

8.4.1 輔導被出賣的一方

8.4.2 輔導涉及婚外情的一方

8.5 輔導第三者

- 8.5.1 輔導員避免捲入矛盾角色
- 8.5.2 訂定輔導目標
- 8.5.3 幫助當事人明白事情的意義
- 8.5.4 檢視情感路上的經歷
- 8.5.5 疏理當事人的情緒
- 8.5.6 鼓勵當事人給情人空間作決定

8.6 復和輔導

- 8.6.1 逐步消除關係中的張力
- 8.6.2 以饒恕代替報復
- 8.6.3 重建信任及安全感
- 8.6.4 向第三者交代決定並道歉
- 8.6.5 容許婚外情的一方哀悼逝去的感情
- 8.6.6 夫婦共同為婚外情解碼
- 8.6.7 促進溝通，尋求個人成長
- 8.6.8 夫婦再度委身

8.7 結語

參考書目

從事婚姻輔導，其中一項常見的問題是婚外情。婚外情是十分複雜的問題，涉及夫妻千絲萬縷的情結，與第三者欲捨還留的糾纏，還有孩子因父母婚姻出現問題的反應。輔導這類個案時，或許我們要首先明白婚外情的性質。

8.1 婚外情顯示的關係問題

婚姻專家 Emily Brown 在這方面提出了有系統的分析。她認為夫婦會藉婚外情表達婚姻關係的問題[1]，例如逃避衝突的婚姻、逃避親密的婚姻、藉婚外情完結婚姻等等。

8.1.1 逃避衝突的婚姻

這類婚姻的婚外情主要是想引起配偶的關注。這類夫妻關係表面上是和諧的，但實際上只是逃避衝突，息事寧人，彼此都把不滿藏起來。發生婚外情的一方累積了太多不滿，下意識要藉婚外情揭示婚姻潛藏的問題。婚外情發生後，牽涉的一方會把過去一切不滿傾吐出來，有時連配偶也感到愕然。一般來説，這類夫婦平常的溝通有限，更不懂得處理彼此的分歧。

8.1.2 逃避親密的婚姻

逃避親密的夫婦不懂得把內心的脆弱表現出來，而且太怕受傷和失望，他們甚少分享真誠和脆弱的感受，通常是以互相指摘、批評、蔑視的方式交往，令關係形成很大張力。由於婚姻張力太大，於是發展婚外情，讓自己有喘息的空間。相較之下，婚外情比原來的婚姻浪漫多了；面對經常爭吵的配偶，婚外情的伴侶更是美的化身。婚外情的事件一旦揭發，夫婦便經常圍繞此事爭吵，彼此似乎還着緊對方的反應，卻不懂坦誠説出自己脆弱的地方，反以婚外情為主要談話內容，換句話説，婚外情的問題成為了夫婦聯繫的渠道。

8.1.3 空洞的婚姻

有些夫婦已經失去情感的聯繫，但因為責任，比方撫育孩子，大家便共同合作。到了孩子長大、責任完成的時候，雙方已再沒有聯繫的基礎。婚外情在此刻發生，意味長久以來的婚姻缺乏內涵，夫妻二人各自活在自己的世界，又怕離婚所帶來的壓力和後果。惟有維持一段空洞的婚姻，並以婚外情填補心中的寂寥和孤單，婚外情竟然起了穩定婚姻的作用。相對來説，這類婚外情揭發後所帶來的情感衝擊沒有第一、第二種巨大。其實，此類婚外情甚少被揭發，或許是配偶下意識忽略婚外情的蛛絲馬迹。

8.1.4 藉婚外情完結婚姻

即使一方想完結婚姻，配偶不一定輕易放手，有些人因而選擇了婚外情，希望配偶因婚外情的緣故離開自己。其實，有婚外情的一方未必對第三者有深厚感情，但早已下了離婚的決定；待配偶真的離開後，目的達到了，發生婚外情的一方也會很快終結與第三者的關係。

8.2 婚外情揭示的個人成長問題

有些時候，發生婚外情並不表示婚姻關係出現什麼問題，而是涉及婚外情的一方遇上一些個人成長的問題，婚外情只是這些問題的表徵。

8.2.1 滿足個人的成長需要

當人成長至某些階段，尤其是中年，又或是碰到生命上的衝擊，例如失業、喪父喪母等，都會感到生命有所欠缺和遺憾，內心空虛和落寞，這時候，很想找一些東西來填滿空洞的心靈。在輔導室中，通常會遇見下列處境的人士發生婚外情[2]：

1. 追憶逝去的摯親

喪失至親，當事人內心經歷莫大的痛楚，但又不知如何表達，婚外情就在這個時候出現。透過與婚外情的對象分享，當事人撫慰了內心的哀愁和痛楚。換言之，婚外情好像是幫助他們經歷哀悼的歷程。

2. 尋找心靈和情感的休憩處

這種婚外情特別容易發生在一向循規蹈矩的中年人身上。當事人是盡責、盡忠的好伴侶，生活安定，表面上擁有一個幸福的家，但這些人卻有「還未開發」的情感世界，由於他們慣以「應然」、

「規矩」、「責任」的標準生活，甚少接觸內心的情感世界，或了解自己真正的需要。於是，他們透過一個比自己年輕甚多的婚外情伴侶，重新展現活力，再次激起內心澎湃的感情。別以為這類婚外情是當事人一時迷失的錯誤，醒後便雨過天清。通常當事人的態度認真，以嚴肅的態度考慮怎樣處理配偶與第三者的關係，但卻卡在兩者中間，結果往往是既不能放棄婚姻的責任，情感上又不能離開第三者。

3. 尋回真命天子

對這類發生婚外情的人來説，結婚是一種妥協，配偶未必是他們最愛的人，但在現實生活中又沒有更佳的選擇，所以當年勉強成婚。直至有一天，他們覺得真命天子終於出現，經歷前所未有的歡愉和投契，於是毅然撇下一切，尋找真正的愛情。通常這類婚外情可以在短促的時間內發生，情感卻十分濃烈。

4. 追憶逝去年華

這類婚外情通常發生在較年長的人身上，當事人有感年華已逝，漸漸失去昔日的吸引力，很難接受自己已步入垂暮之年。為了證明自己的吸引力，肯定自我價值，他們會與那些比自己年輕很多的人發生戀情。或許在其他人眼中是不倫之戀，但他們卻如沐春風，再一次經歷年輕時的生命力，面對眾人的非議，他們報以嗤笑，暗罵他人的無知與俗氣。

8.2.2 不能自拔的花花公子

另一類因個人成長問題而衍生的婚外情，是那些在感情上不能自控的花花公子。雖然他們認同婚外情是不道德的行為，但他們屢屢重犯，涉及多次婚外情。這類人士以男性居多，多是社會的成功人士，説話具魅力，外表吸引，然而他們的內心卻是空虛，好像要藉一段又一段的婚外情來填滿內心的黑洞。婚姻對他們來説似乎是保護罩，掩飾他們不為外人道的荒誕生活。若追溯童年的成長，他們很可能曾受某種性侵犯，又或是與媽媽的關係過分親密，長大後在感情生活上未能建立常規與秩序。

8.2.3 大男人主義

有些丈夫持有傳統男性主導的觀念，認為男人三妻四妾只是風流，多一個老婆不是什麼道德的問題，只要自己有能力、有本事便行。因此包二奶、一夜情沒有什麼不妥。這類男士沒有打算離婚或是破壞自己的家庭，甚至覺得有責任繼續照顧屬於自己的女人。

8.3 處境變遷下發生的婚外情

這類婚外情是源於環境因素，由於環境變遷帶來巨大的衝擊，個人選擇的空間有限。以下是常見的環境變遷：

8.3.1 戰亂、饑荒、逃亡

這情況特別多發生在香港上一代的婚姻。由於政局不穩、戰亂連年，逃難至香港的男人，在家鄉已娶妻，來港後又另娶。有趣的是，鄉間的妻子與丈夫重逢時，在港的妻子會視那段關係是婚外情。由此可見，婚外情的界定不一定以時間先後為準。

8.3.2 移民或工作變異

香港的上一代因戰亂逃亡，這一代又曾掀起移民潮。由於生活迫人，很多丈夫被迫回港工作，妻子卻遠在外地。獨自在香港工作而又缺乏情感支持時，婚外情便很容易發生。另一種類似情況是一方北上中國內地公幹，這些人同樣感到孤單，婚外情的伴侶至少可供傾訴。

另一種變相的分隔是因為香港的工作時間太長，夫婦缺乏相聚的機會。在工時過長、資源增值的情況下，無數僱員過着非人生活，夫婦雖然活在同一屋簷下，但整個星期都緣慳一面。這類婚外情多是在工作環境裏發生，同事見面的時間比家人還多，溝通更直接，而且有共同話題，大家容易產生共鳴，情愫由此而生。

8.4 婚外情輔導要點

8.4.1 輔導被出賣的一方

在大多數情況下，被出賣的一方發現配偶有婚外情而尋求輔導，輔導員需要留意以下各項：

1. 聆聽當事人震驚的情緒

當事人會因為發現配偶的婚外情而失去安全感，動搖了對婚姻的信念和假設，亦可能出現一些類似創傷後壓力紊亂症（Post-Traumatic Stress Disorder）[3]，包括不斷回想配偶發生婚外情的過程、尋找蛛絲馬迹、思索有什麼可能的原因；同時亦會出現一些退縮、恐懼的行為，對事情極為敏感，作出高度戒備，不再信任配偶，恐怕再受欺騙。

當事人重複把事情向輔導員敍述，目的是整理整件事情，理解箇中的來龍去脈，讓自己掌握實況。因此，輔導員除了耐心聆聽外，亦要認同當事人的情緒，理解他們情緒的困擾。在適當的時候，向當事人提問，幫助他們整理事件。

2. 協助當事人整理震驚的婚外情事件

了解婚外情揭發的經過

究竟那段婚外情是怎樣揭發出來的，是當事人發現的，還是配偶主動告知當事人？知道這一點可以幫助當事人更明瞭婚外情可能顯示的信息。若由當事人主動發現，表示配偶可能沒有心理準備完結婚外情；若由配偶主動交代真相，可能顯示他想以婚外情解決婚姻中的困難，主動交代是求救的呼聲，又或是要藉婚外情令當事人踏出離開的一步，由當事人辦理離婚等等。

了解婚外情發生時的婚姻關係

為了幫助當事人進一步了解婚外情所揭示的問題，也可以從關係互動的角度着眼——究竟是不是婚姻關係欠缺解決分歧的機制，還是表示夫婦不懂分享心事，又或是夫婦失去對彼此的興趣呢？

重新認識配偶

當事人從前多少對配偶帶點盲目，但經過婚外情這重大的考驗，便有機會認清配偶的婚姻觀、面對壓力的反應、做人的原則等。

3. 協助當事人重建自尊與信念

對當事人來説，發現配偶發生婚外情不免帶來沉重的打擊，可能導致自尊受損、信念被摧毀，甚至在憤恨配偶之餘，亦會責怪自己沒有防患未然。因此輔導員要幫助當事人肯定他的自我價值，雖然當事人或許要為關係的問題負上部分責任，但發生婚外情的責任始終在涉及的一方身上。

4. 協助當事人決定下一步去向

在突然發現配偶發生婚外情時，有些當事人會毅然想到放棄婚姻，但這個時候，最重要是幫助當事人暫緩決定，因為衝動行事日後可能後悔，後悔自己未盡全力，太快走上不歸路。

另一方面，當事人該如何面對目前的婚姻？究竟給予配偶復和的機會，還是要更多空間思想前路？輔導員可以幫助當事人將焦點集中在自己身上，尤其是檢視這次打擊對當事人的意義、所產生的情緒、動搖了什麼信念等等，亦可探討他如何作決定，究竟是因為太怕失去配偶而不惜一切挽回婚姻？還是因婚外情的震撼而發現婚姻和自己潛藏的問題，想以誠意修補？抑或太憤怒，想離開？也有可能想尋回公道而計劃報復等等。輔導員可以從當事人如何決定，助其了解自己的模式：

衝動行事，事後後悔

好處：即時舒暢，反應快。

壞處：未經深思熟慮，容易後悔。

面對不能解決的問題而想逃避

好處：有即時的安全感，由環境決定，免自己承擔。

壞處：把主權交予環境，往往被迫走上自己不願走的路。

自欺欺人，簡化事情

好處：簡單地享受「問心無愧」或是「不去把問題想得太複雜」的安然。

壞處：從來不知道發生什麼事情，活在自欺中，沒有成長。

積極了解事情，客觀理性尋找出路

好處：清楚發生什麼事情，有方向，不斷累積人生智慧。

壞處：忍受痛苦的煎熬，經常發現連自己都不想面對的現實，情緒受困擾。

5. 輔導員與當事人商量介入的計劃

基於當事人的決定，輔導員清楚與當事人訂定輔導的目標與方向，究竟下一步是邀請當事人的配偶參與其中，還是繼續以個別輔導形式協助當事人。這決定在於：

- 配偶是否有誠意參與其中；
- 與當事人單獨見面的時間是否過長，以致影響婚姻輔導的中立性。若然，寧可轉介當事人另找輔導員；
- 當事人的情緒是否穩定，是否需要個別一位輔導員繼續幫助。

8.4.2 輔導涉及婚外情的一方

莫以為涉及婚外情的人風流快活，盡享齊人之福，據筆者臨牀經驗觀察，有不少飽受婚外情困擾的人都是認真投入感情，其實要面對受傷的配偶、纏繞的第三者終日哭哭啼啼，感覺也十分難受。因此，若有一個安全、接納的空間，涉及婚外情的一方也會想傾吐內心的掙扎，疏解千絲萬縷的情感糾葛。輔導員的介入重點包括：

1. 給予接納的空間，讓當事人細訴內心掙扎

由於當事人做了一些道德上不被認同的事情，他們對輔導員會否接納他們十分敏感，因此輔導員不要急於讓他們面對自己的責任；反之先諒解他們發展婚外情的苦衷，可能會聽見當事人多年來在婚姻中的痛苦，或如何受配偶壓迫，亦會聽到當事人曾在婚姻中所付出的一切。每一個正掙扎的人都需要有人聆聽和諒解，輔導員可暫且放下判斷的角度，進入他們的世界。

2. 協助當事人解讀婚外情對其意義

究竟婚外情在此時此刻發生表示了什麼？是關係中一些潛藏已久的問題，還是當事人成長的困擾？除了道德意義外，也可透過當事人在婚姻中的經歷以及他成長的歷史，探索婚外情對其意義。

3. 了解當事人的婚姻觀

一個有責任感的人，作重大抉擇時，要由價值觀導引，而非由情緒衝動或環境拉扯來牽引，價值觀不是一大堆頭腦的概念，而是在經驗基礎上累積的反省和智慧。那麼在衡量各種價值時，什麼較重要、什麼沒有那麼重要？例如：

- 對配偶、對子女的責任感
- 夫妻的恩情
- 浪漫的情愛
- 恪守承諾
- 委身的意義
- 對歷史的尊重
- 不辜負別人
- 做個好人

每個決定都帶來正負兩面的後果，最重要的是當事人想成為一個怎樣的人，要做個怎樣的人關乎當事人的核心價值，輔導員可以問：「在你百年歸老時，回望自己一生，怎樣才會覺得無悔？」人只可活一次，究竟當事人要為自己的生命塗上什麼顏色，畫一幅怎樣的圖畫？

4. 當事人如何決定？

當事人要在新歡舊愛間抉擇時，切忌引導當事人把配偶和情人比較，因為這是對人的不敬。而且，人不是用來滿足別人的需要，若把配偶情人比較，就好像看看誰較能滿足當事人，變相把人「物化」，即把人當作物件看待，其存在目的是滿足別人的需要。

大多數當事人都害怕做決定，寧可交由環境帶領，甚或由配偶、情人自行抉擇，自己則採取鴕鳥政策。但當事人要明白，不決定也是一種決定，人沒有不作決定的可能性，只視乎決定是由腳來帶領還是由頭帶領——用腳帶領就是由環境操控，自己只作條件反應；由頭帶領是清楚自己所要走的路，願意為後果負責。人若放棄決定的權利，就表示放棄生命的主權，甘願成為環境的奴隸。

5. 提供適當資料以助抉擇

向當事人提供一些研究資料，或許能幫助他們知道與第三者結合的可能。根據 Pittman 的調查[4]，只有 25% 與第三者結合的關係是可以持續，其餘 75% 最終也是以離婚收場。其實，這也不難想像，一段波折重重的關係縱然結合，也難放下種種歷史陰影及情感悵惘。

6. 與當事人計劃下一步輔導方向

當事人經過一段時間的掙扎，心裏大概會有些計劃：

- 雖然未有明確的取向，但願意與配偶為孩子的福祉商討合作之道，不過亦要在一個時段內給予配偶清晰的交代。
- 清楚決定與配偶復和，向第三者說再見。
- 決定離開，向配偶交代清楚。

輔導員可按這些可能決定下一步的輔導方向。

8.5 輔導第三者

在婚外情的糾纏中，第三者起了舉足輕重的作用，有時往往因為其明確的決定，涉及婚外情的一方才果斷地與配偶復合。一向以來，第三者都十分神祕，由於害怕被拒絕，一般都不敢露面。其實，很多第三者也深被情感與內疚折磨，徘徊於去與留之間，苦不堪言，但他們的處境卻甚少獲得同情，惟有收藏自己，聽從命運擺佈。

時移勢易，現在第三者也漸漸敢於尋求協助，輔導員若接觸到第三者的求助個案，可留意以下各點：

8.5.1 輔導員避免捲入矛盾角色

輔導員要清楚自己的角色，第三者的輔導員不宜作當事人夫婦的輔導員，因為雙方利益會出現矛盾。有時候，第三者的求助目的是希望與情人共諧連理，引導情人離開配偶，這樣的求助目標很可能與輔導員的價值觀衝突。輔導員要向當事人解釋清楚，這種做法對個案中的夫婦，尤其涉及婚外情一方的配偶甚不公道。輔導員要與當事人訂定另一個可行的目標。

8.5.2 訂定輔導目標

給予當事人傾訴的機會，讓他們知道有人願意聆聽和明白，輔導員暫時放下判斷，進入當事人的世界，諒解他們的痛苦。然後，與當事人訂定可行的輔導目標，這目標必須對當事人有幫助，同時對個案中的夫婦公道，最常見的目標有：

- 讓當事人明白自己情感的需要，理解自己成為第三者的心理情由。
- 當事人應該怎樣做？怎樣尋找出路？
- 當事人藉輔導幫助自己放下這段感情，離開情人。

8.5.3 幫助當事人明白事情的意義

很多第三者也知道自己的做法不對，但不知為什麼陷入這場糾葛中。透過自我探索，當事人可能發現這段感情對自己的意義：過去未癒合的情感傷口的投射，或是害怕孤單，極需要被愛護的感覺，或是肯定自我價值，雖然是第三者，但自己具有吸引力，迷倒那有婦之夫 / 有夫之婦。當事人愈能認領這段感情對他的情感意義，愈有能力為自己作出合適的選擇。抉擇的過程，取決於當事人的人生價值。愈醒覺的人，愈能夠免於慾望的驅策，由意義和價值帶動人生方向，甘願為自己所作的決定負責，不怨天尤人。相反，被慾望驅策的人，只着眼於自己的表面感受，很可能做出衝動和令自己後悔的抉擇。

8.5.4 檢視情感路上的經歷

在過去的情感路上，他們曾經歷什麼創傷，什麼遺憾，什麼痛楚？他們怎樣處理這些傷口？是壓抑，是放縱，還是不了了之？目下的際遇或許是醫治未癒的情感傷口的機會。

8.5.5 疏理當事人的情緒

對很多第三者來説，除了情人外，甚少傾訴對象，而且對方還沒完全離開配偶，有時甚至企圖復和，當事人自然也會嫉妒，這是人之常情。輔導員接納當事人這些情緒之餘，亦可協助當事人消化嫉妒、孤單、憤怒等情緒。

8.5.6 鼓勵當事人給情人空間作決定

若當事人真的愛他的情人，便容許對方有安心作決定的空間，不會擔心當事人自我傷害、報復等等。若當事人以情緒操控令情人就範，根本建立不到真正互相尊重的愛情，很可能會出現更多問題，甚至令對方反擊。

最後一提，筆者曾遇過一些情況，就是當事人雖然已婚，但也是別人的第三者，在她考慮是否離婚的過程中，也有給予「情人」空間，讓他處理自己的婚姻，當中沒有情緒操控，亦沒有滋擾。經過一段漫長的時間，當事人與自己的配偶離婚，對方也與配偶離婚，雙方再續情緣。這對「情人」再次向筆者尋求輔導，希望改善他們的溝通，為未來的婚姻作更好的準備。這種情況，筆者會鼓勵他們另找一位輔導員，因為筆者認識當事人的時候，也認識她的配偶，若給予這對「情人」輔導，好像出賣了她的原配偶。過去的歷史令筆者無法不面對忠誠的問題，惟有另一位完全不認識他們的輔導員，才可以真正中立地幫助這對「新婚」夫婦。

8.6 復和輔導

經過一場震撼的婚外情，有些夫婦或許以離婚終結；有些夫婦沒有清晰決定，仍維持婚姻與第三者的關係，繼續一種膠着狀態；有一部分夫婦則決定以真誠、決心去醫治婚外情的創傷，復和彼此的關係。復和輔導的介入重點包括：

8.6.1 逐步消除關係中的張力

雙方決定復和，先把拉扯的張力穩定下來，然後以真誠面對關係的困難。

婚姻關係復和過程

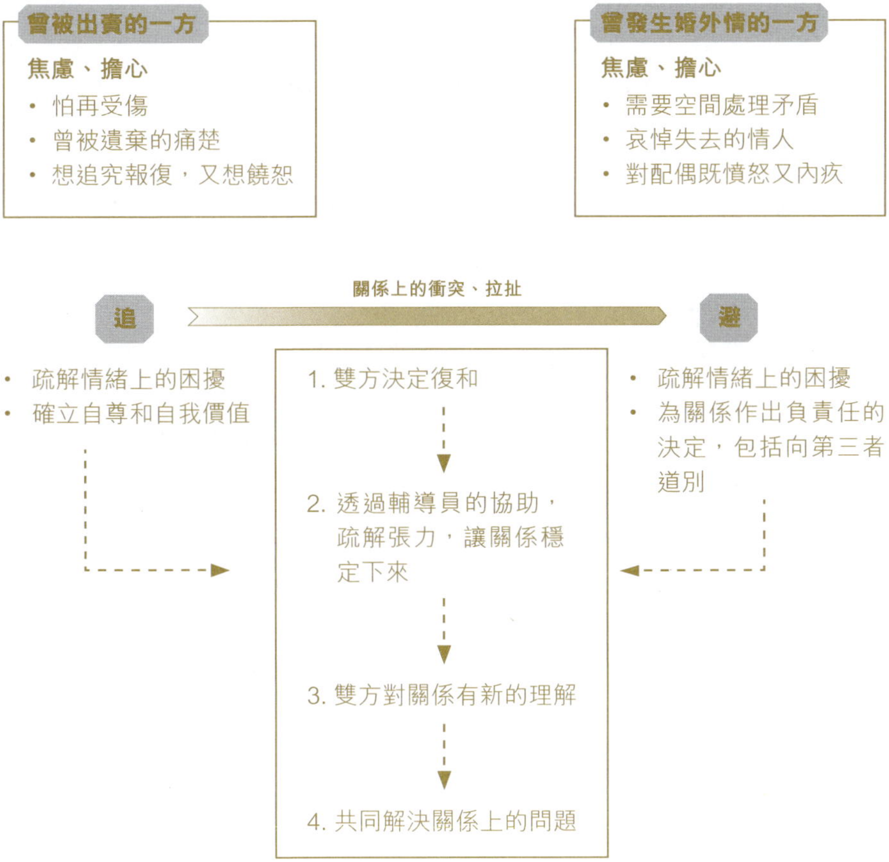

曾被出賣的一方

焦慮、擔心

- 怕再受傷
- 曾被遺棄的痛楚
- 想追究報復，又想饒恕

曾發生婚外情的一方

焦慮、擔心

- 需要空間處理矛盾
- 哀悼失去的情人
- 對配偶既憤怒又內疚

追 —— 關係上的衝突、拉扯 —— **避**

- 疏解情緒上的困擾
- 確立自尊和自我價值

1. 雙方決定復和
2. 透過輔導員的協助，疏解張力，讓關係穩定下來
3. 雙方對關係有新的理解
4. 共同解決關係上的問題

- 疏解情緒上的困擾
- 為關係作出負責任的決定，包括向第三者道別

此圖原載黃麗彰（2001）《同牀異夢》，經修改。

8.6.2 以饒恕代替報復

被出賣的一方願意以饒恕代替報復，涉及婚外情的一方亦願意參與尋求原諒的歷程。饒恕能否發生關乎幾個因素[5]：

- 被出賣的一方是否相信，縱然配偶發生婚外情，卻沒有刻意傷害自己的動機，只是一時糊塗而已。
- 被出賣的一方把發生婚外情的原因定位在配偶的人格上，抑或是關係的問題上？若相信是關係出現問題而導致婚外情，會較容易饒恕配偶。
- 涉及婚外情的一方有否悔意，並承認錯誤？縱然不是刻意傷害，是關係出現了問題，但婚外情始終是錯誤的做法，這一方能否向配偶真誠道歉？

輔導員引導涉及婚外情的一方向配偶認錯，但被出賣的一方未必能即時原諒，畢竟傷害太深，情緒經歷震撼，有如驚弓之鳥，還傷及自尊，感到羞辱。涉及婚外情的一方要諒解配偶的情緒會時有波動，甚至有需要知道婚外情的詳情，藉此重建安全感。故此涉及婚外情的一方有責任向配偶交代事情的來龍去脈。

涉及婚外情的一方如實透露了詳情，配偶或許會對其重新認識。整個過程中，涉及婚外情的一方除了向配偶交代事件真相，亦可分享自己在當中的軟弱，讓被出賣的一方更能諒解自己的情感掙扎，從而衍生饒恕的能力；根據研究發現，被傷害的一方諒解造成傷害的人正是饒恕的助力[6]。不過這個歷程通常發生在涉及婚外情的一方真誠道歉、確認配偶的傷害之後；若不然，要受傷的人過早諒解造成傷害的一方，未免對受傷的人構成不公義，傷口未癒，還要諒解傷害自己的人。

8.6.3 重建信任及安全感

涉及婚外情的一方，可具體做一些事情來建立配偶的安全感。雙方可以運用下面的重建信任行為表[7]：

夫	行　為	妻
有做「X」		有做「X」
	• 向我匯報行蹤	
	• 上班時打電話給我	
	• 回家吃晚飯	
	• 讚賞我	
	• 説我愛你	
	• 給我小驚喜	

有時不單被出賣的一方要求配偶這樣做，涉及的一方也有同樣需要，雙方為對方做一些事情，重建信任和關係。

重建信任的過程中，大家必須承諾不再有欺騙的行為，一段受傷的關係實在不能承受再次欺騙和出賣的衝擊，彼此必須珍惜配偶的信任。

在建立信任的過程中，被出賣的一方起初會不斷要求具體的佐證，以增強事情的可測性，有了掌握事情的感覺，才能漸漸相信配偶，放膽再依靠他。最後，經歷信心的跳躍（A Leap of Faith）[8]，就不用依靠可見的證據也能重新信任對方。

重建信任或許需要一段頗長的時間，不能一蹴即就。對一個曾被出賣的人來說，再次信任實在是冒險的，且情緒會不斷起伏，涉及婚外情的一方接納與諒解，能幫助配偶重建信心。

雖然涉及婚外情的一方需要為事件負責，但他們也要得到尊重：受傷的一方或許有十分強烈的情緒，也得保護配偶的尊嚴；涉及的一方同樣需要安全感，當他們的尊嚴受到保護，便不會帶着惶恐的心情，這樣才能在關係中開放自己。

8.6.4 向第三者交代決定並道歉

若涉及婚外情的一方曾真心真意投入與第三者的感情，甚或承諾過什麼，道義上也有責任清楚交代自己的決定和道歉。交代的過程不一定順利，而且糾纏着情感，難捨難離；故此決定要十分堅定，亦要避免保持什麼「朋友」關係，起碼在未來一段頗長的日子暫時不要相見，以防藕斷絲連，以後更難脱離那種膠着狀態。

8.6.5 容許婚外情的一方哀悼逝去的感情

人乃情感之動物，愈是對情感認真的人，愈是難放手，因此涉及婚外情的一方無論以什麼原因回轉婚姻，對失去情人難免哀傷。過渡哀傷需要時間，期間或會心神恍惚，茶飯不思。許多時候，被出賣的一方看見配偶悶悶不樂的樣子，心裏可能不是味兒，甚至懷疑配偶回轉的誠意。即使涉及婚外情的一方怎樣堅決離開第三者，也要空間和一段時間，把逝去的情感放下，配偶在這段時期要知所諒解。

8.6.6 夫婦共同為婚外情解碼

從不同角度了解婚外情發生的時段、情景、關係互動等，夫婦一起解開婚外情的原因。例如：

情景一：孩子出生後，妻子忙於照顧孩子，丈夫感到被冷落但不敢把感受説出，漸漸地與公司的女同事發展了婚外情。

解說：丈夫不敢把真實的需要和感受說出，恐怕與妻子衝突，夫婦二人似乎未能正面面對彼此的分歧。焦點在於他們如何解決矛盾？

情景二：妻子是十分主導的女性，丈夫是好好先生。自從妻子的爸爸中風後，妻子肩負照顧爸爸的責任，壓力倍增；對丈夫要求更多，也對丈夫所做的事情諸多不滿。最後丈夫與一名溫馴的女子發生了婚外情。

解說：同樣是不懂面對分歧的夫婦，丈夫不懂得保護自己的界線，遭受踐踏也不敢作聲；妻子面對壓力，需要援手，但一向以強者自居，不懂得以顯露脆弱的方法與丈夫聯繫，不知怎樣向丈夫求援而不令他感受踐踏。

另外，丈夫從那個溫馴的女子身上得到什麼？是男性尊嚴得到肯定？他如何在自我成長中，或是在婚姻關係中獲得這種肯定？

情景三：夫妻素來盡責勤奮，子女長大成人，開始離家建立自己的生活。就在這個時候，丈夫跟一名與女兒年紀相若的少女發生婚外情。

解說：夫妻一向以子女作為他們相處的聯繫，一旦子女離開，他們之間還有什麼聯繫的東西？丈夫與一名跟女兒差不多年紀的女孩相戀又表示什麼？是否思念離去的女兒？

8.6.7 促進溝通，尋求個人成長

不論是解決衝突也好，分享脆弱也好，聯繫情感也好，婚外情的出現往往表示夫婦缺乏了這些東西，婚外情結束後，夫妻要重新學習一套有效的溝通方法，亦要提高雙方的透明度。與此同時，婚外情揭示了個人成長的需要，夫妻要彼此扶持，一起邁向成長。

8.6.8 夫婦再度委身

夫婦的委身是個不斷重複的過程，婚外情的出現，讓夫婦更認識自己和配偶；基於這新的認識，夫婦要再度委身，從而產生更深的聯繫。有些夫婦為了記念雙方再度委身的決定，會安排一些儀式，例如周年紀念、互贈定情信物等。

夫婦再度委身的過程

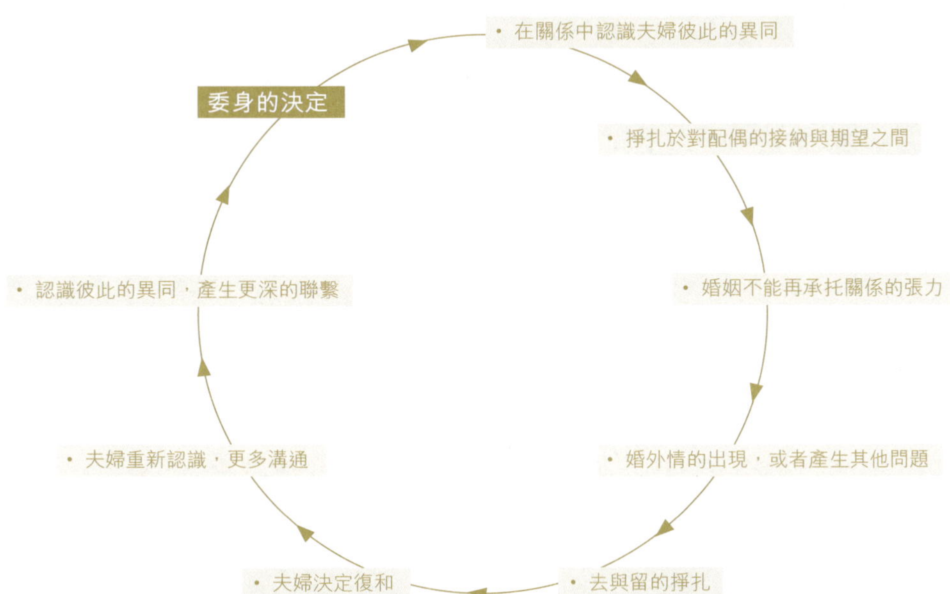

8.7 結語

婚外情的種類有很多，區分了不同形態的婚外情，或多或少可以了解該段婚姻的處境，夫婦的感情如何。坦白說，不是每一段經歷婚外情的婚姻都能修和，通常若婚外情是傳達求助訊號，表示涉事的一方還是想挽救婚姻，他們回轉的機會較高；在這情況下，婚外情顯示了關係出現問題，需要雙方共同解決，在修和的過程中，便是一個可以面對這些問題的機會。好的修和，可以轉化關係，把關係提升到一個更高的層次。

參考書目

1. Brown, E. M. (2001). *Patterns of Infidelity and Their Treatment*(2nd ed.). PA: Brunner-Routledge.
2. 黃麗彰（2002），《同牀異夢：婚外情的轉機》。香港：基道。
3. Glass, S. P. & Wright, T. L. (1997). "Reconstructing marriages after the trauma of infidelity". In W. K. Halford & H. J. Markman(Eds.), *Clinical Handbook of Marriage and Couples Interventions*. NY: John Wiley & Sons.
4. Pittman, F. (1989). *Private Lies: Infidelity and the Betrayal of Intimacy*. NY: Norton.
5. Gordon, K. C. & Baucom, D. H. (1998). "Understanding betrayals in marriage: A synthesized model of forgiveness". *Family Process*, Vol. 37(4), 425-449.
6. McCullough, M. E. (2000). "Forgiveness as human strength: Theory, measurement, and links to well-being". *Journal of Social & Clinical Psychology*, Vol. 19(1), 43-55.
7. Spring, J. A. & Spring, M. (1996). *After the Affair: Healing the Pain and Rebuilding Trust When a Partner Has Been Unfaithful*. NY: HarperCollins.
8. Rusbult, C. E., Wieselquist, J., Foster, C. A. & Witcher, B. S. (1999). "Commitment and trust in close relationships: An interdependence analysis". In J. M. Adams & W. H. Jones(Eds.), *Handbook of Interpersonal Commitment and Relationship Stability*. NY: Kluwer Academic/Plenum.

第九章

寬恕與修和

9.1 情感創傷的由來

9.1.1 婚姻的倫常規範受侵犯

9.1.2 對婚姻的期望落空

9.1.3 自我價值遭摧毀

9.2 情感傷害的層次

9.2.1 無心之失

9.2.2 蓄意傷害

9.2.3 持續的傷害

9.2.4 社會文化的傷害

9.3 饒恕的本質

9.3.1 饒恕不等同忘記

9.3.2 饒恕不等於認同傷害者的行為

9.3.3 饒恕不一定要復和

9.3.4 饒恕不等同自我犧牲和啞忍

9.3.5 饒恕不是高高在上地赦免

9.3.6 饒恕不是強迫的

9.3.7 饒恕不等同交換

9.3.8 饒恕不能一蹴即就

9.4 饒恕的層次

9.5 饒恕的準備

9.6 饒恕的歷程和輔導員的介入

9.6.1 夫婦共同參與

9.6.2 夫妻其中一方參與饒恕的歷程

9.6.3 拆解社會主流觀念的傷害

9.7 結語

參考書目

在親密關係中，很容易會出現彼此傷害的情況。姑勿論是因為配偶不忠、期望落空，還是受到言語上的侵犯，都會令關係受損。輕微的傷害可以宣洩情緒、調節思想來撫平，但較嚴重的傷害可能要更複雜和更漫長的饒恕歷程來醫治。在漫漫的婚姻長路上，關係難免受損，輔導員可以有系統的饒恕歷程協助夫婦修補破損的關係。

9.1 情感創傷的由來

9.1.1 婚姻的倫常規範受侵犯

夫妻關係存在着一些普遍的倫常規範，例如坦白、忠誠等。若某一方破壞了這些規範，如欺騙對方，甚或對配偶不忠，自然會帶來傷害。

9.1.2 對婚姻的期望落空

每對夫婦或多或少都對配偶有一定的期望，例如，丈夫期望妻子在背後默默支持他在事業上的發展，妻子期望丈夫明白和分享心事。然而，礙於種種原因，不論是社會的壓力，還是成長的限制，彼此都可能沒法滿足配偶的期望，以致因期望落空而失望和傷心。

9.1.3 自我價值遭摧毀

夫婦容易在婚姻裏展示脆弱，因此亦容易受傷害。姑勿論是刻意還是無心之失，夫妻間説出一些傷害的説話，又或者批評、嫌棄，都會損害彼此的尊嚴。尊嚴受損，便容易反擊，日積月累，傷害不斷加深，夫婦二人活像兩頭刺蝟。

9.2 情感傷害的層次[1]

情感傷害有深淺之分，一些表面的傷害很容易復原，但深刻的傷害則要花上心力和時間才能醫治。

9.2.1 無心之失

一些生活上的小過失，例如忘記配偶的約會、遲到、大意做錯事等，雖然當下會不愉快，但不構成嚴重傷害。過一陣子，就會把事情忘記，又或者做一些事情討對方歡喜，已能緩和氣氛，這些日常生活的小過失幾乎是夫婦生活的一部分。

9.2.2 蓄意傷害

有時夫婦會因為外在壓力、際遇不順產生挫敗感，累積太多不愉快的情緒卻無處疏解，很容易便會借題發揮，發洩在配偶身上。這種發洩不是無心之失，而是刻意令對方難受。雖然事後或許後悔，但當時卻是故意的，受傷的配偶感受到這種刻意的傷害，會覺得受委屈和無辜。若傷害不是太深，只要誠意道歉一聲，亦不難化解。然而，若累積了刻意的傷害，而夫婦沒有好好處理，到頭來也會構成嚴重的後果。

另外一些蓄意的傷害是做出某些行為，理應考慮配偶將會受到的影響，但竟然沒有顧及，常見的例子有婚外情，欺騙配偶等等。

9.2.3 持續的傷害

通常持續的傷害是源於不平等的關係、不公義的權力分佈，弱的一方無力反抗，強的一方恃勢欺凌。例如，一些受虐婦女長期處於恐懼中，命運似是受制於丈夫的心情，長期面對傷害，又無法作出反抗。

9.2.4 社會文化的傷害

社會的觀念和價值可以造成很多惡性傷害：例如上一代婦女活於欺壓女性的年代中，社會要求她們在婚姻中犧牲和扭曲自己，造成無數悲劇。由於那些欺壓的行為都是社會容許、甚至推舉的，沒有人為她們主持公道，以致因文化觀念受傷的人，容易怨天尤命，內心的鬱結難以疏解。

一般來説，饒恕輔導是處理刻意造成或更嚴重的傷害事件。

9.3 饒恕的本質

一向以來，饒恕都是富有宗教味道的東西。雖然中國人也講饒恕——「得饒人處且饒人」，但甚少探討其中的心路歷程。

在心理學的領域，直至 1980 年代，開始對饒恕產生興趣，因為相信它能醫治人們的心靈[2]。研究顯示，經歷饒恕的人，可以釋放憤怒、減輕對冒犯者的負面情緒、擴闊對傷害事情的理解角度、對冒犯者改觀，甚至對冒犯者產生同理心，增加對其正面的情感等等。有見及此，心理學家開始探討饒恕之道，並以之為心理治療。

究竟饒恕是什麼呢？也許首先要修正一些誤解[3]。

9.3.1 饒恕不等同忘記

饒恕不等同忘記事件，反之，是正視現實，從不同角度理解事情的真相，從而對整件事情產生新的理解。

9.3.2 饒恕不等於認同傷害者的行為

饒恕絕對不是扭曲公義，顛倒是非，相反，饒恕是在公義的基礎上討回公道，弄清楚誰是誰非。

9.3.3 饒恕不一定要復和

饒恕可以帶給人心靈的釋放，醫治受創的心靈。但復和卻要雙方誠意參與；亦需要冒犯者承認過犯，誠意地停止侵犯的行為。換言之，饒恕可以單方面進行，復和是在公義的基礎上雙方重建關係。

9.3.4 饒恕不等同自我犧牲和啞忍

既然饒恕不一定要復和，那麼也不等同要求受傷害者在不公義、不合理的關係下犧牲和啞忍，雖然受傷害的人饒恕冒犯者，但也要保護自己的尊嚴。

9.3.5 饒恕不是高高在上地赦免

這裏談及的饒恕，是源於我們先受了造物主赦罪之恩，以致我們有能力寬恕傷害我們的人，而非以自義的權威者自居，自恃道德優越而施予赦罪之恩。饒恕源於先領受被赦罪的恩典，令受傷害的人可以虛懷面對別人與自己的幽暗面。自己的幽暗面尚且得蒙赦免，基於感恩之情，同樣寬恕別人的幽暗面。若只基於道德的優越感赦免別人，便很容易自義自欺，無法認識真我。

9.3.6 饒恕不是強迫的

饒恕是有意識的主動行為，不是由權力強迫或者情緒操控的反應。因此，選擇饒恕與否，要由受傷的當事人自己決定。話雖如此，受傷者也要真誠面對「不饒恕」所帶來的權力快感，不放過冒犯者。有些情況，冒犯者已真誠道歉，也甘願為自己造成的錯誤負上責任，但曾受傷害的人始終不放過他，好像永遠要追討下去，這樣原本受傷的人也會變成冒犯者，造成彼此傷害的惡性循環。

9.3.7 饒恕不等同交換

我們不可能以饒恕的行為換取對方的愛或關心，或由於害怕失去關係，期望以饒恕來改變對方。其實，饒恕最終的得益人是自己，但並不一定能令冒犯者改變。

9.3.8 饒恕不能一蹴即就

饒恕是一個歷程，愈是深刻的傷害，所需的時間可能愈長。若是一蹴即就的饒恕，很可能是由自欺而生的虛假饒恕。

真正的饒恕是，曾經被不合理對待，並可能深受傷害，卻放棄報復、憎恨的權利，選擇以憐憫、仁慈和愛來對待冒犯者[4]。能夠這樣饒恕的人不單是在觀念上認同饒恕的價值，更重要的是流露成熟的生命。

9.4 饒恕的層次

人的道德心智有不同的發展階段，由此而衍生不同層次的饒恕，愛的饒恕是源於成熟、健康的生命。根據 Kohlberg 的道德發展理論，人的道德發展分為七個階段，而 Enright 等人根據這套道德發展理論描繪了不同層次的饒恕[5]：

	Kohlberg 的理論	Enright 等人的理論
第一階段	• 以懲罰和順服為取向，順服權威	• 報復的饒恕 —— 冒犯者必須受到應有的懲罰
第二階段	• 服膺相對的公義，即你對我好時，我也對你好	• 補償性的饒恕 —— 冒犯者要作出某種形式的補償
第三階段	• 由所屬羣體訂定好壞的準則	• 順應別人期望的饒恕 —— 饒恕是基於羣眾的期望與壓力
第四階段	• 以社會的法律訂定公義的原則，用法律來訂定好壞	• 應然的饒恕 —— 由於道德宗教的要求而饒恕
第五階段	• 意識不公義的存在，但仍然盼望維繫社會的和諧	• 欲維繫社會及保持關係而產生饒恕
第六階段	• 建立普通的倫理標準，依循自己的良知	• 愛的饒恕 —— 饒恕提升愛，冒犯者與受傷者有可能復和
第七階段	• 認定生命的價值；明白個人生命是宇宙的一部分	

9.5 饒恕的準備

不是每對受傷的夫婦都願意進入饒恕的歷程，有些人對饒恕有誤解，以為是否定公義；有些人則心有不甘，不想便宜冒犯者，心裏盼望傷害自己的人同樣經歷自己的痛楚，誓要討回公道。另一些人卻要表現道德優越感，利用自己受傷害的身分，佔了道德的高地，控訴冒犯者的不是，贏取別人的認同；也有些人認為饒恕是弱者的行為，擔心再被冒犯者欺負。姑勿論是何種心態，若當事人希望饒恕，他們要明白真正的饒恕是什麼，且認同它的價值。饒恕能幫助自己心靈釋放，亦有助夫婦修補關係。

對受傷的人來說，較容易饒恕的人自我價值觀都較為健康，容易進入別人的世界，諒解別人的限制。另一方面，當冒犯者尋求配偶饒恕時，必須停止傷害的行為，且有誠意面對自己的行為。至於夫婦方面，若對彼此情感較投入，願意委身及面對自己的責任，願意共同參與整個輔導歷程，能夠饒恕與修和的機會較高。

9.6 饒恕的歷程和輔導員的介入

9.6.1 夫婦共同參與[6]

夫婦都重視雙方的關係，但因無法忘記舊傷痕，很容易觸及傷口，小小事情也弄致不愉快，故此希望以饒恕來重建關係。

饒恕與修和的輔導歷程包括：

第一步：減低張力

舊的傷口未癒合，新的創傷更容易產生，一些看似微小的事情，會導致夫婦永無休止的爭執。例如，丈夫忘記向妻子報告當日的行蹤，妻子竟然大發雷霆，又或妻子一句輕描淡寫的批評，不滿丈夫忘記到銀行辦手續，卻引來丈夫大半天的沉默抗議。輔導員在輔導室聽見夫婦這些不愉快的反應，不妨以尊重和探索的精神了解彼此的心結。例如：「剛才我聽見先生 / 太太所說的事情會令你不愉快，你內心有什麼感受和體會？似乎不單是目前發生的事產生這樣的衝突，是否勾起一些過往的事情，難於放下？」若過去的傷害事件還纏繞着他們，目前雖然發生了小事，但衍生的互動循環可以相當激烈。

輔導員介入

- 進入夫婦的內在世界，諒解他們的掙扎，把他們的衝突放在一個雙方都不能自拔的負面循環來理解，這不是他們的錯，但雙方都有份參與在這個循環中。
- 由表面的互動模式，探索昔日的傷痕。究竟有什麼重要的傷害還未化解？
- 夫婦因受傷而衍生張力，在這階段認定要處理的傷害事件，認定雙方的角色。

第二步：揭開傷口、減低不公義、化解傷痛的情緒

夫婦進入對談的過程中，由於觸及以往的傷害，很容易會互相攻擊，因為配偶所受的傷害往往源於自己所做的事，矛頭直指自己時，一般人的反應是自辯，或者把矛頭轉向對方，變成互相指控。

輔導員介入

- 輔導員可預先向雙方表白：「這是大家分享心事的時間，你們願意分享，表示你們還信任對方，希望透過分享、澄清，把關係拉近，是嗎？那麼我邀請你們靜心聆聽彼此的心聲，或許過程中你會聽見一些你不同意的觀點，想立即回應，這是正常的反應；然而這樣卻令彼此沒法溝通，請你們放心，待一方分享完畢後，我會給時間另一方回應，好嗎？」輔導員先邀請他們遵行聆聽的原則，防止夫婦中途插入而阻礙溝通。

- 輔導員要鼓勵分享心事的一方以感受和具體事例表達傷害，而不是指控對方的人格。例如：「當你與另一個女人交往時，我多麼痛心和失落，像是跌落一個萬丈深淵，怎樣掙扎，也不能爬上來。」而不是「看你這副德性，既自私又無恥，永遠不會為別人着想，竟然一腳踏兩船！」夫婦一時間未必完全掌握這種表達方法，輔導員要不時協助，把當事人一些攻擊的説話用別的表達方法説出。例如當事人説：「你每次回家都板着嘴臉，身邊的人都怕了你，你太自私了。」輔導員可以説：「當他板着嘴臉時，你感到害怕，希望他能照顧你的感受，是嗎？」

- 在這個階段，重點是受傷的一方表達他核心的傷害，究竟他傷在何處，是自尊感，是痛楚的感受，還是什麼？他有什麼體會？

- 受傷的一方有足夠的空間表達他的經驗，輔導員給予同理心、諒解他，表達得到明白，受傷者的傷害便慢慢化解。

- 雖然一方做了傷害配偶的事情，但輔導員必須令他有安全感，不會被羞辱，讓他難堪。輔導員同樣需要聆聽他的心聲，很可能從中發現他也有受傷的地方。當雙方都得到聆聽及明白時，會較容易放下指控的矛槍。

- 輔導員對質冒犯者，讓當事人清楚認識自己，究竟冒犯者應付問題的模式有什麼值得反省的地方？這個模式未能應付婚姻的挑戰，結果做了傷害配偶的事情，冒犯者需要為自己的模式所產生的問題負上責任。雖然認識自己的幽暗面是難堪的，但能面對這歷程，人才會有成長。
- 冒犯者向配偶道歉，重要是他的悔意，當聽了配偶分享他受傷的經驗時，冒犯者有什麼感覺？他能否體諒配偶所受的傷害？面對自己曾做過的事情，有沒有難過、內疚？縱然行為背後有多少苦衷，也要為自己的行為負責，向受傷的配偶誠意道歉。
- 冒犯者的認同，可減低受傷者的痛楚，甚至能還他一部分公道。

第三步：饒恕

- 受傷者意識到有些傷害造成的後果是不能逆轉的，部分的事實已經改變了。
- 當冒犯者承認自己的錯誤時，也需要受傷者接納，有時冒犯者為了表達悔意，會樂意做些討配偶歡心的事情，然而受傷者可能十分享受被呵護的感覺，以致不放過冒犯者，受傷者需意識自己的心路歷程，有沒有什麼障礙他接受配偶真誠的悔意？
- 受傷者有沒有要負上關係出現問題的責任？原來，自己也有不完美的地方，當他可以面對自己的不足，也會較容易接受配偶的不完美。
- 受傷的一方需要聆聽配偶內心的分享，同樣地，冒犯者也經歷掙扎、矛盾以及傷害；受傷者能夠認同他的經驗，彼此會拉近距離。

- 受傷的一方決定饒恕，饒恕了就不再追究，也沒有受傷者與冒犯者之分。
- 冒犯者感激、珍惜被饒恕這份禮物，決心不再傷害配偶，不再重蹈覆轍。

第四步：修和

- 夫婦重建信任，在整個分享的歷程裏，彼此真誠地揭示限制並承認責任。大家親身聆聽，看見彼此的脆弱，雙方觸及彼此人性的掙扎，夫婦便建立了信任。
- 受傷的一方，以往可能忽略了配偶的需要，經過重修的過程，學懂回應。
- 冒犯的一方，過去可能習慣把心事埋藏，之後應要向配偶打開心窗。
- 夫婦看見自己的責任，共同參與改善關係的行動，重建親密的關係。

第五步：整合

- 夫婦共同回顧整個修和的歷程，他們分別有什麼成長和改變。輔導員可以參與其中，見證他們的經歷。
- 在日常的生活裏，夫婦可以繼續經營他們的關係，例如主動為配偶製造一些驚喜，表達甜蜜愛意，又或增加一些共同活動、有更多分享。

整個介入模式

階段	關係的任務	受傷者的歷程	冒犯者的歷程
1. 減低張力	建立治療關係 減低關係張力，找出要處理的傷害、誰是冒犯者、誰受到傷害		
2. 減低不公義及化解受傷的感受	彼此對話	• 表達核心的傷害 • 化解痛苦受傷的感覺	• 為冒犯的事情負上責任 • 歉意 • 諒解配偶的傷害
3. 給予饒恕	重構夫婦的身分	• 限制受傷者新增的特權 • 諒解曾冒犯自己的配偶 • 為關係出現的問題負上責任 • 決定饒恕	• 表達及化解內心的衝突 • 改變冒犯行為的決心
4. 修和	重建情感的連繫	• 感到被珍惜 • 以智慧重建信任 • 回應配偶的需要	• 持續的行為改變 • 向配偶打開心窗
5. 整合	夫婦參與改善關係的行動		

支持以上歷程的資源
- 家族的傳統
- 文化的傳統
- 靈性的傳統

註
- 受傷者與冒犯者的角色有時會互換，兩者要儘量保持關係中的平衡。
- 以上的階段可以交替，不一定是直線向前。

饒恕與修和的介入模式

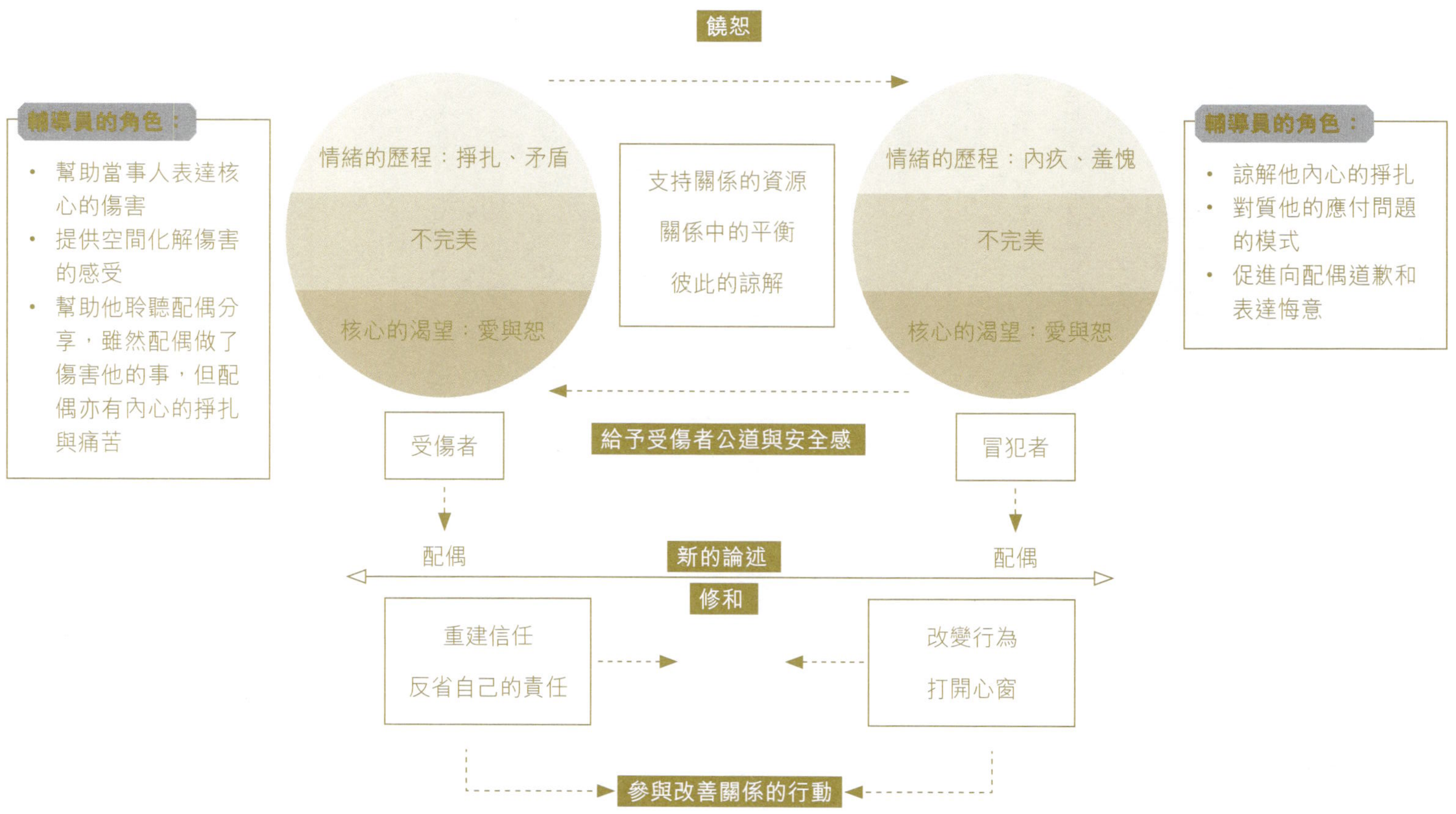

饒恕

輔導員的角色：

- 幫助當事人表達核心的傷害
- 提供空間化解傷害的感受
- 幫助他聆聽配偶分享，雖然配偶做了傷害他的事，但配偶亦有內心的掙扎與痛苦

情緒的歷程：掙扎、矛盾

不完美

核心的渴望：愛與恕

支持關係的資源

關係中的平衡

彼此的諒解

情緒的歷程：內疚、羞愧

不完美

核心的渴望：愛與恕

輔導員的角色：

- 諒解他內心的掙扎
- 對質他的應付問題的模式
- 促進向配偶道歉和表達悔意

受傷者

給予受傷者公道與安全感

冒犯者

配偶

新的論述

配偶

修和

重建信任

反省自己的責任

改變行為

打開心窗

參與改善關係的行動

9.6.2 夫妻其中一方參與饒恕的歷程

有時候，要夫婦同步參與饒恕的治療是十分困難的，尤其是彼此的仇恨太深，無論頭腦上、感情上，冒犯的一方都絕不認同自己可能對配偶造成傷害；又或是夫婦嚴重缺乏聆聽的能力。有些夫婦對傷害的理解極不相同，例如丈夫認為管教妻子是應該的，不認為侮辱她會造成什麼傷害；有些夫婦則已失去重建親密關係的興趣，認為何苦大費周章談什麼饒恕？

然而，對嚴重受傷的一方來說，雖然配偶拒絕參與，但他也想藉心靈醫治——饒恕，來幫助釋放自己，因此惟有單方面開展自我醫治的饒恕旅程。

在此筆者要強調饒恕不可以換取關係的改變，例如配偶回轉、配偶改變等等。有時候，輔導員會聽見當事人希望因為自己饒恕配偶，讓配偶覺悟而改變，懷抱這願望去饒恕的人，往往會失望。饒恕可以把人從憤恨中釋放出來，卻不一定導致關係的復和。

這方面的饒恕的歷程包括[7]：

第一步：揭開傷口

有些傷害令人刻骨銘心，一個曾被出賣的人害怕再信任別人，一個經常被拒絕的人常常懷疑自己和自責。輔導員要了解當事人害怕信任別人和自責的背後，究竟是什麼心靈的傷口？例如，當事人被配偶欺騙，受了傷害，便對周圍的人和事抱懷疑的態度，令她無法接受別人的好意，不能真誠地與人交往。換言之，當事人被欺騙的心靈傷口還在淌血，影響了她做人做事的方式。

在這個階段，輔導員要幫助當事人了解自己對人對事的方式是受了什麼傷害，才能知道要饒恕什麼。在安全而被接納的環境中，當事人會慢慢道出傷口。

第二步：承認傷害

在處理心靈傷口的過程中，除了曾傷害自己的配偶外，可能還有其他帶來傷害的人物，有的重要，有的在邊緣位置。哪些人對當事人的影響最深？在與之相處的過程中，當事人經歷怎樣的傷害和感受？有時候，當事人會拒絕承認自己曾受傷害，因為承認這些傷害，好像承認自己是弱者，尤其是傷害帶來的羞愧感，輔導員對此亦要諒解。輔導員包容的態度有助當事人誠實面對自己的傷害；又有些情況，當事人難於承認被自己所愛的人造成傷害，覺得承認這事，好像出賣了他們，又或減低對他們的愛，輔導員可以引導當事人明白，愈是深愛的人，帶來的傷害會愈大。當事人只有承認傷害，才能面對自己，況且正因為自己所愛的人傷害自己，便更需要饒恕他們。承認傷害是認領自己的情緒；認領了，心結才可化解。事實上，有很多人的傷害不能癒合，大部分源於當事人拒絕某些感受和經驗，以致情緒一直未被消化。

第三步：決定饒恕

承認傷害的存在、認識傷害對自己的影響、亦認領了傷害的經驗，當事人是否還能決定饒恕？雖然饒恕帶來很多好處，但當事人亦要付上某些代價，例如放棄享受道德優越感的權利、放棄追討的權利，甚至在探討整件事情對自己的傷害時，會再次勾起傷痛的回憶，並發現一些感到後悔的事情。把事情埋藏，起碼可以暫時避開事情的痛楚，因此決定饒恕是重要的取捨。

第四步：多角度地陳述傷害

決定饒恕後，當事人要再次陳述那些受傷害的事情。這一次的陳述與腦海中的記憶有些不同，因為探討的角度多了、闊了。例如，當事人痛恨丈夫離棄她，腦海載滿丈夫對不起她的事情，輔導員可引導她多了解與丈夫相處的模式、丈夫的感受、丈夫對她的付出等等，讓當事人不單看見丈夫離棄她的現實，也看見丈夫曾受的委屈和痛楚。有時當事人會否認這些可能，因為他們沒法相信傷害自己的人也有痛苦的一面。經歷否認、掙扎後，當事人會漸漸從多角度及更深的層次去了解整件事情。或許他們會慨歎難以分辨善惡、正邪，而正因看見複雜的人性，當事人便少一份自義。

第五步：放手

放手是一種釋放。能夠放手是因為當事人動搖了固有的角度，從只看見冒犯者的所作所為，至體會他們的感受、軟弱和限制，而這些發現正正照出人性的一面。例如，當事人因為丈夫逃避問題而憤怒，但原來逃避背後是恐懼，那麼當事人又怎樣經歷自己的恐懼呢？或許當事人會認為自己不會因恐懼而逃避，所以更憤怒丈夫的行為，輔導員可以對她說：「丈夫的逃避帶給你莫大傷害。你丈夫缺乏面對恐懼的能力，而你卻有面對恐懼的能力，你丈夫被恐懼籠罩，做出傷害你的事情。若我是你的丈夫，會羞於面對自己，為什麼自己連面對恐懼的能力也沒有？做出連自己都不能面對的事情，身不由己。」繼而可以幫助當事人回看自己，什麼時候會身不由己？例如，她想心平氣和時卻被憤怒籠罩，還是想表達善意時卻變成了攻擊？人總有軟弱和身不由己的時候，當事人經歷過自己的軟弱，便能諒解冒犯者的軟弱。

當事人愈是察覺自己不完美，便愈有能力接納冒犯者的不完美。然而，重要的是，當事人發覺自己不完美時，需要獲得輔導員的接納，否則便會以自我否認、還擊、自辯來保護自己。當事人體驗到自己與冒犯者人性的一面，便會漸漸釋懷。

第六步：自我的轉化

當事人在放手時經歷一種內在的自由，開始肯定經歷傷痛的意義。成長往往要經歷痛苦，雖然如此，藉此卻能更認識自己，更深刻體會人性的複雜。所謂成長，是對人性多一分包容，對自我多一分了解，對人生多一分智慧。輔導員在這階段的角色是見證當事人的成長，讓當事人肯定自己成長的經歷。很多時候，若不是輔導員在旁清心的觀察，當事人也不知道原來自己已得着了很多。

9.6.3 拆解社會主流觀念的傷害

如果傷害是由社會的觀念衍生，受傷者很難知道要饒恕誰、饒恕什麼。由於缺乏清晰的對錯，傷害的事件含混，饒恕便很難發生。例如，一個善感的人很容易受周遭的人事影響，以致情緒低落。本來只要有足夠的空間，讓她有機會安靜下來，情緒便會漸漸康復；但丈夫認為她不夠剛強，連家人朋友都不能接納她的情緒，譴責她太敏感、太主觀，長期活在這種批評下，當事人受了傷也不自知，反倒以為是自己的錯。

又例如妻子要求不求名利的丈夫不斷上進，丈夫為了滿足妻子的要求，惟有扭曲自己，但無論怎樣做，也不能完全滿足妻子的要求，丈夫深感自責，弄致情緒抑鬱。丈夫受了情緒上的傷害（妻子看不起丈夫的能力），還以為自己不中用。

社會對於我們做人有一套主流的價值觀，諸如情緒上要保持穩定開朗、事業上要力求上進，甚至公司之間流行什麼資源增值，一些不能適應這些觀念的人很容易被視為有問題。在不被接納的情況下，當事人往往受着雙重傷害。既因不能順應社會主流觀念而遭排斥、被邊緣化，又被視為有問題的人，尊嚴受損。

輔導員幫助當事人醫治情感傷害時，要拆解當事人被什麼觀念束縛。為什麼人不可以流露自然的情緒？若既無操控，又無傷害，幹嗎硬要套入一套統一的模式裏？輔導員引導當事人用獨立的批判思考挑戰這些觀念，為什麼人一定要在事業上力求上進？可能有些人視親情友情比事業更重要，為何不追求事業的人就要遭人白眼？當事人進入饒恕歷程時，先要弄清楚自己受了什麼傷害，對於因為社會觀念而衍生的傷害，輔導員要引導當事人用批判的角度來尋找傷害的源頭。

夫婦意識這些傷害的步伐通常不甚一致，尤其是既得利益的一方，例如丈夫不知如何處理妻子波動的情緒，很難接受不穩定的情緒也可以是健康的，故此會傾向接受社會的主流觀念。再者，他又怎樣接受自己也是傷害妻子的一員？但對受傷的一方來説，愈是能擺脱社會觀念的約束，就愈能得到自由，這方面的饒恕歷程，或許夫婦未必能共同參與。

對受傷的一方來説，批判社會觀念、從受壓的觀念中釋放出來，可能會使婚姻關係更趨不穩定。最常見的例子是，受情緒困擾的妻子尋求輔導，經輔導後，變得愈來愈自強，甚至發現丈夫也是自己情緒困擾的「幫兇」。這個時候，婚姻關係會出現張力，有些甚或踏上離婚之路。因此，在饒恕的歷程中，一方面要把受傷害的人從情緒枷鎖中釋放出來，但同時也不能自以為義，也要諒解冒犯的一方。然而，諒解不等於認同，諒解是進入別人的世界，明白人的限制，認同是針對行為，判斷行為是對的。真正的饒恕雖然不一定認同冒犯者的行為，但也可以是諒解他的限制。不過，話説回來，若傷害的行為涉及人身安全，尊嚴受踐踏，那麼受害者必須自我保護，不能戴着饒恕的面罩啞忍下去。

9.7 結語

饒恕輔導與傳統的婚姻輔導最大差異是涉及道德的判斷。傳統的婚姻輔導要求輔導員放下判斷，全然接納當事人；在饒恕輔導中，輔導員同樣要接納當事人，但尋找心靈創傷的原因時，難免涉及道德倫理的判斷。而且，這種判斷往往要從千絲萬縷的人倫關係中疏理出來，故此，對不習慣下判斷的輔導員來説是新的挑戰。

參考書目

1. Borrowdale, A. (1996). "Right relations: Forgiveness and family life". In S. C. Barton(Ed.), *The Family in Theological Perspective*. Edinburgh: T & T Clark.
2. Konstam, V., Marx, F., Schurer, J., Harrington, A., Lombardo, N. E. & Deveney, S. (2000). "Forgiving: What mental health counselors are telling us". *Journal of Mental Health Counseling*, Vol. 22(3), 253-268.
3. 黃麗彰（2002），《婚姻中的創傷與饒恕》。香港：突破出版社。
4. North, J. (1987). "Wrongdoing and forgiveness". *Philosophy*, Vol. 62, 499-508.
5. Enright, R. D. & The Human Development Study Group (1991). "The moral development of forgiveness". In W. Kurtines & J. Gewirtz(Eds.), *Handbook of Moral Behavior and Development*, Vol. 1. Hillsdale, NJ: Erlbaum.
6. 這裏提出的模式是擷取自 Wong, L. C. (2012). A Study of Forgiveness and Reconciliation of Married Couples in the Chinese Context: Development of a Clinicalintervention Model. PhD thesis, HK: The University of HK.
7. Wong, L. C. (2005). "Forgiveness in marriage". In K. P. H. Young & A. Y. L. Fok(Eds.), *Marriage, Divorce and Remarriage: Professional Practice in the Hong Kong Cultural Context*. HK: HKU Press.

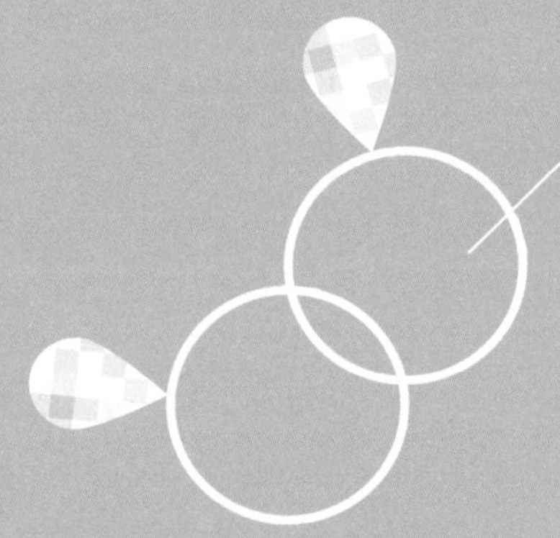

第十章

離異輔導

10.1 兩類離異歷程的輔導
10.1.1 情感日趨淡化，從期望到絕望
10.1.2 因為巨大傷害而考慮離婚
10.2 夫婦分離過程的互動
10.2.1 離異過程的特徵
10.2.2 介入要點
10.3 合作做父母
10.3.1 介入重點
10.4 如何面對分離後的痛楚
10.4.1 分離的七個階段
10.4.2 介入要點
10.5 結語
參考書目

一對相愛的戀人發展至離異的階段，當中定是經歷了很多傷痕和淚水。縱使社會愈來愈接受離婚，但對當事人來説，從考慮離婚到真正下決心，都經歷痛苦的掙扎。據臨牀經驗所得，離婚的決定有兩類歷程，一是婚姻日趨淡化，情感漸漸疏離；二是因突發事情而引起。

10.1 兩類離異歷程的輔導

10.1.1 情感日趨淡化，從期望到絕望

1. 變化階段

第一階段：隱藏

當事人開始感到婚姻不愉快，從盼望至失望，對配偶信心動搖。有些當事人會向配偶透露不滿，期待回應，有些會更善待配偶，希望以自己的努力，改善不愉快的婚姻。當事人會開始萌生離婚的念頭，卻隱瞞配偶[1]，且不許自己胡思亂想。在生活中，縱然爭吵時曾嚷着離婚，但並不是認真的，始終覺得這是瘋狂的念頭；而從配偶的角度看，也不認為二人會走上離婚的路。

第二階段：亮起紅燈

雖然當事人曾透露不滿婚姻的現狀，努力改善它，但似乎仍然不能滿足期望，累積了不滿和失望，當事人就開始盤算離婚的可能。或許他會暗地裏尋找有關離婚的資料，打聽過來人的心聲，了

解離異家庭的適應等等。當事人雖然想踏出離婚的一步，但思前想後，現實有太多限制和壓力，況且對配偶還有依戀，於是內心仍想給配偶機會盼望他改變，例如多表達對他的不滿，期望他真的明白婚姻出現了問題，他要有所行為；又或自己努力學習如何與配偶相處，尋求改善關係。在這階段，當事人會以旁觀者的身分觀察配偶的回應，而配偶往往不知道自己已進入接受觀察的階段。

第三階段：抽離

婚姻是二人一體的單元，夫婦通常有共通的朋友、親戚、社交活動等等。因此關係開始分裂時，當事人最大的恐懼是失去本來共有的東西。然而，若離婚的可能日趨明顯，當事人會開始積極建立新的網絡、新的社交圈子，亦會與配偶分開參與某些活動。這種做法，是情感抽離的開始。

當事人對配偶愈來愈失望，愈來愈沒有信心，思前想後，單方面重新建構整段婚姻的歷史。很多時候，當事人對關係中曾出現的快樂片段產生懷疑，以失望的角度尋找婚姻已無藥可救的罪證，更甚者是對配偶的人格、品性形成偏見 —— 當初認識的配偶原本可愛吸引，如今卻成了卑鄙無恥之輩，加上生活中發生種種不愉快的經歷，加深了當事人對婚姻和配偶的負面印象[2]。當事人逐步抽離婚姻關係中的情感，這是婚外情最容易發生的時候。

第四階段：宣布

累積太多不滿、懷疑配偶的人格、經歷婚姻生活的痛苦，已令當事人吃不消，經過內心漫長的掙扎（可長達兩、三年），終於把離婚的決定宣布出來。當事人有幾種可能的表達方法：

- 分開居住，準備與配偶離婚。
- 在情感抽離的階段不知不覺間發展了婚外情，自己主動提出分手，或故意讓配偶發覺自己不忠，令對方提出離婚。
- 對配偶漠不關心，不願意付出，使其極度難受而提出分手。
- 夫婦各自生活，河水不犯井水，縱使仍生活在同一屋簷下，卻恍如陌路人。

2. 介入要點

正掙扎是否離婚的人，其實盼望有人諒解，聆聽他們的心聲，幫助他們選擇正確的路。然而，又擔心離婚的考慮會惹人非議，因此不敢向人透露。近年，或許是本地教育水準提升了，加上輔導專業獲得認受，似乎愈來愈多在離婚邊緣掙扎的人願意尋求輔導。

輔導員介入時，可從下列方面協助當事人：

評估當事人處於哪個階段

- 當事人有沒有通知配偶，還是處於隱瞞階段，希望自己先決定了才讓配偶知道？若是這樣，輔導員除協助當事人探討他的婚姻觀以及在婚姻所受的困擾外，也要顧及另一方的感受。在可能的情況下，當事人最好讓配偶知道他在婚姻中的困擾，而非待一切塵埃落定後才知會對方，那種出其不意的決定，會令配偶感到極大震撼、感到受瞞騙、被出賣。

- 當事人是否想要透過離婚發出警號，並希望求助？若然如此，最好讓配偶一同參與改善關係，共同努力為婚姻耕耘。

- 當事人是否已經清楚作了離婚的決定，尋求輔導的目的純粹希望輔導員好好處理配偶離異的反應？若是，輔導員要讓當事人知道，他有責任向配偶解釋和交代，甚或要承受配偶情緒困擾的結果。有需要的話，亦要真誠向配偶道歉，不可以像「臨終托孤」般，把應負的責任推給輔導員，自己卻心安理得地離開。當事人甚至要面對他已對配偶造成不能磨滅的傷痕。

離異抉擇的輔導

若當事人仍在掙扎，輔導員可以向他提供離異抉擇的輔導。

探討離婚對當事人的意義

當事人對輔導員建立信任以後，輔導員可嘗試了解當事人從什麼時候開始考慮離婚？為什麼要離婚？促進當事人領略離婚對他的意義。其實當事人要踏出離婚的一步，最低限度也要有説服自己的理由，究竟向自己交代的離婚理由是真相，還是心理投射？當事人覺得配偶有很多問題，不能接受配偶種種不是，這可能是當事人投射出來的反應，把問題推給配偶只為自己良心好過些。輔導員要幫助當事人誠實面對自己，找出離異的真相，免得自欺欺人。筆者曾認識一位提出分手的當事人，起初他把分離的責任推給伴侶，指摘她霸道、急躁，後來他坦然面對自己，不得不承認內心的怯懦與退縮，他真誠向伴侶承認不足，亦抱歉不能給予伴侶幸福，所以決定離開，伴侶雖然痛心，但至少也不會過多怪責自己。

一般來説，當事人向自己交代的離婚理由包括：

- 婚姻不愉快，曾努力改善卻不奏效，自己的苦楚得不到配偶重視，因此選擇離婚。然而，配偶若願意改變，他會否給予配偶復和的機會？有人作過一項為時五年的研究，追蹤一些婚姻不愉快的人會否因為離婚而變得愉快，結果發現[3]：即使離了婚，那些曾經歷不愉快婚姻的人也不會變得愉快；離婚不能幫助不愉快的人減低抑鬱或提升他們的自尊；而最奇妙的發現是，那些沒有選擇分居或離異的不愉快婚姻之中，五年後，結果有三分之二變為愉快婚姻。當事人可以參照，考慮自己的情況。
- 已找到心目中的理想對象，決定拋棄目前的配偶。很多發生婚外情的人，都很難面對自己貪新忘舊的幽暗面，於是產生心理投射，極力找尋配偶的種種不是，把責任推給對方。因此，當事人要清楚知道自己有沒有真正愛過配偶，對配偶的負面印象是客觀的事實還是主觀的偏見。在誠實面對自己時，是否找尋藉口離開婚姻？有沒有對不起配偶、辜負了配偶的地方？

* 若他真的經歷痛苦的婚姻，亦曾真心真意愛過配偶，但不幸發生了婚外情，藉此解決婚姻的問題。那麼他亦要面對另一真相，就是自己沒有恰當選取解決婚姻問題的途徑。

當事人了解自己的模式

輔導員引導當事人看清與配偶的互動，從而看到自己的模式。例如，當事人説配偶不尊重他，令他難受，然而他如何讓配偶持續地不尊重他？經過探索，當事人發覺自己完全認同配偶罵他無用的説法，配偶向他發洩情緒時，他認定自己無用，連自我保護的能力都沒有。後來，他負上保護自己的責任，也認定自己應該擁有尊嚴，不再容忍配偶的惡待，配偶也收斂起來。經過這些改變，兩夫妻反而相處得更順暢。

另一個例子，妻子覺得丈夫不夠浪漫，不明白她的需要。經過自我了解，當事人發現自己的期望不切實際，童年孤寂的生活讓她埋下這個渴求，當她醒覺過來，決定與丈夫修和。

然而不是每個當事人都能如此突破地改變自己，縱使自己未能改變過來，也要誠實承認自己的運作模式，這個模式也是構成婚姻問題的一部分。

當事人的價值觀

當事人的價值觀會影響他如何抉擇，例如他想做個負責任的人，還是貪新忘舊的人？他重視什麼價值？當事人必須排列自己的價值觀，究竟孰輕孰重？任何一條路都要付出代價，自己願意為信念付上代價嗎？若要做個有情有義的人，便可能要放棄一個更適合自己的第三者；若認為在別處能找到真正的愛情時，便可能要背負辜負配偶的罪名。

自我反省的空間

有些時候，由於當事人面對情感的拉扯，心神都放在其上，內心缺乏寧靜的空間。因此，輔導員可以鼓勵當事人為自己製造獨處的空間，靜心思考及反省。

猶豫不決的代價

離異是困難的決定。有些人壓根兒想逃避面對這種抉擇，希望由環境來決定。輔導員要引導當事人明白不下決定的代價；雖然表面上好像能逃避道德良知的譴責，但客觀上對配偶造成更慘痛的傷害，因此決定的責任是無可推諉的。

10.1.2 因為巨大傷害而考慮離婚

1. 特點

當事人發現配偶不忠，或是因為重大的傷害而考慮離婚，一般有以下特點：

- 決定可能是衝動的，一下子沒法面對傷害帶來的衝擊，希望儘快離婚減輕痛楚。
- 傷害太深，對配偶充滿恨意和憤怒，亦有報復心態。離婚可能是保護自尊的做法。
- 離婚的決定很可能是基於對整件事情片面的了解，腦海中不斷尋找證據支持自己的立場，而非客觀全面地了解整件事。
- 在衝動和忙亂中，對自己所作的決定感到迷失，但又好像騎虎難下，不斷被環境牽引，甚至有點身不由己。
- 決定太快、太匆忙，事後感到後悔，怪責自己太衝動，沒有給予自己和配偶留下足夠的空間修補關係。

2. 介入要點

給予充分空間

由於創傷是突如其來的，當事人感到思緒紊亂和傷痛，因此輔導員要給予充分空間讓當事人複述經歷。有時，當事人要不斷重複整件事情，重複的過程可讓當事人減輕痛楚，並對事情加強理解。

引導當事人免衝動行事

輔導員肯定當事人的情緒，讓當事人明白衝動決定離婚的危險。由於事出突然，他需要較長的時間讓自己充分考慮，以免他日後悔。有的當事人十分急切解決問題，不是衝動決定離婚，就是迫配偶復和。若配偶反抗或拒絕，又會再次掉進想儘快離婚的衝動中，情緒有如鐘擺。

協助當事人重新理解婚姻

有時候，配偶會把婚姻破裂或不忠的責任反過來推給當事人，令當事人苦不堪言，一方面要承受被出賣、被遺棄的打擊，同時面對配偶的指控，故此輔導員要協助當事人理解婚姻中出現各樣事情的原委和意義。例如，配偶發生婚外情，蘊含什麼信息？是代表配偶藉第三者要當事人主動提出離婚，還是向當事人表達婚姻遇上困難？若是配偶想藉第三者離開婚姻，而且由始至終缺乏誠意與當事人改善關係，當事人不用過分自責，甚至可因此認清配偶的為人。若配偶希望表達關係上的困難，當事人就要誠實面對自己，有否曾經忽略配偶求救的訊號，並為所出現的困難負上責任，但歸根到底，當事人也不用為配偶的婚外情負上責任，即使關係出現困難，配偶發生了婚外情，仍是不忠的表現。

協助當事人了解離婚對自己的意義

有時候，當事人想利用離婚威脅配偶回轉，或許保護受傷的尊嚴，或許是要離開當下的痛楚。輔導員要協助當事人了解離婚帶來的意義，以及離婚底層的目標是什麼。

讓當事人清楚自己的信念和價值

究竟當事人想怎樣向自己交代？可能的情況包括：

- 清楚知道自己在婚姻中的底線，不容許配偶逾越；
- 認為婚姻中理虧的不是自己，不用負責做離異的決定，何不交由配偶對他所做的事情負責，自己則處於等待的位置；
- 對婚姻永遠不離不棄，除非配偶離開自己，否則不會離開配偶。

若當事人清楚自己的信念，尤其是核心價值，便能選擇一條明確的路。有一位妻子發現丈夫的婚外情，起初曾有強烈的離婚意向，但經過一輪掙扎後，意識自己最關注孩子們的福祉，這是她的核心價值，於是選擇留在婚姻。另外，有一位丈夫發現妻子的婚外情，起初不想計較，但當他誠實面對自己，發現自己有強烈的報復心態。由於他清楚自己的核心價值是不想傷害他人，擔心自己會傷及妻子，於是選擇離婚。

10.2 夫婦分離過程的互動

夫妻在離異過程中，會經歷一次又一次的陣痛。這階段的夫妻互動，通常有以下特徵：

10.2.1 離異過程的特徵

特徵一：性格各走極端

夫婦會出現兩極化（Polarization）的現象，尤其是想離開的一方，會發覺與配偶的性格各走極端。

特徵二：缺乏共同的興趣與話題

夫婦難有共同的興趣與話題，步伐也不一致。有時一方想表達好意，另一方卻不領情；一方想輕鬆享受一下，另一方竟要提出嚴肅話題，彼此沒有共通的地方。

特徵三：拒絕溝通

夫婦像聾子溝通[4]，騰不出心靈空間，聆聽對方的心事，甚至曲解對方的含義。在自我保護的狀態下，雙方都堅持自己的立場，認為對方是錯，溝通陷入了批評、蔑視與冷漠的惡性循環[5]，彼此都感到無能為力。

特徵四：失去耐性

雙方的內心充滿張力，耐性和容忍度都很低。配偶無心之失的說話，都被看成是天大的錯誤。夫婦二人都失去信心，彼此懷疑對方的好意，即使想表達善意，都感到吃力不討好。

特徵五：懷疑對方的人格

夫婦從一件小事，推論至懷疑對方的人格。例如，一家人團聚吃飯，配偶因太肚餓，沒有待所有人入席就先吃，可能被定性為自私自利。雙方感到百辭莫辯，感覺委屈。

特徵六：失去和解的信心

夫婦愈來愈不願意和解，一場衝突過後，舊傷未癒，很快又有新的傷痕，累積的傷痕愈來愈多。二人沒有心力再溝通，對配偶形成愈來愈難改變的偏見，情感逐漸疏離。

10.2.2 介入要點

1. 清楚輔導目標

在這個時候，夫婦發出的信息可能十分混亂，一時好像要復和、改善關係，一時又好像掙扎要離婚。因此弄清楚輔導目標很重要，同時輔導員也要留意雙方有沒有陽奉陰違的舉動。據筆者經驗，有些當事人正在盤算離婚，但因着良心的譴責，便與配偶一同參與婚姻輔導，但過程中卻缺乏誠意，又拒絕任何改善關係的建議。他們隱藏的目的是要向配偶證明，這段婚姻已無藥可救，迫令配偶接受離婚。輔導員若觀察到這些情況，就要坦誠向當事人提出疑問（或單獨與他會面）。如果他真的想離婚，就要坦白向配偶交代，否則經過一輪虛假的婚姻輔導而證實婚姻挽救無效，會令有誠意復合的配偶蒙上不白之冤，甚至產生不合理的自責，怪責自己沒有善用復合的機會，令無辜的配偶面對雙重懲罰，實在不公道。

2. 當事人交代離婚的決定

若當事人決定離婚，輔導員便邀請他向配偶交代過程和內心的掙扎，減輕不想離開那一方的傷害。然而，切記這不是反指控，有些當事人不斷數算配偶的不是，認為是配偶的錯而導致婚姻失敗，以此推卻自己決定離婚的責任。這種做法，猶如在配偶的傷口上灑鹽。

在交代離婚的決定時，重點是分享內在經驗，承認自己的責任，不是批判對方的錯誤。例如，丈夫長久失業，沒有積極的態度尋找工作。妻子決定離婚時，應該分享她面對經濟不穩定時所受的困擾，而非判斷丈夫如何不負責任。又例如，丈夫因有婚外情而決定離婚，當他交代時，不是把妻子與第三者比較，數算妻子的不足，而是坦然承認自己在婚姻裏不忠，不能盡心盡力地愛妻子。

當事人交代考慮離婚的內容可以包括：

- 何時萌生離異的念頭，當時卻沒有清楚向配偶交代。縱然有萬般苦衷，也要向配偶承認隱瞞事實的責任，甚至道歉。
- 分享自己怎樣為這段婚姻努力過、有沒有珍惜過眼前的配偶，還是利用配偶呢（有需要時，把配偶留在身邊；沒有需要，就拋棄配偶）？若曾利用對方，也要道歉。
- 感激配偶，由衷地表示謝意。

- 離開的決定是自己不可推卸的責任，或許是因為自己的限制，又或是自己的幽暗面，但並不表示配偶是個不值得愛的人。

- 雖然交代了決定，但配偶不一定接受離婚。有時決定離開的一方硬要配偶接納離婚，目的是減輕自己的內疚感，但對方在情緒上有掙扎、依戀，是很正常的反應。筆者曾向一位決定離婚的丈夫説：「你已決定離開，縱使妻子想挽留你，但她已沒有什麼可以做，對她來説，她已失去婚姻，再加上無奈，是很大的悲痛，為什麼她沒有不接受離婚的權利？」有很多人擔心不接受離婚可能引發一場離婚官司，以筆者的經驗，若能對不想離婚的一方予以深度諒解，認同他們在情緒上的掙扎，反而更可以幫助他們理性地考慮是否打官司；相反情緒得不到認同，心結難以疏解，可能會非理性地透過官司尋求報復，以洩心頭之忿，結果兩敗俱傷。

3. 夫婦共同探討關係的發展

若夫婦對離婚還未作出決定，雙方可以共同探討關係的發展，包括關係甜蜜的時刻、關係從什麼時候開始惡化、有沒有某些誤解要澄清等。若夫婦嘗試復合，可以接受婚姻輔導或復和輔導。有一對夫婦，妻子表現冷漠，情感抽離，丈夫很想與妻子分享，屢屢遭到拒絕。妻子説她有離婚的念頭，但不是很堅決，承認抱着觀望的態度面對丈夫，幸好她願意一起探索婚姻過去的旅程。經過一段時間，她意識曾受過的傷害，原以為過去了，想不到回顧時，竟發現傷害仍是那麼深。丈夫聽罷妻子痛苦的分享，由衷地表達慚愧，妻子看見丈夫的悔意，便願意與丈夫重新建立關係。同樣，有夫婦在探索關係後，很確定不能重建婚姻。縱使夫婦無法復合，雙方要盡力保護彼此的尊嚴，不會因離異而踐踏對方，或發洩或報復。雖不能長相廝守，但仍以善意對待對方。

不過，若然一方已有去意，另一方想挽留時，就不適合作出這樣的安排。因為挽留的一方可能用盡一切辦法令對方回心轉意，包括令對方內疚、以生命作要脅等等，即使想離開的一方表面就範，但欠缺誠意，埋下了禍根，夫妻很難回復親密，更遑論投入改善婚姻。筆者曾目睹這些缺乏誠意回轉的夫婦，不久再一次面臨婚姻危機。關係潛藏的問題沒有解決，待時機一到，問題又再爆發。

4. 夫婦共同承擔親職責任

離異夫婦願意繼續共同承擔做父母的責任，不會把夫妻的恩怨禍及下一代，讓下一代得到父母親的愛護。為了孩子着想，夫妻同意向孩子交代他們分開的決定，承諾不在孩子面前互相攻擊或彼此中傷，免去孩子在狹縫中受痛苦。雙方容許孩子自由地繼續愛爸爸、愛媽媽，同時得到父母仍然愛他們的承諾。在夫婦分離的過程中，還未真正踏出提出離異申請時，輔導員可能協助夫婦商討照顧孩子的方案，當中運用很多調解的技巧，以下將作討論；然而若合適的話，轉介他們接受調解服務，以和平理性的方法處理離婚事宜。

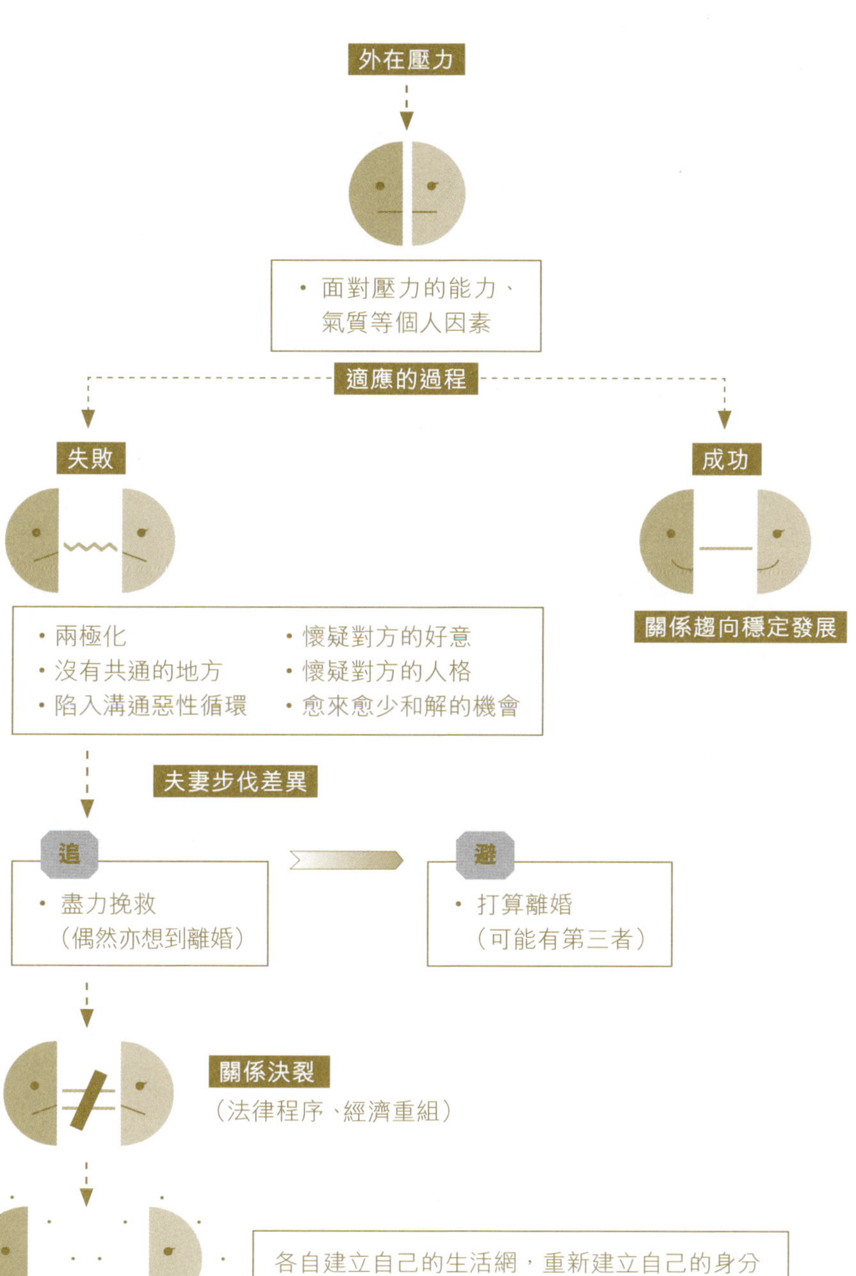
婚姻關係決裂的過程
外在壓力
・面對壓力的能力、氣質等個人因素
適應的過程
失敗
成功
・兩極化
・沒有共通的地方
・陷入溝通惡性循環
・懷疑對方的好意
・懷疑對方的人格
・愈來愈少和解的機會
關係趨向穩定發展
夫妻步伐差異
追
・盡力挽救（偶然亦想到離婚）
避
・打算離婚（可能有第三者）
關係決裂
（法律程序、經濟重組）
各自建立自己的生活網，重新建立自己的身分

10.3 合作做父母

讓當事人積極商討照顧孩子的計劃，可從情理兩方面表示諒解，例如：「我明白離婚對你是痛苦的經歷，成年人尚且難過，更何況孩子呢？所以，目前最能夠為他們做的，就是給他們一個安全穩定的成長環境，這是你對他們最具體的愛。」介入時可留意以下各點：

10.3.1 介入重點

1. 夫婦立場背後的關注

當夫婦各執一詞，堅守自己的立場時，究竟他們底層的關注是什麼？例如丈夫爭取兩歲的孩子在家中度宿，妻子反對，因為孩子晚上會嚎哭。丈夫的關注是與孩子有多些相聚時間，妻子的關注則是孩子的安全感，兩者的關注是可以共融的，他們可讓孩子在充分的安全感下多與父親相聚，並提出各種方案。

2. 聆聽情緒的信息

在離異過程中，夫妻的互動充滿強烈的情緒，輔導員要聆聽強烈情緒背後的信息，然後作出回應。例如，妻子不斷控訴丈夫種種不是，認為他沒有資格做爸爸。在丈夫還擊前，輔導員可以嘗試解讀妻子的情緒信息，可能她為孩子付出很多，但丈夫參與太少，擔心影響孩子日後的成長，希望孩子得到多些父愛等。丈夫若能承認妻子為孩子付出，又承認孩子得到父愛是重要的，妻子的立場可能頓時軟化。又例如，妻子強烈反對丈夫讓孩子與第三者見面，表面上有一系列反對的理由；但思量過後，發現反對的背後，是懼怕失去媽媽的名分，但她不想直接表達內心的困擾，怕丈夫取笑。輔導員或許需要更深的洞察，明白當事人內心的掙扎。

3. 引導當事人從多角度看問題

在夫婦商討的過程中，儘量避免引起爭議的字眼，改用促進合作的描述。例如談到「撫養權」的問題，不是商討「撫養權」誰屬，而是商討「如何共分親職」；又例如妻子評價丈夫不懂照顧孩子，輔導員提供另一個角度，讓妻子知道這是丈夫學習照顧孩子的時候。

另外，輔導員亦可以提供一些弔詭的角度看得失。離異夫婦在爭取他們想得到的東西時，或許會忽略因此而失去的東西，例如夫婦強烈爭奪居所，令孩子因而失去可以合作的父母；如一方願意以孩子的最大福祉為重，搬離居所，雖然有損失，卻讓孩子得回一個穩定的家、一對可以合作的父母。一對離異夫妻不斷爭論誰的管教更佳時，可能失去讓孩子學習尊重異己的模範；相反若放手不干預對方的管教方法時，會讓孩子親身經歷求同存異的示範。

曾經有一對夫婦，彼此為孩子的宗教信仰爭論，一方要孩子上教會，一方要讓孩子上契黃大仙，雙方爭持不休，互相詆毀對方的宗教。輔導員問他們兩位為何要讓孩子信奉自己的宗教時，他們異口同聲説要給孩子最好的東西，然而他們爭執不休時，孩子卻失去他最好的東西——一對融洽的父母。因此，輔導員應該問父母，在孩子成長階段，最大的祝福是什麼？弔詭的結果是，父母不再爭持什麼信仰帶給孩子祝福時，已是給孩子最大的祝福。這樣，父母雖有分歧，孩子仍可以活得安心。

4. 引用更高原則

兩人在某一個領域爭持時，令他們放手方法是，讓他們思想一個彼此認同的更高原則。例如，在討論探視安排時，夫妻同時考慮孩子的需要，較容易達成共識。

5. 求同存異

其實，很多離異夫婦都有一些共同的地方，只是太着眼彼此的差異，經常在差異的地方上周旋。輔導員可以幫助他們看見大家相同的地方，拉近他們的距離。最常見的共通點，包括雙方都十分疼愛子女，彼此對對方仍有善意，都曾為家庭付出很多，仍希望日後保持良好的合作關係等。而且，面對離異，雙方同樣擔心，同樣有困難。

6. 商討議題的技巧

訂定商討的議題時，輔導員要協助雙方把問題定位在雙方都認為有價值的議題上，例如有關孩子的探視安排——與其把問題定位在父親應享有多少與孩子共聚的時間，不如定在孩子與父母相見的時間應如何分配。焦點放在孩子的需要，而不是父母的權利。又例如妻子不滿丈夫接送孩子時的態度，經常衝突，與其說丈夫應如何表現或反應，不如把問題定在雙方如何減低接送時候的衝突，大家可以對問題共同付出和努力。

7. 開創多種可能

輔導員容許離異夫婦因應特殊情況開創不同方案，雙方可以甚具創意地思考解決方法。例如，雙方爭持孩子是否可以留宿，轉為安排時間的問題，或許短期內孩子不適宜經常往返父家母家，但可以在暑假時到爸爸家小住，又或是孩子上小學後，每逢週末或假期可以到爸爸家度宿等。

8. 個別面談

個別面談是打破障礙的良方，尤其中國人很需要下台階，以保存面子。藉個別面談，輔導員可聆聽夫妻內心的恐懼和擔心，透過認同他們的經驗，軟化他們的立場，更有可能達致共識。

9. 訂立短期與長期協議

有些時候，離異夫妻在孩子長遠的安排上爭論不休，輔導員可以協助他們先就短期安排達成共識，待建立了良好的合作基礎後，再討論長遠的問題。短期安排可指一、兩個星期，例如孩子到父親家留宿，母親往往十分擔心，若一下子訂立長遠的留宿安排，她會極力反對，但若以短期安排為基礎，雙方就發生的問題再討論，待情況穩定，再作長遠安排，不失為好策略。另外，有些父母同意先為孩子作兩至三年安排，待孩子日漸成長，願意再協調，商討孩子的福祉。

10. 認同彼此的付出與讓步

分歧發生後，離異夫妻一般較着眼於對方強硬和不合作的地方，然而從輔導員的角度，很多時候都看見雙方曾經讓步。例如，丈夫願意為妻兒有穩定的居所而主動遷出，妻子在過節時帶孩子向祖母問安。雙方在盛怒下，很難看出這是對方的付出，因此輔導員可以讓雙方看見彼此的好意，促進他們的合作。

11. 顧及其他家庭成員的參與和需要

在華人家庭裏，離異夫妻商討孩子的安排，也要考慮姻親的反應。比方説，孩子一向由祖父母照顧，即使夫妻離異，也要顧及祖父母與孫兒的感情。從經驗看來，父母考慮孩子的需要時，很多時不會反對孩子繼續與對方的原生家庭保持關係。

12. 與其他專業合作

輔導員與離異夫妻商討的合作計劃是短暫的，若夫婦真的辦離婚手續，最好也是轉介他們面見調解員。協議離婚的方案，除了照顧孩子外，還有贍養費、財產分配等安排，也要制定離婚協議書，經法院認可方具法律效力。

離異是痛苦的經歷，不論由誰提出分手，雙方均同樣飽受煎熬。成年人不斷在痛苦中打滾時，很容易忽略孩子的需要。即使夫妻離異，關係有終止的一天，但父母的天職卻是永遠的，無論是輔導員還是調解員，都鼓勵雙方繼續合作做父母，顧及孩子的需要。

10.4 如何面對分離後的痛楚

在輔導室中，輔導員常遇見經歷分離的當事人，尤其是想挽留的一方，他們要承受錐心的痛楚，充滿憤怒、抑鬱、難過、無奈，一般要花上兩三年的時間才能醫治。

10.4.1 分離的七個階段

根據 Gullo & Berger 的理論[6]，分離的夫婦會經歷七個階段，才可以從中康復過來：

第一階段：震撼

對配偶離開的決定充滿疑問，甚至懷疑自己的價值，腦海中不斷思想自己犯錯的地方，希望理解目下發生的事情，找出原因；有時又想努力挽回婚姻，可惜無能為力。失去配偶有如失去自己身體的一部分，經歷撕裂的痛楚。

第二階段：哀悼

傷心哀悼的情緒湧現，不能集中精神，不斷回憶與配偶過去的片段，要故意分散注意力，令自己不再集中在痛楚的經歷中。但人始終有休息的時候，當四周的事物歸回平靜時，傷心難過的情緒又再湧現。撫心自問，縱使離異已成事實，復和的想法仍偶有出現。

第三階段：不符合現實的猜想

離異後，夫婦雙方缺乏相處的機會。沒法親眼目睹對方的近況，卻想像對方的生活要比自己好，認為既然配偶選擇了一條自己喜歡的路，生活一定很愉快。這種想法令人自憐起來，更深體會內心的痛楚。其實，從實際經歷所得，除非其中一方真的沒有投入過感情，若有過真情真意，雙方離異後都要承受分離的痛苦。

第四階段：指控

人經歷痛楚，總要找尋原因，或許這是人要掌握環境的天性。事情愈在掌握之中，愈有安全感；不幸發生後，人更需要找尋原因，幫助自己增強掌控。尋找原因的過程很容易會指控配偶，即使不能直接控訴配偶，內心也會這樣做。矛盾的是，當事人一方面怪責配偶，一方面仍會對配偶有深切關懷。有時，指控的對象不一定限於配偶，當事人甚至指控自己，不斷自責，陷入情緒抑鬱的深淵。

第五階段：決定放手

經過一連串情緒的煎熬，當事人開始在情緒上安定下來，在認知上決定放手，不再糾纏在這段關係裏，漸漸承認關係決裂的事實。

第六階段：重新做人

容許自己再結識異性，建立新的社交網絡，開始認同自己的新身分。雖然偶爾會緬懷昔日光景，對配偶不時思念，但已不再沉溺在過去的傷痛中。

第七階段：再見舊情

當事人不單在認知上，連情感上亦接納了分離的現實，感覺有如火浴後的鳳凰，重獲新生，多了一分閱歷，多了一分智慧。

10.4.2 介入要點

1. 聆聽

當事人需要空間複述整個離異過程以及婚姻的經歷。輔導員應該聆聽當事人的感受，但切勿過早要求當事人接納現實。

2. 重建當事人的自尊感

縱使一對和平分手的夫婦，也會經歷傷害和痛苦，可能不時反問自己錯在哪裏，甚或懷疑自己的價值。因此，輔導員可以從當事人的經歷裏發掘其善良、自愛、有原則等的優點，幫助當事人重建自尊。自尊的建立，在乎當事人對自己正確的認識，包括自己美好和幽暗的一面，不過分自貶，亦不過分自誇。

3. 肯定當事人的努力

當事人不時會泛起與配偶復合的念頭，懷疑自己有否竭盡全力挽救婚姻，這種無止境的反問令當事人困在停滯的時空裏，做出重複而沒有建設性的行為。因此，輔導員可以肯定當事人已經盡了一切努力。若當事人可以放過自己，才能脱離不斷重複的循環，把精力放在別的地方。若當事人真的存有遺憾和希望道歉，輔導員可鼓勵他勇敢地承認錯誤。雖然客觀上不一定有改變，但總比不斷自責好。

4. 協助接納掛念配偶的情緒

有時當事人不能接納自己還有掛念配偶的感受，已被配偶遺棄，傷害甚深，幹嗎還掛念他？豈不是對自己不公道？既然配偶可以放下自己，自己也要放下他，輔導員可幫助當事人接納掛念配偶的情緒，讓當事人明白這是人性真實的一面。

5. 提供哀悼過程的教育

向當事人提供哀悼過程的教育，讓他們了解由離異至接納需要經過幾個不同的階段，情感創傷康復時間大約需要兩年，急也急不來。

6. 協助建構離異過程的故事

當事人要建構離異過程的故事，致使理解當中發生了什麼事。這過程若得配偶的參與，會更為客觀。若現實不容許，當事人也可抱虛懷的態度了解，輔導員從不同角度幫助提問，宏觀回顧整段離異的經歷，重新建構故事。例如：什麼時候知道配偶開始考慮離異？怎樣知道的？當時有什麼回應？遇到什麼壓力？關係在什麼時候開始變化？起了怎樣的變化？配偶提出離婚時，表達了怎樣的信息？自己有什麼回應？關係的核心問題是什麼？……等等。

7. 協助從配偶的角度理解事情

若然可以，幫助當事人站在配偶的位置了解其掙扎。當事人愈是了解配偶的掙扎，就愈容易放下困擾。若當事人知道配偶曾經痛苦、掙扎，表示配偶曾珍惜過自己，對醫治當事人的心靈創傷很有幫助。亦有情況是，輔導員用空椅的練習，協助當事人代入配偶的位置，經歷配偶的心路歷程，有可能發現配偶有難堪和羞愧的感覺，這些發現會幫助當事人釋放情感的枷鎖。

8. 協助體會經歷痛苦的意義

日子不斷過去，當事人的情緒漸漸平復，輔導員可以從另一些角度幫助他體會經歷痛苦的意義，例如當事人更認識自己，比以前更接納生命的限制，更懂得虛懷等等。每一個傷痛的經歷都是成長的契機，不過，成長的意義未必能一下子看到。若然當事人還未接納事實，輔導員卻不斷強調痛苦的意義，他可能有一種被挖苦的感覺；惟有待傷痛的感覺平復，當事人有較多正面的經驗，才會有心力反思傷痛的意義。

9. 協助重建生命的信念

傷痛的經歷往往動搖過往執著的信念。這些信念崩潰後，當事人要建立一套更深刻和更經得起考驗的信念。例如，從前當事人相信公平，種瓜得瓜、種豆得豆，但經過沉重打擊後，發現種瓜原來不一定得瓜，種豆不一定得豆。當事人不是否定人生的意義，而是進一步認識個人能力有限，更懂得感激今天所擁有的一切，不單靠自己的雙手，還有上天對自己的眷顧和祝福。有了這份感激，人會懂得珍惜生命，更有信心面對明天的生活，這不是一種無知的自欺，而是更加弔詭地看得失成敗——失去是得着的開始、失敗是成功的基礎等等。從另一角度看人生，當事人便能以更豁達的胸懷面對得失。

10.5 結語

幸福婚姻是很多人的願望，然而人間畢竟太多缺憾，太多事與願違。經歷離異的人，往往要走過人生的幽谷。事實上，離婚在人生際遇中構成的壓力，僅次於喪偶[7]，因此消耗當事人巨大的心力。輔導員面對一對離異的夫婦，難免捲入當中的漩渦，因此實在需要對婚姻、離婚的課題不斷反省，才能回應當事人真正的需要。

參考書目

1. Vaughan, D.（1986）. *Uncoupling: Turning Points in Intimate Relationships*. Oxford: Oxford University Press.
2. Davis, M. S.（1973）. *Intimate Relations*. NY: Free Press.
3. Waite, L. J., Browning, D., Doherty, W. J., Gallagher, M., Luo, Y. & Stanley, S. M.（2002）. *Does Divorce Make People Happy? Findings from a Study of Unhappy Marriages*. NY: Institute for American Values.
4. Karpel, M. A.（1994）. *Evaluating Couples: A Handbook for Practitioners*. NY: W. W. Norton & Company.
5. Gottman, J.（1995）. *Why Marriages Succeed or Fail: And How You Can Make Yours Last*. NY: Simon & Schuster.
6. Gullo, S. V. & Berger, H.（1992）. "Love shock: Therapy and management in loss of a love relationship". In A. R. Tiemann., B. L. Danto & S. V. Gullo(Eds.), *Divorce Shock: Perspectives on Counseling and Therapy*. PA: Charles Press.
7. Holmes, T. H. & Rahe, R. H.（1967）. "The social readjustment rating scale". *Journal of Psychosomatic Research*, Vol. 11, 213-218.

第十一章

離異後的輔導

上 單親家庭

11.1 單親家庭輔導

11.1.1 單親家庭面對的困難

11.2 單親家庭的發展歷程

11.3 介入單親家庭適應要點

11.3.1 單親家庭是家庭類別，而非欠缺

11.3.2 協助單親家長接納離異的狀態

11.3.3 引導單親家長意識自己對孩子複雜的情緒

11.3.4 增強單親家長親職的信心

11.3.5 協助單親家長放手與饒恕

11.3.6 擴闊生活空間

11.3.7 善用社會資源

11.3.8 不再追悔，心存盼望

11.4 小結

下 再婚家庭

11.5 再婚家庭輔導

11.5.1 再婚家庭的困難

11.5.2 再婚家庭的發展歷程

11.5.3 再婚家庭的特色及發展任務

11.5.4 再婚家庭的介入要點

11.6 結語

參考書目

上 單親家庭

11.1 單親家庭輔導

單親家庭的形成有多種原因，包括喪偶、離異和分居，或自願選擇不結婚等，但這篇文章主要討論的是因離異和分居形成的單親家庭。他們所經歷的關係決裂過程不存在於喪偶，或選擇不婚的單親家庭，而這決裂過程對離異和分居單親家庭日後的生活構成重大影響。

香港的離婚率日升，單親家庭已成為不可忽視的社會現象。政府必須回應單親家庭的需要，輔導員也要了解單親家庭的特徵。就筆者臨牀觀察，單親家庭多呈現以下的困難。

11.1.1 單親家庭面對的困難

1. 害怕社會的歧視和壓力

在香港，單親家庭要面對沉重的社會壓力。筆者從前曾接觸很多單親家庭，配偶遷出後，他們很介懷別人的眼光，為免受歧視，惟有編作故事向人交代，例如說對方回大陸工作，有的還教導孩子在學校不可告訴別人爸爸 / 媽媽的行蹤。很多孩子雖然年紀尚小，但能體會母親 / 父親的心意，被迫説謊。有些時候，坊間一些社會服務機構特別為單親家庭籌辦旅行、晚宴等，反應都不理想，因為當事人大多不願意承認單親的事實，怕遭歧視。然而在很多親子活動中，工作人員往往發現為數甚多的單親家庭。由此可見，縱然單親家庭需要社會服務，但「單親家庭」的標籤帶來巨大的壓力。

根據一些離婚理論指出，即使完成法律上的離婚，當事人還要經歷兩至三個階段的心路歷程[1]，才能公開承認自己離婚的身分，故此他們在某個階段把身分隱藏也是可以理解的。

2. 覺得有所欠缺

一般人心目中的理想家庭，是父母俱在、子女乖巧。若家庭中的核心成員不在，總是若有所缺，感覺遺憾。若從缺失的角度觀看，當事人自然會有補償心態，例如孩子失去爸爸，便想為他尋回一個男性的模範；自己失去伴侶，便渴望尋回一個傾訴的對象。但持續的欠缺感和補償心態，會令單親家庭陷入自憐和負面的情緒，覺得自己不及別人。父母的反應潛移默化地影響孩子，令他們覺得自己不及別人，以致孩子自尊感低，缺乏信心，隨之影響他們的表現，不佳的表現進一步加強孩子覺得自己不及別人的想法，產生惡性循環。

3. 單親家長對孩子產生內疚感

大多數父母希望給孩子最好的東西，不論精神時間、財力物力，捨不得花在自己身上的，都不吝嗇地給予孩子。很多單親父母責怪自己不能為孩子保留一個完整的家庭，令他們無辜受罪。在無形的內疚感煎熬下，有些父母變得脾氣暴躁，不能自控地在孩子身上發洩；有些為了補償而過分溺愛，未能加以合宜的管束；有些深恐孩子在單親家庭長大缺乏教導，因此管教嚴苛，期望極高。

4. 欠缺支援，生活奔波

不論是父兼母職，還是母兼父職，單親家長要長期面對沉重的親職責任，每天照顧家庭和孩子所需，缺乏配偶支持，致過分勞累，這是單親家長的嚴重問題[2]。在勞累的情況下，容易忽略孩子成長的變化和需要，也忽略自己的情緒健康。

5. 社會經濟地位下降

調查研究指出，很多單親家庭的社會經濟地位較離異前下滑。這是不難理解，或許對方未能定時給予贍養費，即使有責任感的前配偶依時給予生活費，一份薪水分給兩個家庭，自然較從前緊張，結果很多單親家庭都要依賴社會援助金；也有缺乏社會經驗的單親媽媽重新投入勞動市場，但賺取的工資不多。此外，單親家長尋找工作時，往往因為要照顧孩子，選擇有限[3]。社會經濟地位下降，帶來連鎖反應，例如脫離昔日社交圈子，減少社交活動；孩子的身心靈發展也受到局限，容易變得自卑、退縮。

6. 經歷重創，失去信心

婚姻是親密的關係，兩個人以最脆弱、最真實的方式共處，愈是投入，分裂過程所帶來的創傷就愈巨大。心靈創傷留下深刻的烙印，令人不敢再敞開心扉信任別人，內心愈來愈封閉。再者，在離異過程中，自尊可能受損，覺得自己是失敗者，與人建立關係時，便失去信心。若當事人未能重建自尊和信任，容易表現退縮和自我孤立，在人際關係中也傾向過分敏感。

至於孩子，目睹父母離異，對親密關係也會失去信心，甚至深受被遺棄感的折磨。筆者曾見過一個單親家庭，有一天媽媽因事外出，只是比平時晚了兩小時回家。返家後，竟然發覺孩子在家中搗亂，破碎的物件佈滿廚房，甚至連抽屜裏的衣服也散滿地上。媽媽在盛怒下毒打了孩子一頓，孩子的哭號聲中，不停喊叫：「為何撇下我！為何撇下我！」原來孩子回家見不到母親，再次經歷被遺棄的恐懼。

7. 傷痛轉嫁在孩子身上

研究證據顯示，父母間的嚴重衝突對離異家庭的孩子構成最大影響[4]。換言之，活在父母衝突狹縫中的孩子，身心靈俱受影響。他們飽受忠誠矛盾（Loyalty conflicts）的煎熬，愛父親時害怕母親難過，愛母親又害怕父親不悅，在兩者中間無所適從，亦擔心他們。更甚者，父母極度不和時，在孩子面前互數不是，利用孩子攻擊對方，孩子成為磨心，父母情緒失控，也常責罵孩子：「為什麼你像你媽如此討厭！」「你愈來愈像你那個不像樣的爸爸」、「若你再頑皮，我就把你送回你爸爸處，以後不許回來」。成年人的恩怨，轉嫁在無辜的孩子身上，孩子的心靈負荷沉重。

8. 以孩子為傾訴對象

在困難的時候，人總希望有分享、傾訴的對象，但離異後的生活迫人，社交圈子縮小，加上害怕遭人拒絕，對人失去信心，身邊缺乏可以分享的對象，孩子（尤其是較內向或是較年長的孩子）往往成為單親家長傾訴的對象。小小年紀的孩子要充當聆聽者，明白父母親的心事，實在吃不消。筆者留意到一些孩子由於太掛慮父母而拒絕上學，刻意留在家中照顧抑鬱的母親。或者學業一落千丈，原因是一邊上課，一邊掛念着父母親的問題。有些較年長的孩子會變得過分早熟，心中只有照顧父母的責任，失去快樂的童年。

9. 在孩子身上尋求補償

單親家長可能常常不自覺地在孩子身上尋求補償，他們會説：「我不再寄望婚姻，從今以後集中精神照顧孩子。」為孩子花精神時間當然好，也有此必要，但要分辨這做法背後是補償心態還是培育心態。培育心態是以孩子的福祉和成長需要為大前提，培育他們成為獨立、自愛、自重的人；但有補償心態的父母親，只是把孩子緊抱在身邊，不容許他們獨立，刻意令孩子知道自己為他們付出一切，讓他們不離開自己。補償心態下的付出很容易成為孩子的情債，令孩子既不能獨立自主，時刻背負沉重的內疚感。

10. 害怕對方怪責，管教孩子出現矛盾

在雙親家庭中，若出現管教不善，父母會共同肩負責任。但在單親家庭裏，責任落在一方身上。孩子出現情緒、行為問題，單親家長缺乏商討對象，最後只有一力承擔，心理壓力不容忽視。家長未能疏解壓力，管教孩子時便會出現矛盾，例如恐怕孩子學壞，於是嚴加管束；又害怕自己過分嚴苛，突然走向另一極端。若與前配偶還有很多恩怨，情況更糟。失去撫養權的一方，借機找尋前配偶在育兒方面的錯失，隨時發動攻擊，與孩子同住的一方好像時刻受監視。

11. 面對孩子在離異過程中的後遺症

在離異過程中，父母因為關係糾纏致身心疲乏、心力交瘁，往往忽略了孩子成長的需要。待一切塵埃落定，生活回歸平靜，才驚覺孩子所受的心靈重傷，父母竟一直無暇照顧。例如，孩子變得憤世嫉俗，異常反叛，又或者呈現心理病，學業成績急劇下滑等。孩子出現問題時，父母會十分擔心，且感到內疚，要急切尋求解決良方；但愈焦急，愈容易把問題弄糟，成為惡性循環。

11.2 單親家庭的發展歷程

單親家庭從離異的震撼至穩定，一般會經歷三個主要階段[5]：

第一階段：震撼期

此階段是最震撼時期，當事人一下子要面對離異過程的混亂，包括法律程序、具體生活安排、心理適應等。這時候，當事人面對的轉變包括：

1. 家庭經濟

經濟大有可能較從前緊絀。離異配偶未必能定時支付生活費，家庭要適應經濟下滑帶來的種種轉變，有的更要接受政府援助。

2. 親職責任

由雙親照顧至單親照顧，父母與孩子的生活都起了變化。若父母在探視安排上經常爭執，家庭所要面對的適應就更加困難。

3. 社交關係

由於身分改變，與共同朋友的交往產生微妙的變化，同時也要面對與前配偶原生家庭關係的轉變。

第二階段：重組期

從混亂震撼的階段過渡到重組期，約需兩三年的時間。重組後，一般人在情緒上較能接納離婚的現實，不論當初的離婚決定是對是錯，日子總要過下去，現實上的適應亦在所難免。

1. 家庭經濟

單親家庭開始籌算將來長遠的經濟安排。縱然目前可能繼續靠着前配偶的生活費或政府津貼過活，但當事人開始為將來打算，有的考慮重投社會，重新培養謀生的能力。

2. 親職責任

父母雙方漸漸建立一套照顧和探訪孩子的合作模式。否則，因不能合作，令一方中斷與孩子的接觸，會對孩子造成打擊。

3. 社交關係

在社交上，當事人確立自己單親的身分，漸漸建立新的社交網絡。

第三階段：穩定期

一切塵埃落定，生活趨向平穩，不論父母或孩子都適應了新生活，恢復心力，面對其他成長上的發展和需要。

11.3 介入單親家庭適應要點

針對以上單親家庭的需要，輔導員介入時要留意以下各點：

11.3.1 單親家庭是家庭類別，而非欠缺

輔導員在協助單親家庭時，要引導他們接納自己的狀態，而非從欠缺的角度與別人比較。愈是與別人比較，愈容易自憐自卑，愈覺得自己不足，要尋求補償。其實，單親家庭與雙親家庭、空巢家庭、移民家庭等都是一個現象、一種狀態，當事人要從自身特殊的狀態了解自己，而非硬把一套理想家庭的觀念套在自己身上。一位單親媽媽，想跟孩子過一個快樂溫馨的聖誕節，她沒有與那些雙親俱在的家庭比較——自憐孩子沒有什麼聖誕大餐、聖誕派對。相反地，她清楚自己的處境，選擇與孩子一起創作一棵由紙條造成的聖誕樹，樹上雖沒有精巧的裝飾，卻有孩子歡樂的笑聲。筆者很佩服這位媽媽，也由衷的尊敬他。

11.3.2 協助單親家長接納離異的狀態

由於社會歧視的眼光，很多單親家長自責失敗，不肯面對離異的事實。他們不單不敢向周遭的人透露自己離異的狀態，更教導孩子説謊。輔導員可鼓勵當事人考慮活出讓孩子學習的榜樣，接納離異的事實，勇敢地面對困難，以身教教導孩子。筆者認識一位單親媽媽，她對前夫十分憤恨，原本打算離婚後永遠不再與他聯絡；但想到自己不饒恕丈夫可能影響孩子，使孩子對父親含恨，她決定寬恕丈夫，為孩子做好榜樣。

11.3.3 引導單親家長意識自己對孩子複雜的情緒

經歷離異重大的創傷，當事人內心有千絲萬縷的情結，對孩子也產生複雜的情緒，包括內疚、投射、依附等。若當事人不覺察這些心情會影響親職，孩子便無辜地承載父母矛盾複雜的情結，這是孩子吃不消的。因此，輔導員應引導當事人增強自我覺察的意識，了解自己的情緒，莫把這些情緒投射和轉嫁到孩子身上。

11.3.4 增強單親家長親職的信心

輔導員要諒解單親家長面對重重壓力和困難，以肯定和鼓勵作為基礎，增強他們自我覺察能力。例如，「我由衷地欣賞你在種種困難中，仍能一一面對。」「即使你遇上千般難題，仍然這麼愛孩子，實在令人感動。」在親職的方法上，輔導員要發掘當事人的長處、強項。若輔導員用對質的技巧提升當事人自我覺察的能力，亦要避免指控的語氣，應採用體諒的提醒，例如，「我明白在管教明仔時，你感到十分矛盾，希望愛護他，醫治他心靈的痛苦，但一想起他爸爸昔日的所作所為，禁不住怒火中燒。這矛盾令你在管教明仔時不斷搖擺，你覺得對嗎？」而不是「你管教明仔時前後矛盾，不時在他身上發脾氣，那麼明仔不會有進步。」

其實，家長獨自肩負一個小生命的責任，已是戰戰兢兢；更何況單親家長缺乏支援，又恐怕被人責備，心理壓力很大。若面見輔導員後，對自己反而多了自責和內疚，當事人的心結只會愈纏愈緊。因此，輔導員要以肯定、發掘長處和諒解的方法輔導面談者。

11.3.5 協助單親家長放手與饒恕

筆者見過很多單親家長，與前配偶離異了一段日子後，內心依然傷痛；有時按捺不住，不能自控地發洩在孩子身上，又或與前配偶在探視安排時諸多衝突。因此，輔導員一方面要關注當事人生活上的適應，另一方面可以邀請當事人開始饒恕的歷程，讓自己的心靈得到釋放[6]。

根據 Atwood & Genovese 的看法[7]，離異者會經歷否認、衝突、兩難和接受四個階段：在離婚初期，即使完成離婚手續，對離婚的感覺也不會太實在；往後實在感增加時，心情卻擺盪在正向與負向情緒之間，充滿矛盾；隨之是自我覺知（自己怎樣看自己）與自我認同（我是誰？）的改變；最後是接納期，離婚者感到解脫，並接受自己的處境，重新體驗自己的長處和成就。離異歷程是否順利過渡，亦繫於當事人對前配偶或有關人物的饒恕能力。饒恕能幫助當事人整合矛盾的情緒，以新的角度理解離異過程中的事情，從中領悟成長的智慧。

11.3.6 擴闊生活空間

若離婚者接納離異的事實，不但內心重獲平安，也有能力接觸周遭的人和事，不讓自己與孩子退縮一角。當事人應該擴闊自己的生活空間，不斷成長，這樣孩子才會有成長的空間，不會因要彌補父母的心靈需要而被迫犧牲童年，又或是太擔心父母的狀況而終日不安。父母不再需要孩子作他們的聆聽者，以補償空虛的心靈，便更有能力以栽培心態孕育孩子成長，以清心的角度明白孩子的需要。例如，孩子什麼時候需要父母陪伴？

什麼時候需要朋友的支持？父母可以分辨，然後作出回應，不再只顧自己情感的需要而要求孩子滿足自己。

11.3.7 善用社會資源

對單親家長來説，過度勞累是其中一大問題。由於身兼雙親之職，生活勞累不堪，實在需要善用社區資源，減輕生活實務上的壓力。目前，香港加強了托兒和托管服務，輔導員可向單親家長介紹，許多家庭服務中心經常舉辦不同類型的活動，單親家庭不妨善用這些資源改善生活。

11.3.8 不再追悔，心存盼望

當事人經歷離婚的痛楚，回望過去，可能發現很多後悔的事情，尤其是在情緒困擾的時候，忽略了孩子的需要。孩子不斷成長，從前的種種已不能挽回，不禁慨歎為時已晚，懊悔之餘，亦充滿內疚。不錯，時日不能倒流，但若當事人只沉溺在過去的遺憾，就不會有能力面對今天的生活。輔導員可引導當事人心存盼望，沒有所謂的太晚，什麼時候甦醒，什麼時候就是重生的機會。

筆者很欣賞香港一位神學研究學者對「盼望」的描述：「盼望不是一種幻想，反屬於一種認知和一份意志。認知是因為盼望的內容是基於曾發生的事（以致盼望不是幻想），但又不受限於它；意志是因盼望使我們相信當下不是終極，並使我們積極地挑戰當下。」[8]

多年前，筆者見過一個單親媽媽，她與丈夫離異時，經歷數年翻天覆地的日子。當時孩子正值成長期，最需要父母照顧，但他們被自身的問題纏繞不堪，根本無暇理會孩子。待一切塵埃落定，媽媽驚覺孩子已經變得極度反叛——逃學、説謊、搞破壞、壞事都不怕做。媽媽後悔不已，以為沒有重頭再來的機會。當輔導員告知他沒有事情是太晚的。於是，這位媽媽下決心，不惜放棄事業的發展，每天晚上聆聽孩子心聲，了解孩子的心路歷程。事實上，要一個反叛少年向媽媽傾吐心事談何容易？她憑着無限忍耐、包容，令少年重建對母親的信心，願意表達內心的痛苦和孤單，表面上是天不怕地不怕的少年，內心卻充滿恐懼。經過母親一段長時間的聆聽，孩子的行為日顯進步。

11.4 小結

父母怎樣面對離異後的生活，往往影響孩子怎樣面對往後的人生。一位當事人曾經説過一句饒有智慧的説話：「我想孩子學習怎樣做人，我今天就要做個怎樣的人。」的而且確，身教比言教更具影響力。雖然離婚是人生的遺憾，當事人要克服重重困難，但若父母能以生命教導孩子如何面對遺憾與困難，將是給孩子一份莫大的祝福。

下 再婚家庭

11.5 再婚家庭輔導

香港離婚率上升的同時，再婚的數字也不斷增加。1991 年，香港再婚的數字是 4,892 宗（任何一方或雙方俱屬再婚），但至 2013 年，數目已增至 19,508 宗，佔所有登記結婚數目的 35.3%，而 1991 年相對的比例只是 11.5% [9]。婚姻輔導員必須認識再婚家庭呈現的獨特現象，才能提供合適的援助。據一項調查顯示，近半數接受家庭治療的再婚家庭表示，服務沒有幫助，原因是治療師對再婚家庭認識不足 [10]。故此在提供服務予再婚家庭時，輔導員定要有所認識。

11.5.1 再婚家庭的困難

1. 承受次等家庭的目光

一般人以初婚的核心家庭為理想的家庭模式，把再婚家庭與之比較，認為再婚家庭不及核心家庭理想，是「有所欠缺」的家庭模式。

2. 繼父繼母與孩子建立新關係

參照核心家庭的模式，往往對繼父繼母存有期望，希望他們代替孩子的親生父母，但事實顯示繼父繼母與孩子的關係經常出現張力。有研究指出，繼母在再婚家庭的適應常有困難 [11]—— 她們往往不被孩子接受，並要承受社會歧視的眼光（社會普遍認為繼母是邪惡的），要負起家庭重擔卻又缺乏支持。孩子在再婚家庭同樣有所困擾，一方面他們仍忠於已分開的親生父母，但又要被迫接受一個外人做他們的新父母，尤其是親生父母與繼父繼母互相批評時，孩子更無所適從。有研究也發現，親生父母與繼父繼母之間的互相批評，是青少年子女在再婚家庭經歷的最大壓力[12]。

3. 複雜的親屬關係

有時再婚家庭感受到一種無形的壓力，是要他們把過去抹煞，重新開始，但過往的一切卻深印腦海。況且，再婚家庭仍能面對婚姻帶來的人際關係，例如，前夫前妻（仍是孩子的親生父母）、前家翁家姑（仍是孩子的爺爺奶奶）、前嬸母（仍是孩子的姑母姨母）等；同時，與再婚家庭中新任的丈夫妻子、新家翁家姑、新嬸母等關係重疊，不知如何命名。複雜的關係帶來角色混淆，尤其在照顧孩子方面，權責不分明——誰有權督促孩子？孩子應聽從哪一個成年人？若成年人間彼此缺乏信任，又要拉攏孩子，情況就更加複雜，孩子也會無所適從。

另外，再婚家庭可能有一種錯誤的做法，就是在再婚家庭形成後，不讓孩子與不同住的親生父母聯絡，以為這就可以重新開始。對孩子來說，這是非常殘忍的，因為孩子對親生父母的感情不會因再婚家庭形成而減退；相反，若親生父母之間仍然保持良好的合作關係，孩子適應更佳。然而，要維持這種親生父母的合作關係，再婚夫妻就要處理新舊家庭的界線問題，否則會造成新任丈夫 / 妻子的嫉妒。

事實上，以美國為例，由於再婚家庭的複雜性，再婚夫婦的離婚率比初婚的離婚率高出 10%。故此，再婚夫婦更加需要諒解其複雜親屬關係對家人帶來的張力。

4. 即結婚便為人父母

一般初婚家庭，夫婦通常可享受兩至三年的蜜月期，彼此適應，然後等待孩子的來臨。不過，再婚家庭的夫婦結婚初期除了要適應夫妻關係外，還要立即適應非親生子女的關係，夫妻與父母兩種任務同時出現，倍感吃力。從經驗發現，再婚家庭中的親子關係對婚姻構成重大影響。

5. 欠缺人際相處模範

社會欠缺一個讓再婚家庭學習人際相處的模範，於是產生很多模糊和混亂的感受，尤其是繼父繼母應如何與孩子相處、如何管教他們等[13]。

11.5.2 再婚家庭的發展歷程

有見再婚家庭面對複雜的難題，或許輔導員可先了解一下再婚家庭組成的過程，加深對再婚家庭的認識。

學者 Papernow[14] 研究再婚家庭的發展歷程，勾畫了七個不同階段：

第一階段：幻想期（Fantasy）

再婚家庭成員幻想新組成家庭很快安頓下來，而新家庭的形成可以彌補昔日的損失。

第二階段：沉浸期（Immersion）

再婚家庭經歷種種壓力和適應，例如，親子關係、姻親、繼父繼母角色等，這個階段不時出現衝突和張力。

第三階段：意識期（Awareness）

認識清楚血緣與非血緣關係的相處模式。

第四階段：移動期（Mobilization）

繼父繼母與孩子的關係有新進展，各家庭成員對再婚家庭日漸產生歸屬感。

第五階段：行動期（Action）

再婚夫妻合作關係鞏固，衍生家庭中的規範與儀式，形成新的家庭文化。

第六階段：接觸期（Contact）

由三角關係轉移至二人關係，換言之，再婚夫妻、繼父繼母與孩子形成各自的二人關係。

第七階段：鞏固期（Resolution）

各家庭成員找到互相配合的位置，同時亦接納孩子親生父母的存在，以及他們與孩子特殊的關係。整個家庭既可以合作，關係也穩定。

11.5.3 再婚家庭的特色及發展任務[15]

1. 經歷失落與改變後才開始

不論成年人還是孩子，再婚家庭是在他們經歷家庭瓦解、夫妻分離、父母離異等事件之後才形成。這種經歷不單對成年人留下陰影，對孩子尤甚。因此，再婚家庭形成初期，各家庭成員還要從過去的失落與創傷中復原過來。

2. 各家庭成員經歷不同的發展任務

一對新婚的再婚夫妻既要適應新關係，又要回應孩子成長階段的需要：一個從未生育的母親，驟然成為三子之母、一個正值壯年的妻子面對行將退休的丈夫……有時各家庭成員的成長任務出現矛盾，張力也隨之出現。

3. 承受以往家庭的行為模式、價值觀

再婚家庭的成員往往已在從前的家庭中建立了一些行為模式，例如，孩子從前習慣家務由母親料理，但繼母卻要求孩子做家務學習獨立，於是可能產生家庭文化的碰撞。

4. 親子關係先於夫妻關係

在一般初婚家庭，夫妻關係首先形成，關係鞏固後再迎接新生命的來臨；但再婚家庭的夫婦，許多時一開始便要面對孩子的存在，孩子對繼父繼母的來臨或許抱着排斥的態度，故此再婚夫婦既要容納孩子的存在，還要接納孩子可能出現的抗拒。而且，同一屋簷下，孩子與親生父母的關係可能比再婚夫婦的關係密切，繼父繼母很容易產生局外人的感受。

5. 孩子始終心繫親生父母

由於忠誠的張力，孩子很難把對親生父母的愛轉移至繼父繼母，他們害怕讓繼父繼母闖進他們的生命，並以為這是對親生父母不忠。成年人方面，繼父繼母要面對孩子的親生父母，或姻親對他們教養孩子的表現評價，而這些評價可能是充滿戒心和不信任。

6. 孩子是兩個家庭的成員

調查發現，若孩子仍然與已分開的親生父母保持聯繫，對他們的適應會大有幫助[16]。故此，孩子不單是屬於目前的新組成家庭，也可與不同住的父母有密切關係，換言之，他們是屬於兩個家庭的。

再婚家庭的發展任務

- 處理過去失落與改變的經歷
- 各家庭成員協調彼此成長的需要
- 建立再婚家庭的新傳統
- 建立穩固的夫妻關係
- 建立新關係，例如繼父 / 母與孩子的關係、繼父 / 母與配偶的前姻親關係等
- 組成親職聯盟，包括孩子的生父母、繼父母，彼此尊重對方的教導方式
- 孩子擁有兩個家庭，因此再婚家庭要接納家庭成員的流動性
- 社會缺乏再婚家庭的模範和支援，各成員要共同合作尋找再婚家庭的相處模式

11.5.4 再婚家庭的介入要點

1. 幫助再婚家庭建立合理的期望

再婚家庭遇到的最大障礙，是當中的成員對新組成家庭懷抱過高和不切實際的期望。常見的，包括繼父繼母以為可以取代親生父母的角色和功能、孩子與繼父繼母的關係一蹴即就，孩子與已分開的親生父母切斷情感關係等等。基於不切實際的期望，成員為着達到理想的家庭模式而衍生張力，衝突頻生。

2. 幫助再婚家庭認識其發展歷程和任務

調查研究發現[17]，再婚家庭期望從輔導員口中認識再婚家庭的特色，肯定他們的感覺，並給他們提議具體的相處模式。

3. 協助繼父繼母理解孩子的反應

由於孩子的忠誠矛盾以及與親生父母的情感聯繫，孩子一般在初期都難以接受繼父繼母的存在，出現很多抗拒行為。繼父繼母不必為此太難過，這並非他們的錯，而是關係本質上的矛盾。繼父繼母與孩子可先從友誼關係着手，管教的任務交由親生父母執行。

4. 讓再婚家庭明白親生父母的角色無可替代

孩子與親生父母情感聯繫穩固，即使父母再婚，他們仍需要與不同住的父母繼續保持關係。另一方面，親生父母在管教上的任務是不可忽略的，不可以因為有了新爸媽，便可由他們替代，尤其孩子很大可能對繼父繼母出現抗拒反應，他們就更加難於執行管教的任務。

5. 協助組成親職聯盟

再婚家庭形成後，多位成年人將涉及孩子的事宜，包括孩子的親生父母、祖父母、外祖父母、繼父繼母等，因此成年人間的互相尊重和信任是必須的。雖然他們未必需要經常聯絡，但要尊重彼此的異同，避免在孩子面前互相批評和攻擊，孩子亦有自由與各方保持和建立關係，成年人不要過分干預。

6. 協助穩定夫妻關係，容納「第三者」

再婚夫婦的關係特色是，彼此要容納對方的「第三者」，例如，配偶與親生孩子有親密和經常的接觸，再婚伴侶未必可參與其中；為了合作管教孩子，配偶仍可能與前夫前妻保持聯繫等，再婚夫妻要給予對方很大的信任和空間。當然，再婚夫婦要建立彼此的關係，鞏固婚姻基礎，換言之，繼父繼母與孩子建立親子關係時，有親生父母作為後盾。

7. 協助建立新家庭的規範與文化

再婚家庭剛形成的時候，各成員都正經歷創傷，感受相當複雜。若再婚夫妻明白、也承認配偶前度關係所帶來的陰影，還有孩子對離異父母的情感牽連，就不要急於要求他們放手和忘記，並要諒解他們的感受。尊重他們緬懷舊事的需要，會有助彼此建立關係。

另外，各成員把以往的家庭習慣帶到今天的家庭，需要時間協調和重新適應。有時，繼父繼母未能接納這些舊習慣，又或面對別人的比較時（例如孩子把繼母與親生母親比較時），內心總是酸溜溜的，甚至有種局外人的感覺。其實，這些感覺可以理解，但不表示孩子與配偶抗拒自己，這只是家庭文化的衝突。新家庭要一段漫長的時間才能建立獨有的新文化、新規範。

8. 尊重再婚家庭的獨特性

雖然輔導員或對再婚家庭有一定的認識，但再婚家庭的處境各有差異，輔導員必須以開放的心靈、虛懷的態度進入每個家庭的處境。輔導員在複雜的關係脈絡中陪同當事人尋求出路，切忌把理想家庭的模式強加在他們身上。

11.6 結語

近二十多年來，再婚家庭不斷增加。這些家庭的形態與初婚家庭有顯著差別，人倫關係也相當複雜。故此輔導員要不斷從臨牀觀察和調查研究中，了解這類家庭的特性，發展出一套有效的介入模式。

參考書目

1. Bohannan, P. (1970). *Divorce and After*. NY: Doubleday.
2. Horowitz, J. A. (1995). "A conceptualization of parenting: Examining the single parent family". In S. M. H. Hanson, et al.(Eds.), *Single Parent Families: Diversity, Myths and Realities*. NY: Haworth Press.
3. Hardey, M. & Glover, J. (1991). "Income, employment, daycare and lone parenthood". In M. Hardey & G. Crow(Eds.), *Lone Parenthood: Coping with Constraints and Making Opportunities*. London: Harvester Wheatsheaf.
4. Irving, H. H. & Benjamin, M. (1995). *Family Mediation: Contemporary Issues*. California: SAGE.
5. Brown, F. H. (1989). "The post divorce family". In B. Carter & M. McGoldrick (Eds.), *The Changing Family Life Cycle: A Framework for Family Therapy* (2nd ed.). Boston, MA: Allyn & Bacon.
6. 黃麗彰（2002），《婚姻中的創傷與饒恕》。香港：突破出版社。
7. Atwood, J. D. & Genovese, F. (1993). *Counseling Single Parents*. Alexandria, VA: American Counseling Association.
8. 龔立人（2003），〈社會心靈的重塑〉，《崇基神學組通訊》81 期。
9. 香港政府統計處。
10. Visher, E. B., Visher, J. S. & Pasley, K. (1997). "Stepfamily therapy from the clients' perspective", *Marriage & Family Review*, Vol. 26,(1-2), 191-213.
11. Lam, L. T. (1997). "Exploring the parenting difficulties of stepmothers in Hong Kong: Implications for social workers and teachers". *Hong Kong Journal of Social Work*, Vol. 31(1-2), 97-111.
12. Lutz, P. (1983). "The stepfamily: An adolescent perspective". *Family Relations*, Vol. 32, 367-376.

13. Brand, E., Clingempeel, W. G. & Bowen-Woodward, K. (1988). "Family relationships and children's psychological adjustment in stepmother and stepfather families". In E. M. Hetherington & J. Arasteh(Eds.), *Impact of Divorce, Single Parenting and Stepparenting on Children: A Case Study of Visual Agnosia.* Hillsdale, NJ: Lawrence Erlbaum.
14. Papernow, P. (1993). *Becoming a Stepfamily: Patterns of Development in Remarried Families*. NY: Gardner.
15. Visher, E. B. & Visher, J. S. (1996). *Therapy with Stepfamilies*. NY: Brunner/ Mazel.
16. Hetherington, E. M., Stanley-Hagan, M. & Anderson, E. R. (1989). "Marital transitions: A child's perspective". *American Psychologist*, Vol. 44(2), 303-312.
17. Visher, E. B. & Visher, J. S. (1988). *Old Loyalties, New Ties: Therapeutic Strategies with Stepfamilies*. NY: Brunner/Mazel.

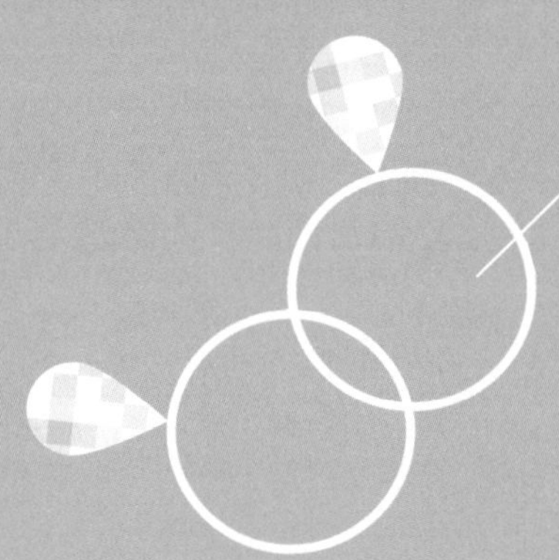

第十二章

婚前輔導

12.1 婚前輔導的重要
12.1.1 影響婚姻的三大因素
12.2 婚前輔導的內容
12.3 婚前輔導的技巧
12.3.1 分享前人經驗
12.3.2 引導當事人既存盼望，亦誠實面對問題
12.3.3 提出延遲婚期的可能
12.3.4 處理當事人可能出現的應酬心態
12.3.5 留意再婚家庭的特色
12.4 結語
參考書目

或許，現代人對婚姻問題愈認識，愈怕承擔婚姻的責任。香港與一些經濟發達國家一樣，選擇單身或同居的人有上升的趨勢。曾經有一項本地的調查顯示，大多數人寧可沒有婚姻，也不想擁有一段不理想的婚姻[1]。然而人始終有與人親密的需要，2013 年，香港還是有 55,000 多宗結婚個案（香港政府統計處數字，初婚有 35,703 宗及再婚有 19,508 宗），而眾多前人的經驗對這些將要踏入婚姻門檻的人有什麼提醒？

12.1 婚前輔導的重要

香港離婚數字由 1991 年的 6,295 宗，大幅上升至 2006 年的 17,424 宗，其後更升至 2013 的 22,271 宗（香港政府統計處數字）。這個數字對整個社會是沉重的負擔，當中涉及的不單是法律訴訟費用，還牽涉不可測量的社會心理成本、對下一代的影響等等，實在有必要正視。究竟有什麼因素影響了婚姻的持久性？對婚前輔導有什麼啟示？

12.1.1 影響婚姻的三大因素

有兩位學者翻閱過 50 年來的文獻，閱讀了多個調查研究報告，最後總結了影響婚姻關係的三大因素，包括[2]：

1. 背景及環境

夫婦原生的家庭、他們身處的社會文化、地位，以及所要面對的壓力等等。

2. 性格和行為

夫婦調節情緒的能力、人際關係技巧、自尊感等。

3. 夫婦的互動過程

夫婦溝通的技巧，解決衝突的能力和方式等。

既然上述因素對婚姻關係舉足輕重，從事婚姻輔導的同工可以及早讓準夫婦對此有所認識。筆者想在此強調，婚前輔導不是婚後問題的防治疫苗，參與婚前輔導的夫婦婚後仍要面對種種挑戰。婚前輔導幫助準夫婦為即將展開的婚姻作好預備，對婚姻懷着較符合現實的期望，以現實為基礎，彼此作出更深的承諾面對前路。

12.2 婚前輔導的內容

筆者累積了婚姻輔導的經驗，設計了一套婚前輔導計劃，內容包括以下各項。

第一節：回顧兩人建立關係的歷史

輔導員首先向準夫婦介紹整個婚前輔導的目的及內容，讓他們在過程中對關係有更深入的認識，同時因為這坦誠分享的經驗，讓他們體會和學習溝通技巧。

第一節是回顧關係的歷史，幫助輔導員認識參加的準夫婦，也讓準夫婦重溫彼此的關係。當事人各自繪畫一幅關係歷史圖，如下圖[3]：

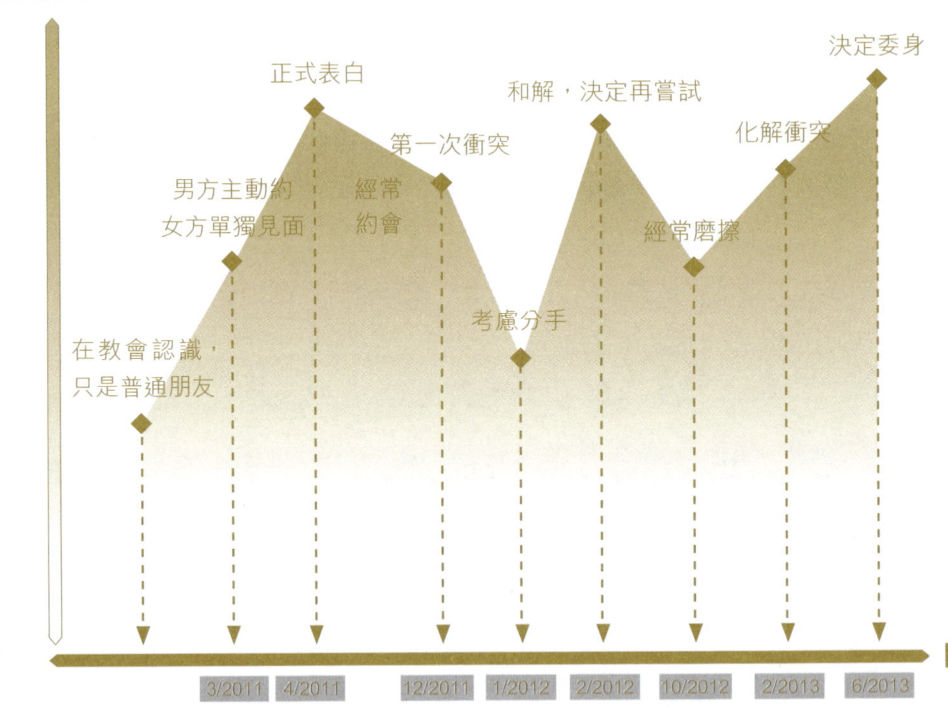

此圖原載黃麗彰（2001），《執子之手》，經修改。

- 男女各自繪畫，從中可了解雙方對關係的認識是否一致，有否一些對方認為重要，自己卻忘記的事情？為什麼對方認為那件事情這麼重要？輔導員可讓彼此表白，回憶屬於準夫婦的共同歷史。
- 當事人有什麼彼此吸引的地方？如何彼此造就對方的長處？
- 當事人有沒有彼此不接納的地方？怎樣幫助自己接納對方？
- 當事人是否經歷過衝突的階段，他們怎樣化解衝突？曾經歷衝突階段很重要，這表示他們已渡過了迷戀期，認識對方與自己的異同。
- 當事人怎樣決定委身？當事人愈清晰自己作決定的過程，愈能為自己的決定負責。

第二節：性格測驗

參加者完成第一節後，輔導員派發一份性格測驗，讓他們回家填寫，在第二節前交回。分析結果後，輔導員在第二節（有時需要多一節）與他們討論性格測驗的結果。

目前較流行的婚前輔導測驗包括：

- Prepare / Enrich，2000 版
- FOCCUS（Facilitating Open Couple Communication, Understanding & Study）
- T-JTA（Taylor-Johnson Temperament Analysis）

使用這些婚前輔導工具時，輔導員要注意文化上的差異，就筆者曾運用 T-JTA 性格分析的經驗來說，有下列發現：

1. 文化差異

前文曾提及，在傳統中國文化中一些公認的美德，在新世代得到負面的評價，例如「容易表達自己（Expressive）」——「抑壓自己（Inhibited）」一項。在測驗中，「容易表達自己」是較健康的個性，但很多參加者所得到的分數大多傾向「抑壓自己」。想深一層，華人社會一向灌輸要為他人着想的觀念，於是我們便不可隨便說令人難受的話，這是美德，但測驗結果卻變成是抑壓自己的表現。輔導員可向參加者解釋這是文化的差異。

2. 避免判斷和標籤

有一些字眼，如抑鬱（Depressive）、主觀（Subjective）等，因為帶着問題和病態的味道，令人一下子很難接受。輔導員若搬字過紙地向當事人表達，可能對當事人構成傷害或不必要的標籤，也可能引來自辯的反應。故此，輔導員應向當事人解釋，抑鬱代表容易受周遭的事情困擾，主觀是自己覺得好的地方以為對方也有同感。一般來說，輔導員以諒解的態度，避免判斷式和標籤式的表達，較容易令當事人接納自己的個性。

3. 公私表現的差異

當事人公開表達的自己與私下表達的自己可能有明顯分別。例如，在「同情心—冷感抽離」一項中，或許當事人在處理公事或普通人際關係時，會表現得冷感、抽離，但與伴侶相處時卻善解人意，充滿同情心。故此，當事人亦可能會回應説，自己有兩個「我」，測驗結果是其中一個「我」。輔導員要給予空間，聆聽當事人分享自己的故事。

除了以上的工具，筆者也認識一些同工運用別的性格測驗，如「九型性格測驗」，目的是更立體地認識當事人。其實，除了以測驗認識他們的表象行為外，更重要的是明白當事人的內心世界，了解他們的思考和運作模式。輔導員要給予當事人時間、空間表達，從而了解他們怎樣調節情感、怎樣面對壓力、怎樣表達愛意等等。

第三、四節：原生家庭

在這兩次輔導環節中，輔導員會分別探討男女雙方的原生家庭。形式可以是繪畫家庭圖，或是讓當事人述説自己的童年故事，主要內容有：

1. 家庭成員的關係

- 當事人的父母怎樣相處？他們的婚姻怎樣影響當事人對婚姻的體會與期望？

- 當事人與其他家庭成員的關係怎樣？怎樣與人建立關係？當事人習慣和懂得表達自己嗎？與人分享的經驗是怎樣的？
- 當事人從家庭關係中，建立了怎樣的自我價值觀？對別人的信任程度如何？有怎樣的情感依附模式？屬於安全感高而懂得信任別人？害怕被遺棄而需要操控？抑或害怕被吞沒而收藏自己？了解當事人的依附模式，能幫助當事人進一步明白自己在親密關係中的表現，邁向成長。

2. 父母表達親密和處理衝突的方式

- 表達親密的模式因人而異，有些會分享心事，有些以具體行動表達，有些盡在不言中，要求伴侶心領神會，究竟父母表達親密的方法怎樣影響當事人？這些方法又適用於目前的伴侶關係嗎？
- 當事人的父母處理衝突所用的方法是熱戰還是冷戰？是面對衝突還是逃避衝突？當事人會效法哪種處理衝突的模式？希望有所改變嗎？怎樣改變？限制在哪裏？

3. 家庭的規範

- 當事人家中有什麼習以為常的規矩？例如，報告行蹤、人齊才可以吃飯、擺放東西要整整齊齊……婚前對彼此的習慣有所了解，婚後才不會大吃一驚。當然，婚前不可能全盤掌握家中一切規範，部分要待婚後才會知曉，但及早認識對方某些習性，可促進彼此的認識和接納。

- 當事人怎樣理解男女角色的規範，他們心目中丈夫與妻子的角色是怎樣的？

4. 家庭中的責任

- 婚後對自己原生家庭仍要肩負什麼責任？例如，給予父母家用、照顧父母等等。他們婚後打算怎樣對父母及兄弟姊妹負上責任和義務？
- 每逢過年過節，彼此是否需要與雙方的家人共享天倫？他們打算怎樣安排？

5. 重要的創傷經歷

- 當事人是否有未解的情結，不論是兒時的經驗還是一些關係所帶來的創傷，希望怎樣面對？
- 曾經失戀是否令當事人對未來的婚姻關係有某些潛藏的期望？例如，因未能忘懷前度戀人，希望目前的伴侶仿效前度的一些行為、打扮，又例如過去因第三者的緣故而經歷分手的痛楚，是否會對目前的伴侶嚴加操控等。

6. 情感反應的模式

有些人習慣在家喜怒盡形於色，家人不介意，甚至遷就；有些人則慣於鑒貌辨色，看別人的情緒再作反應。雙方可在婚前輔導中互相了解，知道自己和伴侶的情感反應模式，了解這些模式將如何影響他們今後的相處。

第五節：面對衝突的反應

美國學者 Gottman[4] 曾以嚴謹的研究方法，觀察到四種處理衝突時破壞夫婦關係的互動，分別是：

1. 批評

批評是不滿伴侶某些行為，卻概括地攻擊他的個性和人格，是一種針對人非針對事的指控。妻子看見丈夫沒有把廚房的碗筷洗淨，沒有指斥丈夫沒有洗淨碗筷的行為，反而說：「你總是這樣的，看你副德性，只懂為自己着想，你太自私了！」

2. 蔑視

蔑視是輕看人和含敵意的侮辱，目的是叫對方難受，發洩內心的憤怒和怨恨。由於關係累積太多不滿而又未加疏理，有時夫婦因生活上的小事情而出現「我嫁錯了你」、「你一點用處也沒有」、「我鄙視你」等強烈蔑視的字句，以謾罵、侮辱、取笑、輕蔑的言語令對方難堪，連半點尊重也沒有。

3. 不肯承認責任而諸多辯解

夫婦在關係裏感到遭受攻擊，自然反應是不肯承認自己的責任，甚至反過來控訴對方。例如，妻子指摘丈夫大意，忘記到政府部門辦理手續，丈夫起初諸多解釋，嘗試為自己開脱。若妻子堅持下去，丈夫可能因感到受攻擊，反過來指控妻子也經常大意，造成更嚴重的後果。妻子被指控，繼而以蔑視的方式攻擊丈夫，結果造成嚴重的惡性循環。

4. 築起圍牆

夫婦積怨日深，再無法溝通，也失去溝通的動機和誠意，情感逐漸抽離。

輔導員可援引當事人最近發生的衝突為事例，探討當事人如何面對衝突、他們有沒有出現上述四種互動模式？如果夫婦中一個慣常用批評、蔑視的態度，一個諸多辯解和築起圍牆，他們是否願意學習一些有效的互動方式。例如，流露真我與真誠分享，表達不滿但絕不人身攻擊。當事人除可由輔導員指導外，亦可參考坊間有關溝通方法的書籍。

除了互動環節，當事人有沒有一些還未解決的鐳區？比方説，金錢的運用、未來的生育計劃、與雙方家人的關係等等。若當事人的關係存在太多鐳區，又欠缺解決分歧的有效方法，顯示他們需要更多準備才適合成婚。因為，處理衝突是婚姻關係至為重要的元素。

在學習處理衝突方面，輔導員可以嘗試發掘當事人往昔成功的經驗，探討他們個性上和互動上的強處，怎樣幫助他們化解衝突。另外，他們處理衝突時，有沒有一些潛藏隱憂的互動？例如，一方過度容忍以致承受被扭曲的痛苦，或是一方放縱情緒而欠缺對伴侶的愛惜。

最後，要留意衝突的次數。他們是否經常衝突，還是偶爾大吵一場？若衝突的次數太過頻密，他們怎樣建立衝突以外的溝通關係，諸如共同興趣、心靈分享等等。衝突過後，他們又是否可以修和，消除怨氣？

第六節：婚姻觀

當事人如何理解結婚的含義？當事人對婚姻有什麼期望？首先是當事人結婚的心態[5]：

1. 找個伴，求歸宿

這是傳統上對婚姻的期望，男的需要一個賢內助，幫助他料理家務、相夫教子；女的希望找個給她安全感和保護她的丈夫，而她在背後默默支持。

2. 浪漫的愛情

當事人冀求情感的聯繫、心聲的共鳴，這些夫婦特別重視溝通、分享和了解，但抱着這種期望結婚，亦容易失望，受情感打擊。

3. 盲目的愛情

有人懷抱種種對婚姻神話的憧憬，甚或逃避現實環境的痛楚而跳進婚姻。當事人彼此了解有限，傾向把伴侶理想化，婚後才發現伴侶並非如理想中美好，張力和衝突由此而生。

4. 相知相伴的愛情

彼此視婚姻為共創的歷程，一方面對伴侶抱着期望，一方面不斷自我反省和成長，認識配偶，調整期望。抱着這種愛情觀的夫婦追求個人成長，並願意以開放的心認識配偶。

另外，他們對婚姻的價值取向如何？是以下哪一種？

1. 合則來不合則去

這是一種沒有委身基礎的婚姻。雙方以功能價值來考慮，若婚姻失去一些重要的功能，當事人情願離去。

2. 委身

委身可以分為兩種：

- 基於外在壓力和影響，例如，別人的眼光、經濟負擔等等，當事人不敢輕舉妄動，寧可與配偶貌合神離，也不願意付上離婚的代價。
- 視委身為道德取向、價值情操，當事人以承擔的態度成婚，不輕言放棄。在婚姻中，當事人與配偶的關係是動態的，因着自己和配偶的改變而不斷反省、調節。由於委身的決定，當事人願意學習怎樣去愛、怎樣成長，也能忍耐婚姻中不愉快甚至痛苦的階段。

當事人彼此分享對婚姻的期望和婚姻價值觀。若遇失望，他們會怎樣面對？彼此又是否認同對方的婚姻價值觀？

第七、八節：婚後期望

每對夫婦都會對婚後的生活有所憧憬。輔導員不妨邀請他們想像一幅婚後生活的圖畫，然後分享。夫婦在婚後期望中經常發生衝突的鐳區包括：

1. 財務安排

當事人希望怎樣運用金錢？打算由誰主管家庭財務，是否打算開設聯名戶口或私人戶口等等，這環節的重點，是探討當事人共有財產與私有財產的概念，以及誰作主的問題。

2. 生育計劃 / 性生活

這涉及當事人個人計劃與家庭計劃的配合，在分擔父母角色方面，他們有什麼想法？另外，性生活對當事人有什麼意義？是一方滿足另一方，還是愛的表達與流露？彼此身心靈結合的過程？

3. 家務分擔

對現代夫婦來説，這涉及兩性角色的角力。他們認為家務是女性的專職還是共同的責任？男性參與時，他認為自己是協助者還是分擔者？輔導員與當事人討論分擔家務的環節時，要幫助當事人協調兩性角色。在協調過程中，要引導當事人明白他們底層的取向，是以公平為大原則，還是以彼此相愛為方向？

4. 姻親關係

他們希望與彼此原生家庭的親友維持怎樣的關係？要是配偶與自己的家人意見不合，當事人期望自己與配偶的角色如何配合？

5. 個人計劃

現在年輕一代認為，結婚不代表放棄追求個人計劃，例如進修、專業發展等等。他們如何彼此配合？這些個人計劃與家庭責任有沒有矛盾？若有，怎樣解決？

6. 發展共同樂趣

香港生活壓力驚人，夫婦往往被壓力迫得喘不過氣，他們有什麼應付的良方？另外，在應付生活要求的同時，夫婦打算怎樣添加餘暇的樂趣？若夫婦能發展一些共同興趣，對消除生活壓力和增進夫婦關係會甚有裨益。

前文提過，筆者參加一個由美國婚姻治療師 Peter Fraenkel 主持的工作坊，他建議一個「一分鐘浪漫」的練習，頗為有趣。夫婦天馬行空地構想一些可以在一分鐘內向對方表達愛意的做法，效果不錯。有些當事人很有創意，過程中充滿歡笑。

7. 靈修生活

若當事人是基督徒夫婦，輔導員可與他們商量婚後的靈修和教會生活，也可藉他們的屬靈經歷，彼此分享過去上帝在他們生命中的造就和恩典，這些體會有否增加他們對未來生活的信心？

12.3 婚前輔導的技巧

婚前輔導與婚姻輔導的技巧有很多共通的地方，例如聆聽、肯定、發掘內心需要等等。不過，就婚前輔導特別之處，以下是一些值得留意的地方：

12.3.1 分享前人經驗

輔導始終不同教導。輔導員必須以當事人目前的情況與之交流，不可強加自己的意見；但參加婚前輔導的大多是年輕人，全無婚姻經驗（再婚者除外，不過他們也沒有再婚經驗），故此輔導員多分享別人在婚姻經驗所累積的智慧，供當事人參考，對他們會很有幫助。

12.3.2 引導當事人既存盼望，亦誠實面對問題

熱戀中的男女，總有意無意地輕看關係中的問題，以為沒什麼大不了，但從輔導員的角度，若不及早提出問題，日後會漸漸惡化。故此，有時婚前輔導會令當事人感到困擾，輔導員一方面肯定這些感受，同時也給

予他們面對問題的盼望。只把問題帶出而不給予盼望，會令當事人灰心，甚至憂心忡忡地步入教堂。所以，帶出問題時，也要讓當事人存有盼望，體會這是成長的方向，在恩典中得力，在愛與恕的經歷中邁向整全的人格。

12.3.3 提出延遲婚期的可能

有些時候，若輔導員發現當事人的關係存在很多隱憂，例如，關係中充滿未能化解的衝突，又或是還停留在美化浪漫的階段等等，不妨誠實和虛懷地分享自己的觀察，與當事人商討延遲婚期的可能。在延遲期間，積極尋求個人成長，以及疏解關係張力的方法；但提出建議的時候，必須尊重當事人的意願，即使他們不同意，輔導員亦要給予他們盼望及祝福。

12.3.4 處理當事人可能出現的應酬心態

筆者面見的準夫妻，絕大部分是充滿誠意，也很投入輔導的歷程。不過，由於近年教會大力提倡婚前輔導，有的甚至要求當事人完成婚前輔導，才可以在教堂行禮，所以也會偶然碰到一些為了應付教會要求而參加婚前輔導的男女。他們在繁忙的婚禮籌備工作中，勉強抽出部分時間「應付」婚前輔導。若輔導員觀察到這些情況，在體諒他們的同時，不妨與他們討論參加婚前輔導的心態。誠意的參與，他們才能得益，否則只是浪費輔導員與他們的時間。

12.3.5 留意再婚家庭的特色

若當事人屬再婚，必須加入再婚家庭的特色（參第十一章），尤其是界線的問題，如：當事人如何與前度配偶接觸？若有子女，現任配偶能接受至什麼程度？另外，初婚的夫婦可能有較多時間先適應二人生活才當父母；若再婚夫婦任何一方已經有了子女，他們一結婚，隨即擔負父母角色，夫妻要如何配合？管教的分工怎樣？還有與前姻親的關係，又要如何面對？再婚夫婦比初婚夫婦面對更複雜的關係，所以，除了一般的婚前輔導內容外，也要加入與再婚家庭有關的內容。

12.4 結語

縱然離婚率不斷上升，年輕男女可能對婚姻有點擔心和恐懼，然而，結婚還是大多數年輕男女的選擇，他們想愛與被愛，卻不知如何是好。輔導員在準夫婦步入婚姻門檻之前，要先讓他們看見一條可以彼此相愛的路，由學習相處，掌握處理實務的技巧，以致對愛情觀念的探討，這過程是挺有意義和有價值的。

參考書目

1. Lee, M. K. & Lu, S. H.（1997）. "The marriage institution in decline?" In Lau, S. K. et al.(Eds.), *Indicators of Social Development: Hong Kong 1995*. HK: Hong Kong Institute of Asia-Pacific Studies, The Chinese University of Hong Kong.
2. Larson, J. H. & Holman, T. B.（1994）. "Premarital predictors of marital quality and stability". *Family Relations*, Vol. 43, 228-237.
3. 黃麗彰（2001），《執子之手——準婚人士的成長與關係互動》，香港：學生福音團契出版社。
4. Gottman, J.（1995）. *Why Marriages Succeed or Fail: And How You Can Make Yours Last*. NY: Simon & Schuster.
5. Markman, H., Stanley, S. & Blumberg, S. L.（1994）. *Fighting for Your Marriage: Positive Steps for Preventing Divorce and Preserving a Lasting Love*. San Francisco: Jossey-Bass.

第四部
總結

第十三章

輔導方法的反省與道德

13.1 輔導技巧的反省

13.1.1 過分強調中立與自決，漠視人生中客觀的是非與公義

13.1.2 過分強調當事人舒服的感覺，
忽略邀請他們誠實面對自己的本相

13.1.3 慎防改觀技巧變相把醜惡行為合理化

13.1.4 苦衷不能成為藉口

13.1.5 絕對的個人主義，還是諒解和接納他人？

13.1.6 尊重生命的神聖

13.2 輔導員的心態

13.2.1 顧客永遠是對的？

13.2.2 追求安舒的生活，疏於思考

13.2.3 逃避個人成長的痛苦，成長停滯不前

13.2.4 工作的習性成最大阻力

13.2.5 輔導員的成長也是跌跌碰碰

13.2.6 輔導員饒恕自己的限制和錯誤

13.3 輔導的發展方向

13.3.1 輔導理論的限制

13.3.2 輔導理論本土化

13.3.3 資源配合

13.4 結語

參考書目

輔導是一門易學難精的專業，要成為成熟的輔導員，實在要不斷經歷失敗、跌撞與反思，才漸漸對輔導有所領略。坦白説，筆者面前仍是一條漫長的路，還有很多不足之處，寫這本輔導書時，實在鼓足勇氣，不怕面對自己的欠缺。

經過多年以來在輔導工作的跌跌碰碰，筆者想分享一些體會，縱然有未善之處，也希望能抛磚引玉。

13.1 輔導技巧的反省

13.1.1 過分強調中立與自決，漠視人生中客觀的是非與公義

一名發生婚外情的丈夫，打算跟有十數載恩情的妻子離婚。妻子為了他，不惜犧牲進修、升職的機會，現在芳華已逝，喪失在社會競爭和謀生的能力；而丈夫卻在妻子默默的支持下不斷升職，在社會上享有崇高的專業地位。

類似的求助個案並不罕見，若丈夫對輔導員説，他已經決定離婚，輔導員是否要以自決的精神，默許丈夫的行為？還是以真誠對質，讓他知道自己辜負妻子？雖然對於丈夫最終離婚與否，輔導員可以介入的空間有限，但輔導員仍有影響力的時候，是否可以向丈夫道出輔導員所認識的真相？這樣做，至少可以還給妻子部分公道，讓受欺負的一方得到關注。

13.1.2 過分強調當事人舒服的感覺，忽略邀請他們誠實面對自己的本相

輔導員與當事人的信任關係會影響輔導技巧的發揮。若關係不好，根本發揮不到什麼輔導效果；但有時另一個極端，就是過分強調關係，怕開罪當事人，以致只求當事人感受良好，而不敢邀請他們誠實面對自己的本相。以下是一個道聽途説的例子：

當事人説：「我喜歡羞辱人，令人難受。」

輔導員回應：「你喜歡羞辱人是好的，但若別人不喜歡被你羞辱怎辦？」

雖然輔導員希望當事人能顧及別人的感覺，從輔導員的回應，似乎他想認同當事人，令他好受。但最令筆者不安的是，輔導員認同當事人喜歡羞辱別人的做法。若輔導員回應説：「我聽見你喜歡羞辱別人，對你這種做法產生好奇，可否告訴我你透過羞辱別人想到什麼？內心有什麼需要？」當信任關係建立後，當事人或許愈來愈有安全感，能把內心的掙扎、幽暗面説出，或許他曾深受羞辱之痛，希望把傷痛的經歷轉嫁在別人身上，自圓其説地認為這是公道，忽略了這只是從自我中心出發的公道。當他為自己取回「公道」時，卻對別人不公道。當事人的內心經驗沒有對錯，但行為總有是非之分，輔導員既要接納當事人，也要讓當事人認識自己的本相，放下自義和自傲。

13.1.3 慎防改觀技巧變相把醜惡行為合理化

筆者很喜歡用改觀技巧（Reframing），因為能帶動當事人從不同角度看問題，擴闊當事人的視野，不再固執地站在一個位置，自己受苦，別人也受罪。例如丈夫不喜歡妻子經常嘮嘮叨叨，覺得妻子侵犯他的個人空間，但若丈夫從另一個度看，妻子嘮叨的背後，原來是一顆愛護的心，於是嘮叨不一定是侵犯個人空間的行為，而是愛護的表現。在新的理解下，丈夫對妻子的反應自然改變了。

輔導中經常採取改觀技巧，是因為當事人被關係中的過分情緒牽動，以致忽略了另一個角度。不過，改觀技巧必須建基於真相，否則這技巧便會把醜惡行為合理化。例如，妻子放縱自己的情緒要丈夫就範，輔導員斷不可以用「感性」來形容妻子；又如丈夫回家冷漠地坐在一旁，不理孩子的功課，很難説他是「冷靜」。事實的真相有很多面，但改觀技巧是在多面中提出符合真相的角度。

13.1.4 苦衷不能成為藉口

輔導過程中難免探索當事人行為背後的苦衷，例如，為什麼他面對妻子的失望時，會不加思索反擊？為什麼母親明知要求高會令孩子受壓力，仍對孩子的學業成績如此着緊？探索苦衷的目的，是讓當事人更明白自己，從無意識的做法變成有意識的選擇，不要被一些連他自己都不為意的盲動控制。一旦當事人有意識，便可做回他覺得應該做的事情。

但當苦衷被濫用時，一些探索苦衷內情的做法，可能成為當事人行為合理化的藉口，例如：「我小時候受虐待，所以今天變得脾氣暴躁，你們要體諒我！」如果輔導員聽見當事人如此理直氣壯地反駁，不妨説：「我聽見你渴望被接納，從你的表達，或許表示你也難於接受自己的暴躁脾氣，只是小時候所受的苦楚令你留下烙印。有時脾氣一到，自己也控制不了，你是否想更能意識自己的狀態，不讓脾氣做主人，做回自己，以致不再令你家人承受這些苦楚？」輔導員帶動當事人探求、醒覺行為背後的苦衷，協助他們做個自覺的人。

13.1.5 絕對的個人主義，還是諒解和接納他人？

輔導的目的是什麼？筆者曾遇到一位先後見了三個輔導員的女士，筆者是她第四個輔導員。她求助是因為遇上婚姻問題，丈夫不願參與，只是她一個人尋求幫助。她有一個很有趣的經驗，就是四個輔導員都帶給她不同的婚姻經驗。既然丈夫沒有參與，個別輔導又怎樣影響她的婚姻經驗？她説，有的輔導員令她更體諒丈夫，但有的會令她更討厭丈夫。筆者不住反省箇中原因，發覺輔導員對輔導目標的理解，對輔導工作起着一定的影響力。

若輔導員在過程中為當事人的處境太生氣，會否強化了當事人委屈的感覺？若輔導員既諒解當事人，又諒解缺席的丈夫，所產生的輔導效果是否不同？筆者不是要誇大輔導員的影響力。坦白説，人是十分複雜的個體，輔導員所能發揮的作用有限，但最低限度，輔導員要清楚自己的輔導目標，而這目標也繫於輔導員自身的價值觀，究竟是絕對的個人主義，還是促進當事人既接納自己，也諒解和接納他人？

13.1.6 尊重生命的神聖

輔導是人為的方法，但輔導的過程必須尊重未知的可能性，以及那看不見的聖者。科技愈發達，人變得愈狂妄。雖然輔導的技巧日新月異，但輔導員對人性、對親密關係還有很多未認識的地方，惟有尊敬生命、尊敬人生中看不見的可能性、敬畏那賜生命的聖者，輔導員所做的才有可能合乎道德。

13.2 輔導員的心態

輔導員與接受輔導的當事人一樣，深受當下社會的價值、氛圍所影響。若不積極主動思考，社會的毒素便會不知不覺間侵蝕輔導員的生命和靈魂，而輔導員的個人成長及對當代處境的反省，也是基本的責任。

13.2.1 顧客永遠是對的？

受消費主義的影響，輔導員與當事人的關係變成提供服務與顧客的關係。究竟輔導是否像其他服務性行業一樣，視當事人為顧客？對其他服務的提供者來說，顧客是主人，掌握了資源，任憑自己喜好隨意挑選服務種類，然而輔導員對當事人要有一定的承擔精神，藉着輔導關係的建立，讓當事人更明白自己，更認識自己的本相。輔導員要甘願冒着不被當事人喜歡的危險，也要憑良心真誠地提醒，這是對當事人的關懷與愛惜。如果服務提供者最重要的目的是令顧客繼續光顧，就不能以愛心說誠實話，促使當事人成長。要是只抱着服務提供者的心態，像討好顧客地服侍當事人，輔導員怎能以愛心提醒和對質呢？坊間愈來愈多私營的輔導員，甚或在政府服務機構的同工，只是將尋求服務的人當成顧客，輔導員在這方面真的要多加留意。

13.2.2 追求安舒的生活，疏於思考[1]

撫心自問，不少人真的有偷安度日的心態。如果可以，最好舒舒服服，不要煩惱，然而上天是否容許我們簡簡單單，不問情由地活下去？有人認為學者總喜歡把簡單問題複雜化，閉門造車，無故地賣弄概念，化簡為繁，實在沒此必要；但另一個極端則是以簡單的手法面對複雜的問題，結果因無知而造成惡果。馬丁路德金有一句話：「世上最危險的東西是真誠的無知（Sincere Ignorance）以及認真盡責的愚昧（Conscientious Stupidity）。」很多人以無知洗脱自己的罪名，以固執愚昧掩飾自欺，在社會反智的氛圍下，我們更有疏於思考的藉口。

輔導員要面對非常複雜的人生及關係課題，若疏於反思或不認真思考，又怎能承擔沉重的使命？

13.2.3 逃避個人成長的痛苦，成長停滯不前

筆者相信大部分人不是自虐狂，大概不會主動尋找痛苦，沉溺其中，自怨自艾；但另一個極端，是一生逃避成長的痛苦，永遠活在自築的安舒區裏。人生的際遇，不論是疾病、關係破裂、失敗等等，都令人陷入痛苦的深淵，與其不問情由地逃避這些痛苦；不如直面痛苦的過程，體會成長帶來的祝福。

一位友人曾說：「愈有勇氣面對痛苦，愈能體會生命深刻的真相，愈能夠得到生命的自由。」自由不是為所欲為的放縱，乃是因不懼怕而衍生的選擇。有一次，筆者觀看一齣電視特輯，介紹一位研究火山爆發的專家。他是芸芸地質專家中，走得最近火山口的。他經歷過火山爆發的恐懼，差點被火山熔岩淹沒。死裏逃生後，他決定研究火山活動，也不懼怕可能出現的危險。看罷這個地質專家的經歷，不禁問，為何經歷如此巨大創傷的人，不是逃避，反而更有勇氣？他擁有一股無懼火山的勇氣，因而比其他地質學家更有接近火山的自由，也因此更了解火山。從創傷中康復過來的人，會生出一份無懼的自由。這種無懼不是基於無知的膽量，而是因了解、體會、轉化而來的勇氣。

13.2.4 工作的習性成最大阻力

在大學念書的時候，有一位學姊曾語重深長說：「但願你們畢業後十年、二十年，還能保持一顆助人的赤子心。」這句話深刻地留在筆者腦海，至今未忘。

經驗的累積成就輔導員的智慧，但未經反思和咀嚼的經驗，卻會成為輔導員的障礙，窒礙回應當事人的能力。多年前，筆者曾督導一位在大學修讀社工的學生。實習期間，她負責向一位年過七旬的老伯伯提供協助和輔導。伯伯經常使性子，令人煩惱，但不乏善良和童真的一面。實習即將完結，同學要把個案轉介，向機構其他同工介紹這位老伯伯。她與一位有經驗的社工商議，決定帶老伯伯去附近的老人中心登記做會員，讓他擴闊社交圈子。機構同工和實習學生一起陪老伯伯前往老人中心。途中，老伯伯不住喘氣，又使性子，大聲呼喝不要去老人中心。有經驗的同工冷漠地站在一旁，不想被老伯伯的脾氣操控；幸好那沒有經驗的實習同學，看見老伯伯幾乎倒地的樣子，趨前攙扶，老伯伯感動得差點哭起來。同學離別時，老伯伯向同學不住感激。沒有經驗的同學真正掌握老伯伯當時的需要，而那位有經驗的同工卻因「恐防被當事人情緒操控」的思想框框，阻礙了他的視線。

經驗本來可以讓人從中得着智慧，但沒有反思的經驗，會成為輔導員的思想框框，削弱回應當事人的能力。輔導員要把關注焦點定在「人」的領域上，才能以開放的心靈聆聽當事人的需要。

13.2.5 輔導員的成長也是跌跌碰碰

成長是一個複雜和艱辛的過程，或許它沉重，人想逃避它，躲進自欺的安舒區，但生命似乎又不容許逃避。當內心的聲音不停呼喊，還可以逃避嗎？成長的路總是走三步，退兩步，以為明白了，又會再模糊，輕省了又再沉重，是跌跌碰碰的歷程。然而，成長的經歷不是能幫助輔導員更加明白當事人嗎？若輔導員曾經歷限制，就不會自誇；體會過痛苦，就更能欣賞生命的奇妙。輔導員曾在成長路上一拐一拐的，就能深深諒解當事人跌碰的際遇。

13.2.6 輔導員饒恕自己的限制和錯誤

在英國念神學時，教授曾在課堂中說過：「我們不斷貢獻的同時，也需要建立一套犯錯的神學觀。」他的說話，解開筆者內心積存多年的心結。回顧多年來在輔導工作中的跌跌碰碰，有因幫助別人而得的滿足和喜悅，也有因自己的無知、限制和不足，犯過種種錯誤，心裏感到難過。這或許是眾多同業的心聲，若我們誠實面對自己，又怎能自欺地掩飾這些錯誤？教授的一句話，幫助筆者面對自己曾犯錯的事實，不用自欺，不用逃避，而是面對自己的不足，也相信上主有赦罪之恩。

13.3 輔導的發展方向

輔導專業究竟何去何從？就目前香港輔導員面對的問題，以下幾方面都是值得留意的：

13.3.1 輔導理論的限制

雖然輔導的領域有不同理論，但大多是源於創立者對一羣特定對象的關心，例如米紐慶的結構治療法是針對美國的黑人家庭，寶雲的跨代治療法源於幫助精神病患者家庭。由此可見，某一種理論可能對某一個羣體特別有效，如果把該理論放到其他組別時，即使有其貢獻，也會出現欠缺或不能完全吻合的情況。輔導員不可以奉任何一套理論為絕對真理，輔導的工作是建立生命，而不是要證實哪一套理論是真理。重視理論而忽略生命是荒謬的事情。

13.3.2 輔導理論本土化

過去幾年，筆者有機會參加很多由外國、特別是美國治療師舉辦的工作坊，觀摩他們的輔導技巧。這些治療師全都是出色的輔導員，在本國甚有名氣，但他們面見本地個案時，卻很多時碰壁，依筆者觀察主要原因有以下各點：

- 他們不理解華人含蓄的表達方法，例如，治療師問當事人是否生氣，當事人可能答「不」，不是他不生氣，而是他認為不應該生氣。外國治療師卻慣於要求當事人直率地表達自己，面對含蓄的華人，經常摸不着頭腦。
- 外國治療師的問題傾向概念化或抽象化，而華人慣於描述具體事情。例如治療師問：「你怎樣知道你不喜歡他？」當事人不知如何回答，他知道對方做了什麼事情開罪自己，但從來不知道自己內在產生了什麼變化，以致不喜歡對方。其實，治療師期望當事人答覆如：「他踐踏了我的底線，所以我知道我不喜歡他。」又或：「他的做法令我想起過去爸爸可惡的行為，這些行為令我感到羞辱，所以我知道我不喜歡他。」
- 外國治療師有時未必明白華人家庭中的恩恩怨怨。例如，他們很難理解一個發現丈夫有婚外情的妻子，還要諸多遷就和啞忍，討好丈夫，要他回轉，背後不單是情感牽連的問題，還有婚姻對妻子的人生意義和她的人生價值等等。或許他們會傾向解放妻子，鼓勵她在社會上重新建立自己。但就香港社會的情況，對一個已屆中年、沒有什麼特別技能的女性來説，不要説建立，連謀生也有困難。沒有基本的生存條件，她在婚姻中的選擇又有多少？

因此，一套合適的本土化輔導理論，才能針對這些家庭的需要。

13.3.3 資源配合

要建立本土化輔導理論，必須有足夠的資源配合，如有實務研究基金資助、前線同工不會被沉重的個案數目壓得沒有思考和閱讀的空間等等。輔導是一門實務的專業，理論的建立不能脱離實務，因此最理想的做法是讓前線同工有空間和時間作實務研究，從具體的個案中累積實務智慧，那麼本土化的輔導理論便有希望了。

13.4 結語

輔導必須朝向專業化發展，從事這方面的工作人員要靈活掌握輔導技巧，又要深入了解人性、親密關係的本質，對社會文化有所洞察、反省，實在需要專門的學習和訓練。另外，輔導員的操守、修為也很重要，操守是專業的要求，以當事人的利益為大前提；修為是尊敬生命的態度。雖然輔導員不住學習，但始終還有很多奧祕的地方，輔導員必須虛懷，尊敬生命存在未知的可能性，並敬畏那賜生命的聖者；輔導員要發展個人能力，回應當事人的困擾，也相信上帝對當事人生命的帶領。

參考書目

1. Peck, M. S. (1997). *The Road Less Traveled and Beyond: Spiritual Growth in an Age of Anxiety*. NY: Simon & Schuster.

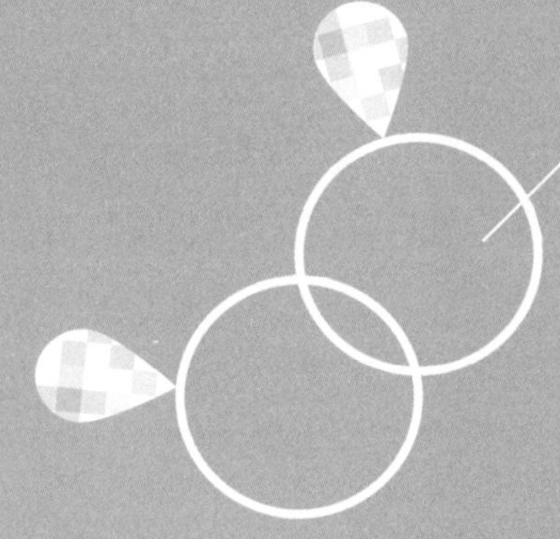

第十四章

成為一個輔導者

14.1 輔導員的素質

14.1.1 承認人是有限的

14.1.2 相信有聖者的參與

14.1.3 開放心靈接受新知識

14.1.4 能反省

14.1.5 寬闊的胸懷

14.2 輔導員的訓練

14.2.1 反省

14.2.2 訓練內容

14.3 結語

參考書目

輔導的確是一門高深的藝術。人的問題變化多端，表面上看似類同的問題，卻各有獨特的經歷。因此要明白人，必須從每個當事人的主觀世界出發，輔導員的個人質素便至為重要。輔導員是否存謙卑的心了解他人？能否洞察當事人的內心掙扎？能否從悲痛的經歷中看到生命的曙光等等。明顯地，這不單是技巧問題，而是生命智慧的問題。

輔導是兩個生命的相遇，彼此發揮互相影響的作用，求助者的生命影響輔導員，輔導員的生命素質也影響輔導的效果。一個人在困境中感到無出路，帶着沉重的心情向輔導員求助，除了尋求情感上支持和安慰外，也需要一些指引，協助他們走出困局，解開千絲萬縷的心結。若他們遇上一個曾跨越生命欄河的輔導員，便有機會協助他們跨越生命的困境。

14.1 輔導員的素質

本書提倡的輔導模式背後的理念，與榮格分析有類似的觀點，就是心理治療是一個建立在理解生命深度與意義的方法[1]，因此輔導員要具備以下素質：

14.1.1 承認人是有限的

心存謙卑，承認人是有限的。只有承認人是有限，才可以容許未知的可能性。根據筆者多年觀察，發覺很多事情的成就，都是在期望以外發生，若內心的空間寬闊，眼睛就能看見這些可能性；否則，即使可能性出現，也視而不見。輔導員有樂觀的取向很重要，但這不是自欺欺人式的樂觀，明明是差都説成好；而是建基在信心和盼望的樂觀，相信在患難中，天地的主還在掌管，若時候到了，可能性便會出現。

14.1.2 相信有聖者的參與

輔導員的信念來自活水。輔導員與愛的泉源接駁，生命才可以流出活水：「問渠那得清如許，為有源頭活水來」（朱熹）。輔導的過程，有人為介入，也有聖者的參與，所以輔導員尊敬神聖，明白祂有祂的時間表，萬物皆有時，不可強求。若察覺神聖旨意的地方，配合得宜，自然水到渠成：「昨夜江邊春水生，艨艟巨艦一毛輕；向來枉費推移力，此日中流自在行。」（朱熹）

14.1.3 開放心靈接受新知識

不住成長，開放心靈接受新知識，且讀書要通。封閉的心靈，形同心理上的死亡，不住開放心靈，輔導員的生命才能與外界交流。況且，生命中的解決辦法，有待輔導員與當事人用成熟的眼睛來探視。生命有很多問題不是解決了，而是人成長了、通達了，看問題的角度不同了。

多年前，筆者看過一部電影，好像名為《摩西》，向友人分享了其中一個片段：以色列人在埃及為奴，生活苦不堪言，他們祈求上帝賜下救主，但遲遲未得到回應。在奴隸中，有一個寂寂無名的人不住向上帝哀求，求上帝讓他在有生之年，可以親眼目睹上帝預備的民族英雄。有一次，這奴隸為埃及人建造房子，不幸被大石壓傷，適逢當時仍是埃及王子的摩西經過，動了慈心，把這個受了重傷的奴隸抱入懷中。臨終前，奴隸向摩西説了最後一句話：「我向上帝祈求多年，希望祂讓我看見將來帶我們離開埃及的領袖，為什麼到我死的一刻，祂都不應允我的禱告？」説罷，他在摩西懷中離世。筆者向友人説，上帝不單應允那奴隸的祈求，而且給他的比他所求的還多，只是他看不見。友人立即提出異議，為什麼上帝不直接讓他知道自己已看見他們的民族英雄，反而讓他帶着遺憾離開人世，上帝豈不是很殘忍？友人覺得那奴隸已盡了力，卻得不到應有的成果，怪可憐的。

友人的反應，令筆者反省何謂人的責任。從小到大，我們接受的教導是只要努力，才可以得到想要的東西，下意識中，我們都期盼努力後的成果。很大程度上，筆者認同這種想法，人總不能守株待兔，光坐着等待幸運之神主動駕臨，因此努力做事是做人的基本態度，但問題是我們應該在哪方面努力？究竟是在我們固執的世界裏努力，還是為了看清上帝的作為，努力地擦亮自己的眼睛？前者是盲目的努力，後者是智慧的成果。在上述的電影片段裏，那奴隸似乎一廂情願地在他認為對的地方努力，卻沒有努力把自己的眼睛擦亮，即使上帝施恩予他，他都看不見。

智慧可以令人看清事情的真相，發展智慧則需要人有面對挫折的耐性。人逐漸成長，無可避免地會碰到很多挫折，如何面對挫折？若盲目地在固有的範疇努力，沒有深入反省事情的本相，即使如何努力、犧牲，換來的只是更多鬱結、怨憤，結果都是令人氣餒。

除了努力，追求成長也是輔導員的責任。在成長的過程中，擦亮眼睛，看清真相，通達情理，不做糊塗人。

14.1.4 能反省

Schön 的研究指出[2]，輔導員每天都遇到新的情景，不住要與情景對話，修正、擴闊原有的思維。就筆者的觀察，很多輔導員都有一個先入為主的框框。無論這個框架是來自輔導員的偏見，還是理論方面的假設，輔導員在當事人的經歷裏，尋找事件證實自己的框架，無論當事人説什麼、做什麼，都不能改變輔導員原先的框架。而且，基於這個框架，輔導員設計了介入方法，但沒有進入當事人的世界。即使是最漂亮的介入方法，對當事人都起不了大作用，於是輔導員認為當事人抗拒改變。所以，輔導員要以開放的心靈，不住聆聽、進入當事人的經驗，框架要不斷改變的，介入方法也要回應當事人的狀態。

能否聆聽當事人的經驗，也在於輔導員包容異己的胸襟。面對當事人與自己的不同，究竟是批判他們有問題，還是欣賞當事人異於我們的地方？在華人羣體，接納異己有一定程度的困難，我們都習慣那種「為你好」的思想，也慣於羣體生活，不自覺產生很多排斥異己的觀念。有一次，筆者乘坐港鐵的頭等車廂。當時乘客較疏落，有一個青年不住講一些我們認為沒有意義的説話，如「戴安娜死了」，間中叫嚷，在通道間走來走去。到了大圍站，有兩個港鐵職員及警察上車，一位女士站起來，指着那個青年，意思像是説，是她報警的。職員和警察開始盤問那個青年，在另一個座位的外籍女士，帶着英國口音，反問港鐵職員為何不能容許（Social tolerance）那青年的行為，然後，她更向警察説，那青年只是為自己發聲而已（This gentleman only speaks for himself），有何不妥？筆者在九龍塘下車，對於事情的發展不得而知，但在那外籍女士沒有表達她的看法前，筆者也對那青年抱着批判的態度，直至當聽見一句 "This gentleman only speaks for himself", 頓然為自己剛才的判斷態度感到慚愧，想不到自己包容異己的胸襟還是很窄。

當事人的經歷、人生故事都有別於輔導員，若能包容異己，相信可以擴闊輔導員的眼界與胸懷。

14.1.5 寬闊的胸懷

懷着寬闊的胸懷，輔導員即使着緊受導者，亦能以寬心與之相處，做到「有情應物，不為所累」（王弼）。人的成長，需要空間，過程中跌跌碰碰，有對也有錯。做對了，肯定我們的想法；做錯了，是反省的機會，從錯誤中修正我們的假設。另一方面，輔導員要有面對人性真相的勇氣，包括善與惡，縱然難耐，也要誠實面對人的醜惡。在輔導室中，難免面對當事人黑暗的人性。輔導員對人性要有深度的理解，才不致用膚淺的角度把它美化，又或是用憤慨的態度否定它；而是用一種不為所累的情懷面對它。若可以，留心人性黑暗的一面，也要信任人善良的潛質。

多年前筆者曾任職離異輔導部門，親眼目睹離異夫妻的仇恨，有時不禁心寒。在他們「互相廝殺」的時候，好像什麼都看不見。一位單親母親，心裏忿恨前夫對她不忠，在孩子面前數落丈夫的惡行。對她來說，只不過把前夫「真實」的一面揭示給孩子知道，但沒有考慮對孩子的影響。

在她盛怒期間，勸導的説話一句都聽不進耳，情況維持了一段頗長的時間。然而，一個偶然的機會下，她知道孩子受苦的心聲，令她反省自己的所作所為，慢慢寬恕了前夫，此後孩子不用再活在父母的爭拗中。輔導員在當事人還未醒覺之前，就要用一種有情而心不繫的感情處之。

14.2 輔導員的訓練

14.2.1 反省

外子多年前扭傷手腕，接受了四十多次物理治療，仍不見起色。外子過往對中國醫術存有戒心，認為不夠科學，從業員又缺乏系統訓練，擔心遇上神棍，病情反而會惡化。最後，「被迫」嘗試他一直缺乏信心的跌打師傅，經過十次八次治療後，傷勢漸有改善，幾近復原。那位醫師能因應外子的體質，對症下藥，效果神奇。

筆者了解他的憂慮，畢竟香港中醫的水平十分參差，好的醫師固然醫術高明，差的卻會令你病情惡化。相較之下，西方醫學的訓練較有系統，從業員接受過某個時數的課程，又經過專業考試，水準有一定保障；但他這次經歷，也給筆者在訓練輔導員方面有一些啟示：

1. 師徒制的好處

在受過一些基礎訓練後，輔導員最好專跟一位師傅學習。傳統的師徒制有其美妙的地方，上一代的中醫就是以這種方式學習。筆者的外公是一位醫術高明的中醫，小時候兄弟姊妹有什麼病，都是找他幫忙，最奇妙的是，姊弟同患感冒，他開的藥方卻不同。根據媽媽解釋，我們各人的體質有異，所以用藥自然不同，這就是中醫美妙之處，用藥以「人」為本，不是以「病」為本，目的是治人，由人抵抗自己的病，而不是單純消除病徵。要學習這種醫術，並非靠統一課程的訓練，而是要跟一位醫術高明的師傅學習，潛移默化，由師傅把一套對人對事的方式傳授過來，徒弟便會被建立，再去面對千變萬化的病人。

輔導員面對各種人和事，若本身不曾被建立，便只着眼於如何解決問題。一旦面對千變萬化的人時，便會傾向單純尋求解決問題的方案，卻未能因人而異，作出合宜的介入方法。中醫的例子，讓筆者明白輔導員亦需要跟從一位好師傅。

2. 個別指導和建立

除了師傅的潛移默化外，導師對個別輔導員也要作出個別指導。例如，以經驗為學習導向的人，需要親歷導師的示範；以邏輯思考為學習導向的人，更需要清晰的概念，先弄清楚思想，然後才行動。一個有經驗的師傅，就能以個別化的教導，掃除學員的盲點，從而建立他們。

在此補充一點，如何帶領指導學員，對師傅要求也很高，畢竟師傅同樣有限制與盲點，因此師傅也需要教學並長。

3. 對人性和親密關係本質的探討

筆者接受過很多家庭與婚姻治療的訓練，焦點在過程和技巧，例如，怎樣與當事人建立關係、怎樣問問題、怎樣肯定當事人的經驗等等，但對輔導員來説，這還不足夠。因為其中一個重要的部分是對人性、親密關係本質的探討，例如人基本上需要什麼？人怎樣才感到滿足？至於親密關係方面，委身對現代人的含義是什麼？現代夫婦的愛情觀、婚姻的神話又是什麼等等，輔導員沒有經過積極的反思，同樣會被某些大社會製造出來的論述、神話蒙蔽，以致把弱者「病態」化、把婚姻「理想」化。

4. 對不同治療模式的反思

輔導員學習不同的治療模式，一方面增進專業知識，但另一方面卻會感到混亂。例如，面對一個夫婦關係極度緊張的個案，有些學派鼓勵夫婦共坐一室，這樣才可以介入他們的互動；另一學派卻鼓勵夫婦分別面談，營造一個可以探討內在世界的環境。不同的學派提倡不同的做法，從業員會無所適從。因此在訓練時，重點是讓輔導員學習獨立思考，以批判的眼光認識每套治療模式，是基於什麼假設、什麼環境發展出來，而不是把某個治療模式奉為真理。

5. 發展輔導員的獨特介入模式

每個人氣質不同，即使是同門師兄妹，功夫也有差異。筆者曾參與瑪莉亞葛莫莉（Maria Gomori）與約翰貝曼（John Banmen）的工作坊，發現他們雖同屬薩提爾學派，演繹方法卻大異奇趣。一位直覺強，一位概念思維能力高。輔導員藉反思人性、親密關係的本質，認識不同學派底層的假設，又經師傅個別教授，漸漸發展出一套具有自我風格的介入模式。話說回來，輔導始終是助人的行業，無論是什麼風格，仍然不可違反輔導的本質及專業操守。

14.2.2 訓練內容

訓練內容包括四方面：輔導員的個人成長、心理輔導的知識、輔導員整合出來的個人輔導風格以及持續的成長：

1. 自我認識及成長

輔導員尋求專業上的成長很重要。除了學習更多理論、掌握多些技巧外，個人成長的功課也不容忽視，否則即使曾接受很多訓練，亦不能協助當事人跨越生命的屏障。所以，輔導員的自我成長是訓練重要的一環。

- 認識自己的成長歷史。輔導員認識自己的成長經驗、原生家庭的影響，以及個性的特點。當中有沒有盲點投射到當事人身上？

- 接觸自己的意感（Felt sense）：以靜觀 / 自我醒察的方法留意自己，察覺自己內含的信念與感受[3]。意感是思想前的意識（Pre-reflective consciousness），由身體出發。其實，華人很早已對意感有所領會，因為華人文化中有一大堆由身體出發，用以形容情感的詞彙，例如，「肝腸寸斷」、「頂心頂肺」、「心肝寶貝」、「骨肉親情」、「血濃於水」等等。我們的腦袋可以欺騙自己，有一些不想面對的事情，便自圓其說；有一些不想接受的過去，便把它忘記，但身體是誠實的，它如實地把我們的狀況儲存起來，等待我們發現。

- 為什麼輔導員要接觸意感？當接觸意感時，輔導員需要暫時放下判斷（Bracketing our own perception / feelings），有空間留意自己的經驗，看清自己的想法及感受。這樣，輔導員才可以反省，與當事人接觸時，有沒有自身的內含信念和感受投射出來，還誤以為它是屬於當事人的。例如，當事人表達在工作中的困擾，當筆者聆聽他的心聲時，同時察覺自己有一把內在心聲，想建議他離開工作崗位。筆者察覺這個心聲不屬於當事人，是源於自己。後來，當事人分享，清楚表達希望留在工作崗位，只不過想改善工作上的某些做法。若然筆者當時建議他離開工作崗位，他很可能沒有機會了解自己真正的需要。

- 有一次，筆者遇上一個女士，被丈夫冷落，筆者感到她好像受制於丈夫，失去自由，想幫她更獨立，情感上不再倚賴丈夫，她會因此活得更快樂。不過，這位女士清楚表示她不能沒有丈夫，況且是她對不起丈夫，所以能為丈夫做點事對她很重要。這位女士的選擇，與筆者對她的期望大相逕庭。當筆者留意自己的經驗時，發覺想她更獨立是自己的想法，因為筆者害怕被冷落的痛苦，不經意把這個痛苦投射在當事人身上；但對她來說，有機會繼續依戀丈夫、有機會為自己贖罪更加重要。若輔導員沒有察覺自己內含的思想和情感，便很容易把一己的想法強加在當事人身上；更令人擔心是，輔導員有一大堆理論支持自己的做法，把投射出來的東西合理化。

- 陳白沙《道學傳序》有云：「學者不但求之書，而求之吾心，察於動靜有無之機，致養其在我者，而勿以聞見亂之。去耳目支離之用，全虛圓不測之神，一開卷盡得之矣。非得之書也，得自我者也。」輔導員察覺自己的內在信念與感受，才能給予當事人空間。

2. 增進知識

在知識方面，輔導員需要尋求三個層次的學問：

個人輔導的學問

了解人是怎樣成長的、怎樣建構自己的內在經驗、如何可以開闊胸襟、怎樣發展智慧等等。除了心理的學問外，也要洞察人在環境中的自處，對人性有深入的認識。

關係輔導的學問

人離不開與人建立關係。事實上，很多尋求輔導的當事人，他們的困擾都與人際關係有關，諸如夫婦情侶的親密相處、親子互動等。輔導員需要掌握人在其中的內在經驗，惡性的互動循環產生的過程，如何改變互動循環的技巧。縱使當事人只是單獨尋求輔導，輔導員最好以關係的角度，協助當事人不但面對自己，也找合宜的方法與身邊的人相處。前文提及的女士（頁 343），她尋求了不同輔導員的協助，雖然傾談的內容都是環繞她的婚姻問題，但有的輔導員令她更體諒丈夫，有的卻令她對丈夫不滿。從這位女士的輔導經歷所見，縱使只是個人尋求幫助，輔導員若有關係的向度，可以協助當事人適應他與其他人的關係。

社會分析

輔導員必須有社會分析的角度，了解大社會的論述、制度等如何箝制一個人的生命，如何製造社會的不公義。例如，一位當事人在工作崗位中，經常遇到不公平的對待；但當他提出抗議時，卻遭同事排斥，以致仕途不順，終日鬱鬱不歡。後來，他患上抑鬱病，家人朋友認為他不懂處理情緒，給他很多意見。當他拒絕的時候，他們就認為他性格固執。當筆者聆聽他的經歷時，發覺他受了多重的懲罰：第一，他受了不公平的待遇；第二，受了別人排斥的傷害；第三，他被冠以「他是一個有問題的人」。在重重論述的欺壓下，他已無反擊之力，若輔導員再認為他有情緒問題，豈非雪上加霜？社會分析的角度，可避免輔導員把問題心理化，畢竟並非所有問題都可以歸結到當事人的心理層面。

3. 整合：發展輔導員的個人風格

把知識與自我了解結合，發展個人的輔導風格。筆者認為輔導是一門有科學基礎的藝術，科學基礎是輔導員的心理學知識，它幫助輔導員掌握人心理運作的客觀規律；同時，人有獨特性，不同的人即使在同一處境也有不同體會。所以，人是變化多端的，難以預測。輔導員與當事人的相遇也是獨特的，不可以重複。因此輔導也是一門藝術，加上輔導員本身是獨特的個體，他如何發揮心理學的知識、如何與個別當事人交往，存在很大的發揮空間。好的輔導是一種美感的追求，求助者不是要一個只會機械地實踐理論的輔導員，而是需要一個既有憐憫之情，也會獨立思考、有判斷能力的生命陪伴者，這就是輔導員發展個人風格的重要性。

4. 擴闊視野

近十年來，筆者從事很多訓練工作，發覺學員經常問有關技巧的問題。他們想知道在某種情況下，應該怎樣反應。學員的關注是可以理解的，但要在某種情況下，知道怎樣反應，這不是技巧問題，而是對該情況的了解，從而作出回應。例如，有一次，筆者協調一對夫婦怎樣安排照顧子女，夫婦發生嚴重衝突，妻子一氣之下衝出輔導室。在筆者眼中，妻子不是有控制情緒的問題，而是在丈夫面前，無論是説話技巧、處事能力都遜一籌，她感覺恐懼，更怕失去孩子。她不知如何應付強勢的丈夫，在極大的壓迫感下，衝出輔導室。有了這個角度，輔導員在輔導室外對妻子說：「我明白你現在面對一個很難堪的處境，不知如何應付，同時你也飽受擔心的煎熬，苦惱着孩子日後的生活。作為母親，你想給孩子最好的東西，然而現實不是你希望見到的狀況，所以你焦急如焚，在丈夫面前，好像有理説不清，實在難為了你。不錯，現實困難重重，大人都尚且有説不出的困擾，更何況孩子呢！我們就在現實中，為孩子找出一條出路好嗎？」妻子聽了這番話，回到輔導室，繼續與丈夫商談孩子的生活安排，最後達成共識。

輔導員的回應，不單需要技巧，更需要一份對作為母親的當事人的諒解，也對一個在能力方面遜於丈夫的女性有一份洞察，這涉及輔導員多方面的知識，包括心理學、兩性權力、親密關係的知識等等，才能看見當事人內在的經歷。輔導員一句簡單的回應，可能已涉及輔導員深刻的洞察與領悟。要做到回應當事人變化萬千的人生處境，輔導員要不住追求學問、尋求成長、擴闊視野。

14.3 結語

十年樹木、百年樹人，當事人在輔導的過程中成長，輔導員也一樣。當事人在成長的過程中犯錯、跌跌碰碰，輔導員亦然。除了專業知識外，輔導員的生命素質也同樣重要，會影響輔導的成效。所以，輔導員不住學習、不住反省，服侍人的工作是不能停滯的。

參考書目

1. 呂旭亞〈向心的深處，探尋療癒的真諦〉，載於瑪麗——路薏絲馮法蘭茲（Marie-Louise von Franz）著，易之新譯（2011），《榮格心理治療》。台北：心靈工坊。

2. Schön, D. A.（1983）. *The Reflective Practitioner: How Professionals Think In Action*. NY: Basic Books.

3. Wong, Y. L. R.（2014）. "Radical acceptance: Mindfulness and critical reflection in social work education." In M. Boone（Ed.）, *Mindfulness and Acceptance in Social Work: Evidence-based Interventions and Emerging Applications*. Oakland, CA: Context Press.